KB179244

100단어로 읽는
중세 이야기

100단어로 읽는
중세 이야기

어원에 담긴 매혹적인 역사를 읽다

김동섭 지음

책과함께

중세 여행을 떠나며

이 책은 중세 유럽인들의 일상과 역사를 100개 단어로 풀어 쓴 것이다. 중세 유럽인들은 어떤 환경에서 살았고, 어떤 생각이 그들의 머릿속을 떠나지 않았을까? 인간이 사는 모습은 공간과 시간이 달라도 동일했을까?

인간은 현재 살고 있는 시대를 통해 과거를 돌아보는 경향이 있다. 특히 언어라는 매개체를 통해 모든 관념과 실체를 파악하기 때문에 언어야말로 과거의 사회를 조망하는 결정적인 수단이다. 이 책에서는 현재 영어와 프랑스어에 남아 있는 주요 단어들을 통해 중세 유럽을 조망한다.

언어는 그 시대의 거울이다. 그런데 시간이 지나면 거울에 투영되는 인간의 생활상도 조금씩 변한다. 언어는 살아 있는 유기체와 같은 것이기 때문이다. 언어 속에는 한 집단의 의식주, 사고방식, 역사, 세계 관이 녹아 있다. 그러므로 그 집단의 언어가 걸어온 길을 되짚어 따라가면 그들이 어떤 환경에서 살았는지 알 수 있다.

이 책에서 말하는 언어는 주로 영어와 프랑스어다. 많은 언어 중에서 두 언어를 통해 중세 유럽 사회를 들여다본 이유는 두 언어가 중세 유럽 역사의 중심에 있었기 때문이다. 우리가 잘 아는 백년전쟁 (1337~1453)은 서유럽의 패권을 놓고 당시 유럽의 최강국이었던 프랑스와 잉글랜드가 벌인 전쟁이다.

영어는 명실상부한 국제 공용어다. 그러므로 영어만을 통해서 중세 유럽의 모습을 살펴보아도 좋을 것이다. 그럼에도 프랑스어를 두 번째 언어로 선택한 이유는 영어 어휘의 상당 부분이 프랑스어에서 왔기 때문이다. 특히 1066년 노르만 정복 이후 고대 영어는 종말을 고하고 중세 영어의 시기로 옮겨갔는데, 이 시기에 많은 프랑스어가 영어 속에 들어갔다. 봉건제도와 기사도, 문학을 비롯한 문화와 건축 등 중세 프랑스 문화의 위상은 다른 언어권에 비해 높았다.

이 책에 등장하는 100개 단어 중에서 몇 개를 소개하면 다음과 같다. 영어로 '여행'을 뜻하는 travel은 중세 프랑스어 travail에서 왔는데, 그 의미는 '노동'이었다. 노동이 여행으로 의미가 변한 것은 중세 유럽에서 여행한다는 것이 그만큼 힘든 일이었음을 뜻한다. '위험'을 뜻하는 danger는 프랑스어 danger에서 왔는데, 두 어휘 모두 '위험'이라는 뜻으로 사용되지만, 중세 프랑스어의 danger에는 '왕유림王有林, royal forest', 즉 국왕 소유의 숲이라는 뜻이 있었다. 그런데 왕유림은 함부로 들어갈 수 없는 금단의 영역이었다. 그런 까닭에 매우 '위험'한 공간이었던 것이다. 또 코로나19 바이러스가 온 지구촌을 공포로 몰아넣으면서 뉴스에 자주 등장한 '검역'이라는 말은 영어로 quarantine이다. 그런데 이 말은 '40'을 뜻하는 프랑스어 quarante에서 나왔다. 왜 40이라는 숫자가 검역을 의미하게 되었을까? 그 이유는 이러하다. 중세 유럽에서 긴 항해를 마치고 돌아온 선원들은 40일 동안이나 배 안에 머물러 있어야 했는데, 이 기간 동안 아무 이상이 없으면 하선할 수 있었다. 이렇게 해서 40이라는 수가 자연스럽게 '검역'을 의미하게 된 것이다.

이 책에서는 이렇듯 중세 유럽의 모습을 엿볼 수 있는 100개 단어를 선정해 그 숨은 이야기를 풀어놓았다. 그 단어들은 중세인들의 의식주, 이름, 직업, 경제, 명예, 봉건제 등과 관련된 말이고, 이 말들을 통해 우리는 중세 유럽인들의 일상을 엿볼 수 있을 것이다.

인간은 빵만으로 살 수 없고, 종교가 모든 것을 해결해주지도 않는다. 엄격한 기독교 사회에서 살았던 중세 유럽인들에게 사랑은 어떤 의미로 다가왔을까? 청춘 남녀 간의 사랑과 관련된 단어들도 우리의 주요 관심사에 속한다. 다음으로 중세인들이 즐겼던 오락에 대해 살펴보고, 마지막에서는 중세 서양사에 주인공으로 등장하는 왕들과 그

들이 벌였던 무모한 전쟁에 관한 이야기로 중세 유럽 여행을 마무리
하고자 한다.

2022년 여름, 연구실에서

김동섭

중세의 일상

중세의 의식주

중세의 사람들

중세의 이름

중세의 경제

중세의 직업

사랑과 명예

왕과 전쟁

중세의 일상

calendar | 달력 |

한 해의 시작을
어떤 날로 할 것인가?

다양한 문명 세계를 여행하다 보면 당연한 듯한 사실이 당연하지 않을 때가 있다. 인류가 만들어낸 역법도 그렇다. 현재 우리가 사용하는 태양력은 로마의 율리우스력에서 나왔다. 그런데 중세 유럽 왕국들의 한 해 첫날도 지금과 같은 1월 1일이었을까?

중세 유럽에는, 비록 같은 종교를 믿고 사고체계도 비슷한 사람들이 살았지만, 왕국마다 서로 다른 역법이 공존했다. 특히 한 해의 시작을 어떤 날로 정하느냐가 문제였다. 예를 들어 기원후 1000년 이후에는 고대 로마처럼 1월 1일을 더 이상 새해 첫날로 정하지 않았다. 베네치아의 새해 시작일은 3월 1일이었고, 피렌체와 노르만 왕조의 영국은 3월 25일, 교황령은 12월 25일, 그리고 프랑스는 12세기부터 부활절을 새해로 정했다. 이렇듯 나라마다 역법의 기준이 달랐다는 사실은 당시 사람들이 시간에 대해 신경을 많이 쓰지 않았음을 보여준다.

그런데 문제는 부활절을 새해 첫날로 정한 경우였다. 부활절은 춘분이 지나고 찾아오는 보름 다음의 일요일이라 해마다 일정하지 않았다. 다시 말해 부활절은 음력에 따라 정해졌다(3월 22일에서 4월 25일 사이). 그러므로 한 해는 부활절이 언제냐에 따라 11개월에서 13개월까지 차이가 났다. 즉 3월 말에서 4월 초의 며칠은 해가 바뀌어도 같은 해로 기록되기도 했다. 예를 들어 1252년의 부활절은 3월 31일, 1253년은 4월 20일이었다. 그래서 당시의 법령에 따라 1252년 3월 31일부터 1253년 4월 19일까지가 1252년으로 공포되었다. 1252년은 20일이 더 많았던 셈이다.

새해를 지금처럼 1월 1일(기독교의 할례일)로 정한 것은 상인들의 영향이 가장 컸다. 이것은 로마의 역법을 민간 역법에 다시 수용했다는 것을 의미한다. 로마의 정치가 카이사르는 1월 1일을 새해의 첫날로 정한 역법을 공포했는데, 1월은 두 얼굴을 가진 야누스 신에게 바쳤다. 중세 상인들이 역법 개혁을 주장한 이유는 상거래에서 기준일이 필요했기 때문이다. 당연히 중요한 날을 기준으로 삼고자 했을 것이다.

달력을 의미하는 영어 calendar는 중세 프랑스어 calendier칼랑디에(현대 프랑스어는 calendrier칼랑드리에)에서 나온 말이다. 그렇다면 중세 역법의 원조는 프랑스일까? 그렇지 않다. 서양 문명의 거의 전부는 로마

15세기 초반 프랑스 농민의 모습을 보여주는《풍요한 베리 공의 시대》에 수록된 삽화. 가을에 보리를 파종하는 모습이 잘 묘사되어 있다. 농민 뒤로 루브르 궁이 보이고, 그 위에는 천칭자리와 전갈자리가 그려져 있다.

19

에서 나와 다시 로마라는 저수지로 들어갔다는 말이 있지 않은가. 중세 프랑스어 calendier는 라틴어 calendarium칼렌다리움에서 나온 말인데, 이 말의 뿌리는 로마 달력의 매달 초하루를 의미하는 Kalendis칼렌디스다. 로마인들은 초하루를 칼렌디스, 일곱 번째 날을 Nonis노니스, 열다섯 번째 날을 Idibus이디부스라 정하고, 이 3일을 기준으로 한 달의 모든 날을 구분했다. 예를 들어 어떤 달의 제6일은 '노니스 전날'이고, 제2일은 노니스를 포함해서 여섯 번째 전날로 표시하는 식이다. 첫날을 칼렌디스라고 부르면 두 번째 날은 '칼렌디스 다음 날'이라고 부를 법도 한데 고대 로마인들은 기준일로부터 역산해 요일을 구분했던 것이다. 이러한 방식은 로마인들의 셈법에서도 발견된다. 예를 들어 IX(9)는 X(10)에서 1을 뺀 숫자다.

한편 일주일에 붙은 요일 이름은 누가 지었을까? 그 기원에 대해 학자들은 천문학에 뛰어났던 고대 메소포타미아인들이 일주일을 7일로 정하고 각 요일에 천체의 이름을 붙였다고 말한다. 이러한 역법은 그리스를 거쳐 로마에 전해졌고 다시 게르만 세계로 전해졌는데, 그 이름은 로마의 신에서 게르만의 신으로 바뀌었다. 예를 들어 금요일은 라틴어로 dies Veneris디에스 베네리스라고 하는데 미와 사랑의 여신인 비너스의 날이다. 하지만 게르만족은 자신들이 섬기는 미의 여신 프레이야Freya의 날로 고쳐 불러 현재의 Friday가 태어났다.

péage | 통행료 |

통행료를 내는 곳

현대인은 자동차로 이동할 때 통행료나 대중교통 이용료를 지불한다. 그렇다면 중세 유럽인들은 어떻게 이동했을까? 먼저 중세 유럽의 교통망에 대해 알아보자. 그물처럼 연결되어 있던 로마의 가도街道는 게르만족의 침략으로 인해 부분적으로 파괴되었지만 그 근간은 그대로 남아 있었다. 도시와 도시를 연결했던 로마의 가도는 포석으로 덮여 있던 훌륭한 도로였지만, 중세 유럽의 도로는 많은 성과 수도원을 연결했기 때문에 로마의 가도보다 굴곡이 심했다. 이렇게 만들어진 도로는 도로 폭에 따라 오솔길sentier(3尺), 소도로voière(8尺), 도로 voie(15尺), 차로chemin(32尺), 왕도chemin royal(54尺) 등으로 구분했다. 사람의 1족을 30센티미터로 계산하면 왕도는 폭이 무려 16미터나 된다. 하지만 대부분은 폭이 2미터 정도밖에 되지 않는 작은 길이었다.

왕도는 항상 사람들로 붐볐다. 영주들은 이 길을 통해 자신의 영지에서 생산되는 식량과 생필품을 소비하기 위해 부단히 이동했다. 영주들은 한곳에 정착해 조세를 받는 것이 아니라 영지를 옮겨 다녔던 것이다. 이런 전통은 왕도 예외가 아니었다. 발루아 왕조의 프랑수아 1세(재위 1515~1547)는 끊임없이 왕국을 순회했다. 치세 기간 1만 1778일 중 8천 일 정도를 순회하며 보냈다고 한다. 프랑스 왕이 한 곳에 정착한 것은 루이 14세(재위 1643~1715)가 베르사유 궁에 정착하면서부터다.

중세의 열악한 도로를 이동하던 사람들 중에는 순례자가 많았다. 당시 유럽의 성지 가운데 가톨릭의 본산인 로마와 스페인의 산티아고 데 콤포스텔라가 가장 많은 순례자를 불러들였다. 산티아고 데 콤포스텔라는 은둔 수도자 펠라기우스가 꿈에서 본 성 야고보의 무덤을 찾아 나섰을 때 하늘의 별이 안내했다는 전설에서 유래한 기독교의 성지였다. 콤포스텔라Compostela는 라틴어로 '별들의 들판campus stellae'이라는 뜻이다. 순례자들은 북유럽과 동유럽에서 남쪽으로 내려와 로마로 가거나, 스페인 서쪽에 있는 산티아고 데 콤포스텔라로 향했다.

여행자 대다수는 도보로 이동했다. 극히 일부만이 화려한 사륜마차나 말이 끄는 수레 등을 타고 이동했는데, 도로 사정이 너무 열악해 편안한 여행은 기대하기 어려웠다. 소를 이용한 교통편은 비록 느리긴

해도 참을 만했고, 무거운 짐도 실을 수 있었다. 부유한 사람들은 당나귀, 노새, 말 등을 타고 여행했다. 그 결과 중세 유럽의 길에서는 안장과 짐을 실은 가축들을 쉽게 찾아볼 수 있었다. 중세 초기부터 이러한 가축들에게는 편자를 달아주었는데, 편자를 달면 효과적으로 가축을 부릴 수 있고 가축의 피로도 덜 수 있었다. 한편 박차는 가축을 빠르게 출발시키기 위해 그리고 가속력을 얻기 위해 사용되었다. 이밖에도 안장과 등자鐙子의 출현으로 장거리 여행이 가능해졌으나, 동력 수단에 관계없이 이동 거리는 하루 최대 30킬로미터가 고작이었다.[1]

순례자들은 수도원이나 선술집에서 하룻밤을 청했다. 그런데 선술집에서 술에 취한 순례자들은 술집 주인의 좋은 먹잇감이었다. 가진 것을 모두 털린 순례자들은 적어도 1년 혹은 그 이상을 허드렛일을 하며 밀린 빚을 갚아야 했다. 운이 좋게 고향에서 온 사람을 만나면 돌아가서 자신의 안부를 전해달라고 부탁했다.

통행료도 여행자들의 호주머니를 털었다. '지불하다'라는 뜻의 프랑스어 payer페예에서 나온 '페아주 péage'는 통행료를 내는 곳이었다. 그런데 이런 곳이 도로와 나루터, 다리 등 도처에 있었다. 대개 그 지방의 영주가 통행료를 받았는데, 이런 시설은 영주처럼 돈이 많은 제후들만이 건설하고 관리할 수 있었다. 프랑스에서는 센 강, 루아르 강, 론 강 등 국토를 가로지르는 큰 강에만 통행료 징수소가 10여 군데나 있었다.

그렇다면 통행료는 어떻게 징수했을까? 지금처럼 톨게이트toll gate 가 상시로 설치되어 있었을까? 강에 놓은 다리를 건널 때 행인은 먼저 강둑의 나무에 걸려 있는 나팔을 힘차게 분다. 그러면 다리를 지키는 사람과 뱃사공이 나타나 통행료를 받았다. 통행료는 점점 올라 행인 들에게 큰 부담이 되었지만, 11세기에 더욱 성행해 이윤을 창출하는 사업으로 번창했다.

영어에서 통행료를 의미하는 toll은 그 뿌리가 고대 영어로 거슬러 올라간다. 그리고 고대 영어의 뿌리는 앵글로색슨족의 조상인 게르만 족의 언어에 닿는다. 게르만어에서 zol은 아마도 라틴어의 tolonium 톨로니움에서 차용했을 텐데, 그 의미는 '세금 징수소'였다. 그런데 라틴 어 역시 이 말을 그리스어 teloneion 텔로네이온에서 가져왔다. 그리고 그리스어의 뿌리는 인도-유럽어*에서 갈라져 나왔다. 인도-유럽어에 서 'tele-'**는 '옮기다', '보조하다', '무게를 저울질하다'라는 뜻이었는 데 '셈을 하다'라는 뜻이 생겨나고, 나중에는 '세금을 징수하다'라는 의 미로 변하게 된다. 'tele-'는 이후 서양 언어에 많은 어휘를 제공했다.

---

* 유럽인들과 인도인들의 공통 조상이 사용하던 언어로, 인도-유럽조어祖語라고도 한다. 이 언어를 사용하던 민족은 기원전 3000년경에 현재의 캅카스 산맥(흑해와 카스피해 사 이에 위치) 근처에 살다가 동쪽과 서쪽으로 이동해 지금의 유럽인들과 인도인들의 조상 이 되었다. 오늘날 그들의 후손을 인도-유럽 제족(인도-유럽 민족들 또는 인도-유럽인) 이라고 부르고, 그들의 언어를 인도-유럽어족이라고 부른다.

** 인도-유럽어의 어형을 재구성한 것이므로 '*' 표를 붙여야 하지만 이 책에서는 생략한다.

영주에게 통행료를 지불하는 중세인들. 상인들과 여행자들은 불만이 많았지만 영주에게 통행료는 주요 수입원이었다.

단순히 '옮기다'에서 '멀리 옮기다'의 의미가 들어가서 우리에게 친숙한 telephone(소리를 멀리 옮기다), television(보는 것을 멀리 옮기다) 같은 말이 생겨났고, '마음을 멀리 옮기다'라는 뜻의 telepathy도 만들어졌다. 언어의 뿌리를 찾아 올라가면 이렇듯 언어의 이력이 고스란히 드러나게 된다.

travel | 여행 |

여행은 고된 일

전성기의 로마제국은 북쪽으로는 브리튼 섬(라틴어로는 브리타니아), 남쪽으로는 아프리카(지금의 북아프리카), 동쪽으로는 파르티아(페르시아)와 국경을 맞대고 있었다. 현대 지도에 로마제국의 영토를 표시해보면 50여 개 국가가 로마제국의 영내에 있었다. 그리고 각 속주는 거미줄 같은 로마 가도로 연결되어 있었다.

로마제국을 멸망시킨 게르만족은 숲과 친숙한 민족이었다. 게르만족의 신화를 보면 우주의 중심에는 이그드라실이라는 나무가 있었다. 그런 이유에서였을까? 도시를 건설하고 목욕장과 원형 경기장에서 인생을 즐겼던 로마인들과 달리, 게르만족은 요새 성을 만들어 성으로 들어간다. 이후 유럽을 거미줄처럼 이어주던 로마 가도는 대부분 파괴되었고, 그 결과 성읍 간의 왕래는 매우 힘든 일이 되었다.

중세 유럽인은 여러 가지 목적을 위해 여행을 했을 것이다. 성지를 순례하는 순례자들, 물건을 파는 상인들, 출정에 나서는 군인들이 중세 유럽의 곳곳을 이동했다. 하지만 장거리 이동, 즉 여행은 위험한 일이었다. 그래서 6세기 브리튼 섬의 수도승이었던 길다스 사피엔스는 여행을 떠나기 전에 긴 기도를 올렸는데, 하느님과 모든 성인에게 안전한 여행이 되게 해달라고 기원하는 것이었다. 그렇다면 중세 유럽에서 여행할 때 큰 위험은 어떤 것이 있었을까?

먼저 익사에 대한 두려움이 있었다. 바다에서 항해할 때도 그렇지만, 육지의 하천도 변변한 다리가 놓여 있지 않아 위험하기는 마찬가지였다. 특히 얕은 하천을 찾아 건너려다가 깊은 웅덩이에 빠져 죽는 이가 많았다고 한다. 중세 사람들이 건넜던 얕은 하천은 유럽의 지명에도 아직 남아 있다. 독일어로 furt는 '얕은 개천'을 의미하는데, 에르푸르트Erfurt와 마인 강에 위치한 프랑크푸르트Frankfurt am Main가 그 흔적을 간직하고 있다. 영어에서는 ford가 실개천을 의미하는데, 유명한 영국의 대학 도시 옥스퍼드Oxford가 그 유래를 보여준다.[2] 즉 옥스퍼드는 '황소들이 있는 실개천'이라는 말이다.

두 번째로 들 만한 여행의 위험은 거친 길 사정이었다. 여기저기 솟아나온 돌이나 깊은 구덩이들이 여행객들의 생명을 위협하곤 했다. 사람들은 악조건의 길을 걷다 다리를 다치기 일쑤였고, 말이 중심을 제대로 잡지 못해 넘어지거나 짐수레가 전복되는 일도 허다했다. 그래서 길다스 사피엔스는 여행을 떠나기 전에 '평평한 길viae planae'로 인도해달라고 기도했던 것이다.

세 번째 위험은 현지 주민이었다. 그들은 지나가는 순례자나 상인을 공격해 재물을 약탈하거나 인질로 삼아 돈을 요구하곤 했다. 강도의 출몰도 여행자들에게 골칫거리였다. 게다가 분명하지 않은 길을 만나 위험에 처하는 경우까지 있었으니, 중세인에게 여행은 곧 위험한 이동을 의미했다. 중세 말 무렵에 함부르크에서 작성된 유언장의 20퍼센트는 여행을 떠나기 전에 작성한 것이었다고 한다.

고대 로마에는 트리팔리움tripalium이라는 형틀이 있었는데 tri는 '3'을 의미하고, palium은 '말뚝'을 뜻한다. 이 말이 프랑스어 travail트라바유로 바뀌면서 '고통'이나 '힘든 일'로 재탄생한다. 이 말이 영어에 들어가 지금의 travel이 되었다. 교통망도 제대로 없었던 시절에 먼 곳으로 이동한다는 것, 즉 여행은 고통스럽고 힘든 일이었던 것이다. 온갖 역경을 뚫고 여행을 마친 사람들은 아마도 이런 인사말을 들었을 것이다. "여기까지 오시느라 얼마나 고생하셨습니까?"

여행을 뜻하는 또 다른 영어 journey는 프랑스어 journée주르네에서 유래했다. 현대 프랑스어에서 journée는 '하루'라는 뜻이지만, 과거에는 '하루 동안의 여행'을 뜻했다. bonjour봉주르에서 jour는 영어의 day와 같다. 이밖에도 영어 voyage에는 '긴 여행', '항해'라는 의미가 있으며, 프랑스어 voyage부아야주는 '일반적인 여행'을 의미한다.

완전 무장한 채 고된 여행을 마치고 목적지에 도착한 중세의 기사들.

mail | 메일 |

여행용 가방에서 우편물로

내 사랑 앤, 이 편지는 당신이 내 곁을 떠난 뒤 내가 겪는 고통을 알려주기 위해 쓰는 것이오. 당신이 떠난 뒤에 시간은 너무 천천히 흘러 하루가 보름인 듯 느껴지오. 이 모두가 착한 당신과 사랑의 열정이 그 원인이오. 당신과 얼마 떨어져 있지 않았는데 이렇게 큰 사랑의 슬픔을 느끼리라고는 상상도 못했소. 이제 우리는 다시 만날 수 있을 것이오. 그러면 내가 느끼는 이 고통도 곧 사라질 것이오. 나는 이 글을 쓰면서 당신으로부터 큰 위안을 얻고 있소. 이런 작업이 내게는 매우 중요한 일이 되어버렸소. 오늘은 네 시간이나 당신 생각을 하며 글을 썼소. 그래서 머리도 조금 아프고 편지도 조금 짧아졌소. 당신을 내 품속에 안길 바라며 당신에게 입맞춤을 보내오.

이 편지는 엘리자베스 1세 여왕의 아버지인 헨리 8세(재위 1509~1547)가 두 번째 왕비인 앤 불린에게 보낸 연서戀書인데 감미로운 프랑스어로 썼었다. 첫 번째 왕비의 시녀였던 앤 불린은 프랑스 궁정에서 지낸 경험이 있었는데, 당시 유럽의 교양어였던 프랑스어를 유창하게 했다고 한다. 영국 왕도 역사적으로 자신이 프랑스 왕위 계승권자라고 꾸준히 주장하고 있었던 만큼 프랑스어 구사에 큰 어려움이 없었다.

헨리 8세는 앤 불린에게 프랑스어로 여러 통의 연서를 썼는데, 하루라도 빨리 편지가 애인의 손에 들어가기 바랐을 것이다. 그래서 그는 왕실 재무관 브라이언 터크에게 우정국장이라는 새로운 직책을 맡겨 우편 사업을 독려했다. 왕의 연애 감정이 우편망의 체계화에 이바지한 셈이다.

앞의 편지를 보면 헨리 8세가 절대 군주라고 보이지 않는다. 편지의 내용에서 고집 센 튜더 집안의 마초 같은 남자의 모습은 찾아볼 수 없다. 그런데 그런 남자가 몇 년 후에 앤 불린을 간통죄로 몰아 참수형에 처한다. 사랑이라는 감정 속에 증오와 연민이 공존하기 때문일까? 그보다는 헨리 8세의 변덕스러운 성격 때문일지 모른다. 헨리 8세는 무려 여섯 왕비를 맞이했다. 그중 둘은 참수를 당했고, 한 명은 화병으로 죽고, 한 명은 해산 중에 죽었으며, 또 한 명은 이유도 모른 채 소박을 맞아 쫓겨나 마지막 왕비만이 왕의 임종을 지켜보았다.

루이 16세의 왕비 마리 앙투아네트가 여행할 때 사용했던 가방. 이런 가방을 '말malle'이라고 불렀다. 여기에서 영어 '메일mail'이 나왔다.

영어에서 letter는 편지를 의미하고 mail은 우편물을 가리킨다. 고대 로마인들은 '글자'를 littera리테라라고 불렀는데, 알파벳 철자 혹은 문서 등을 가리키는 말이었다. 그런데 littera의 복수인 litterae리테라이에는 조금 다른 뜻이 생겨난다. 철자들, 즉 글자들로 쓰인 편지나 서간문을 가리키게 된 것이다.

영어 mail은 프랑스어 malle말에서 나온 말이다. 13세기에 영어에 들어온 malle은 본래 지갑, 가방, 꾸러미를 뜻하는 단어였다. 프랑스어에서는 지금도 그 뜻이 남아서 '여행용 대형 가방'을 malle이라고 부른다. 현대인들이 매일 사용하는 이메일에 대용량 파일이 첨부되는 경우도 있으니, 여행용 대형 가방을 전자우편으로 보내는 셈이다.

nine |9|

new와 사촌인 nine

인류는 고대 문명이 발원한 이래 다양한 진법을 사용했다. 프랑스어에서는 80을 4×20으로 표현한다. 이것은 프랑스인들의 조상인 켈트족이 사용했던 20진법의 흔적이다. 하지만 가장 보편적인 진법은 역시 10진법이다. 10진법은 인류 문명에서 가장 많은 민족이 사용해온 진법일 것이다. 영어 속에 숨어 있는 10진법의 흔적을 살펴보자.

1300년경, 중세 프랑스어 dozaine도젠(현대 프랑스어로는 douzaine두젠)이라는 말이 영어에 들어와서 dozen이 되었다. dozaine은 12를 의미하는 douze에서 나왔다. douze는 라틴어 duodecim두오데킴에서 유래했는데, 2를 의미하는 duo와 10을 의미하는 decim이 합쳐져서 만들어진 말이다. 즉 '10+2'인 셈이다. 영어 twelve도 같은 구조로 되어 있다. 고대 영어에서 twelve의 형태는 twelf였는데, '두 개가 남은'이라는 뜻이다. 즉 10을 세고 두 개가 남았다는 말이다. 마찬가지로 eleven도 10을 세고 하나가 남았다는 구조로 만들어졌다. 한편 13부터는 10을 의미하는 '-teen'이 뒤에 붙었다. 즉 thirteen은 '10을 세고 3이 남은' 이라는 뜻이다.

영어에서 10 이하의 숫자 가운데 가장 흥미로운 수는 9일 것이다. 고대 영어에서 9는 nigen이었는데 인도-유럽어의 'newo-(new)'에 그 뿌리가 닿아 있다. 9를 나타내는 말의 뿌리에 왜 new가 있을까? 그 비밀은 4진법에 있다. 8을 4진법으로 표현하면 '2×4'가 되는데, 영어 eight의 뿌리는 인도-유럽어 okto에서 나왔다. 음악에서 8음계를 가리키는 옥타브octave가 같은 뿌리에서 나온 좋은 예다. okto에는 '두 번'이라는 뜻도 있는데, 여기에서 말하는 '두 번'은 '4가 두 번'이라는 것이다. 정리하면 이렇다. 1에서 4까지 한 번 세고, 다시 8까지 4를 한 번 더 센 다음에 나오는 '새로운' 숫자가 9라는 것이다.

프랑스어의 경우도 마찬가지다. 9는 프랑스어로 neuf뇌프인데 '새롭다'라는 뜻의 neuf와 철자 하나 다르지 않다.

성 아우구스투스는 수數를 신의 생각처럼 영원하며 그 의미가 다양한 것으로 생각했다. 특히 1에서 12까지의 수는 그 의미가 각별했다. 1은 굳이 설명이 필요하지 않으며, 2는 이원성의 상징으로 인식되었다(육체-정신, 빛-어둠, 좌-우, 남자-여자, 젖은-마른). 3은 신이나 인간의 삼위일체(육체, 영혼, 정신)를 의미하며, 4는 2+2 혹은 3+1을 나타내는데, 삼위일체에 하나가 더 보태진 완벽성의 상실과 우주 공간, 천상의 네 개의 강, 네 명의 복음 전도사(마가, 누가, 마태, 요한), 네 가지 덕목(중용, 힘, 정의, 지혜), 네 방위, 사계절, 사지四肢, 아담의 네 철자Adam를 상징한다. 4와 3의 배합, 즉 공간과 신성한 시간의 결합은 완수된 시간인 12를 만든다(12사도, 황도 12궁, 열두 달, 이스라엘의 12부족). 5는 인간과 우주를 의미하며, 인간 의지의 상징이다. 7은 신성함을 나타낸다(촛대의 일곱 가지, 7행성, 일주일, 세계의 7대 비경, 문장紋章의 일곱 색상). 2×4에서 얻어지는 8은 부활을 상징한다.[3]

기원전 3000경에 인도-유럽인의 공통 조상이 살던 지역(진녹색). 현재의 캅카스 산맥 근처
에 해당한다. 지금의 유럽인들과 인도인들의 공통 조상이다. 연녹색은 오늘날 인도-유럽어족
에 속한 언어를 쓰는 지역이다.

danger | 위험 |

많은 위험에 노출된
중세 유럽인

중세 유럽인들은 위험에 노출된 환경에서 살았다. 먼저 주거 환경 자체가 열악했다. 좁은 지역에 많은 사람이 밀집해서 살다 보니 위생 상태가 좋을 리 없었다. 프랑스 서남부에 있는 도시 알비의 인구 밀도는 1헥타르당 600명을 초과했다고 한다. 축구장 약 1.4개의 면적에 이 많은 사람이 살았으니 당시의 주거 환경이 어떠했는지 짐작할 만하다.

14세기에 지어진 베키오 다리는 지금은 많은 사람들이 찾는 피렌체의 관광 명소이지만, 중세 때 이 다리 위에 주택을 건설한 이유는 도시에 주거 공간이 부족했기 때문이다. 본래 이 다리에서는 푸줏간 주인이나 무두장이 같은 서민들이 살았다. 좁은 다리 위에 집을 많이 짓다 보니 언제 다리가 붕괴될지 모르는 위험이 이들을 위협했다. 실제로 베네치아의 유명한 리알토 다리는 1444년에 무너졌다. 즉 도시에

피렌체의 베키오 다리. 중세 때 이 다리에는 푸줏간이 즐비했지만 지금은 귀금속 가게들이 들어서 있다.

서 가장 소외된 사람들이 제일 위험한 주거 공간에서 살고 있었다는 말이다. 지금 베키오 다리에는 귀금속 가게들이 즐비하여 관광객을 맞고 있으니, 역사는 이렇게 야누스의 얼굴을 하고 있다.

중세인들은 이동 시에 특히 위험에 노출되었다. 도시나 성읍을 떠날 때 사방에 산재한 위험에 대해서는 '여행'과 관련된 글에서 이미 소개한 바 있다. 특히 산티아고 데 콤포스텔라 같은 성지로 가는 순례자들은 열악한 길을 따라 수천 킬로미터를 걸어갔다. 그러다 보니 그들은 강도떼와 불한당의 습격으로부터 무리를 지어 스스로를 보호해야만 했다. 14세기 영국의 신비주의자인 여성 마저리 켐프는 로마로 가는 중에 일행으로부터 추방을 당했다. 그러자 그녀는 베네치아에서 만난 걸인에게 로마까지 동행을 제안했다고 한다.[4] 그만큼 중세에 혼자 여행하는 것은 위험한 행동이었다. 그런데 걸인은 이 제안을 거부한다. 자신이 그녀를 보호해줄 수 없다는 것이 이유였다. 걸인은 만약 여행 중에 도적 떼를 만나 습격을 당하면 자기가 함께 있더라도 켐프가 도적들의 표적이 되어 가진 것을 모두 빼앗길 것이라며 만류했지만, 결국 켐프의 간곡한 부탁을 들어줄 수밖에 없었다. 이렇게 두 사람은 아시시까지 무사히 도착했고, 걸인은 켐프를 다른 일행에 소개해주었다. 이후 켐프는 무사히 로마까지 갈 수 있었다고 한다.

이제 이번 글의 주제어인 '위험'의 이력을 보자. 프랑스어에서 영어로 들어간 danger는 라틴어 dominarium 도미나리움에서 나온 말이다. 그런데 dominarium은 '소유 재산'을 의미하는 말이었다. 콘도미니엄condominium에서 con은 '공동'을, dominium은 '소유'를 뜻하는데 dominium을 골(오늘날 프랑스 등지에 해당하는 로마 지명. 갈리아라고도 부른다)의 북부 지방에서는 dominarium이라고 불렀다. 이후 danger는 프랑스에서 '소유 재산'에서 '통행권', 즉 영주의 소유지나 국왕 소유의 숲을 통과할 수 있는 권리로 그 의미가 바뀌었다.[5]

왕실 소유의 왕유림 이야기를 하자면 노르만 왕조의 시조 정복왕 윌리엄 1세(재위 1066~1087)의 이야기를 빼놓을 수 없다. 정복왕 윌리엄은 사냥에 지나칠 정도로 탐닉했다고 한다. 그는 자신만의 사냥을 위해 왕유림을 조성했는데 햄프셔 지방에 1천 제곱킬로미터에 이르는 광활한 토지를 사냥터로 만들기도 했다. 그 바람에 교회를 포함한 60개 마을이 사라졌다. 윌리엄은 또 사냥감을 더 많이 잡기 위해 가혹한 조치를 취했는데, 우선 사냥터 인근에 거주하는 주민들이 소유한 동물의 발가락이나 발굽 혹은 개들의 발을 잘랐다. 밀렵꾼을 잡으면 거세하거나 손발을 절단하는 엄격한 형벌을 내렸다. 사슴을 잡은 사람은 두 눈이 뽑히는 처벌을 받았고, 산돼지·토끼를 잡으면 사지 절단, 왕유림에서 사슴을 죽이면 교수형에 처해졌다. 이렇게 생성된 지방에는 포레너브Forêt-Neuve('새로운 숲')이라는 새로운 명칭이 붙었다. 그런데 윌리엄의 아들이자 왕세자였던 리샤르는 바로 이런 숲에서 목숨을 잃었다. 아마도 살해된 듯했다. 당시 영국인들은 윌리엄이 천형天刑을 받았다고 생각했다.

원래 중세 프랑스어 danger당제에는 '소유권'이라는 뜻에서 파생한 '풍성함'과 '본인의 의지대로'라는 의미도 있었다. 하지만 중세 프랑스인들은 danger의 의미들 중에서 '사유지 통과의 위험'이라는 의미에 방점을 찍었던 것 같다. 결국 14세기부터 프랑스어 danger에는 '위험'과 '공포'라는 뜻만 남게 된다.

pain | 고통 |

No pain no gain

No pain no gain.

고통이 없으면 얻는 것도 없다.

이 말은 도전과 역경이 없으면 좋은 결과도 얻을 수 없다는 불변의 진리를 담고 있다. 이와 비슷한 말을 유대인의 전통에 관한 글에서도 찾아볼 수 있다. 어느 랍비는 "고통에 비례하여 그만큼의 얻음이 있다"라고 말했다. 17세기 영국의 서정시인 로버트 헤릭 역시 자신의 시에서 "인간의 운명은 자신의 수고에 따라 결정된다"면서 "수고하지 않으면 얻음도 없다"라고 노래했다. 이번 글의 주제어는 바로 고통을 의미하는 pain이다.

14세기 영국의 국민 시인 제프리 초서는 pain을 "머리를 잃어버리

14세기에 제프리 초서가 쓴 설화집 《캔터베리 이야기》에 나오는 등장인물들을 그린 그림. 에
즈라 윈터가 1939년 미국 의회도서관의 존애덤스관 서쪽 벽에 그린 벽화의 일부다.

는 것과 같은 고통"이라고 표현했다. 이 표현은 현대 영어에 'on pain of death'(위반하면 사형)이라는 표현으로 남아 있다. 영어 pain은 중세 프랑스어 peine 펜느에서 나왔는데, 형벌을 의미하는 라틴어 poena 포이나가 그 뿌리다. 현대 영어에서 자주 사용하는 penalty와 punish도 이 말에서 나왔다. 중세 영어에서 pain은 '지옥에서 겪는 고통'을 의미하는 심각하고 위중한 말이었다. 동사로 쓰일 때도 '고문을 하거나 굶겨서 고통을 주다'라는 무서운 말이었다. 14세기 영국의 기독교 신학자 존 위클리프는 "Thei pynen hem bi the worste hungir"(그들은 식사를 주지 않는 고문으로 그에게 고통을 주었다)라는 표현을 썼는데 이 문장에서 pynen 프이는이 고통을 의미하는 중세 영단어다. 이후 pain은 극심한 고통이나 비통에서 일반적인 고통으로 그 의미가 축소되었다.

현대 영어에는 고통을 의미하는 단어가 하나 더 있다. 바로 두통 headache, 치통 toothache 등에 들어 있는 ache다. ache는 게르만어가 그 뿌리인데, '지속되는 고통'을 의미하는 고유 영어다. 다시 말해 영어에서 형벌이나 힘든 상황으로 인해 받는 고통은 프랑스어에서 온 pain, 단순한 통증은 고유어인 ache가 맡고 있다. 다음 표에서 소개한 단어들은 고유 영어를 대체한 프랑스어 차용어다. 사라진 영어 단어들은 대개 빈도수가 많은 기본 어휘인데, 이는 영어에 들어온 프랑스어의 영향이 매우 컸다는 의미로 받아들일 수 있다.

사라진 고유 영어	프랑스어로 대체된 영어	현대 프랑스어
pele	noble	noble 노블
leode	people	peuple 푀플
firen	crime	crime 크림
here	army	armée 아르메
sibb	peace	paix 페
bldæd	flower	fleur 플뢰르
wuldor	glory	gloire 그루아르
iedu	age	âge 아주
loft	air	air 에르
wlite	beauty	beauté 보테
anderttan	confess	confesser 콘페세
miltsian	pity	pitié 피티에
lean	reward	regard 르가르

toilet | 화장실 |

아름답게 화장하는 곳

유럽의 성을 방문할 때마다 이런 궁금증이 일었다. "이곳에 살던 영주와 가족, 하인들은 어디서 볼일을 해결했을까?" 아마도 우리의 전통 가옥처럼 건물 외진 곳에 화장실을 만들었을 것이라고 추측했는데, 그 예상은 보기 좋게 빗나가고 말았다.

다음의 위쪽 사진은 성탑의 벽에 튀어나온 돌출 총안brèche이다. 궁수가 매복하고 있다가 적이 성탑에 다가오면 작은 틈으로 석궁을 쏘거나 아래에 뚫린 공간으로 돌을 던지면서 성탑을 방어한다. 그런데 아래 사진 속 구조물도 얼핏 보면 돌출 총안과 모양이 흡사해 보인다. 그런데 돌출 총안과 달리 그 구조가 폐쇄적이다. 아래로 통하는 구멍이 없다. 이 구조물이 바로 중세의 성에 살던 사람들이 사용하던 측간latrine이다. 아직 이번 주제어인 화장실toilet이라는 말을 사용하지 않

위 사진은 성탑을 공격하는 적에게 화살을 쏘거
나 돌덩이를 떨어뜨리기 위한 돌출 총안이다. 그
런데 아래 사진 속 구조물은 무슨 용도일까?

음에 주의하자. 측간은 오직 볼일만 보기 위한 간이 시설이라고 보면 된다. 수백 명이 사는 성에 저런 측간이 한두 개만 있지는 않았을 것이다. 성 안에는 여러 사람이 사용할 수 있는 공중 화장실도 있었다.

중세 때 오물 처리는 골칫거리였다. 많은 사람이 좁은 성곽 안에서 살고 있던 터라 넘쳐나는 오물로 인해 도시에는 악취가 진동했다. 사람들은 집 안에서 볼일을 보고 창밖으로 오물을 쏟아버렸다. 오물을 버리는 여인이 행인들을 향해 "머리 조심하세요!" 하고 외치긴 했겠지만, 느닷없이 쏟아지는 오물을 피하지 못하면?

이처럼 중세 유럽 도시의 거리는 오물로 가득 차 있었다고 한다. 그래서 하이힐이 발명되고 양산도 쓰게 되었다는 것이 정설이다. 여자들의 넓은 드레스도 언제든지 볼일을 보기 위한 의상이었고, 남자들의 넓은 망토 역시 같은 용도였다. 망토를 만드는 그 천을 프랑스어로 toile_{투알}이라고 불렀다.

화장실을 가리키는 영어 toilet은 프랑스어 toilette_{투알레트}에서 왔는데, 여러 가지의 의미 변화를 겪은 말이다. 예컨대 14세기에는 '옷을 싸는 천'이었다가, 17세기에는 '몸단장하기'라는 뜻으로 변했다. 즉 아침에 일어나서 마른 수건으로 몸을 닦고 가발을 쓰고 화장을 하는 일련의 과정을 toilette라고 불렀다. 그런데 여성의 경우 이런 몸치장을 하는 시간 중에서 화장하는 데 드는 비중이 높았다. 그리하여 toilette에 '화장'이라는 뜻이 포함된다. 현대 프랑스어 toilette에는 몸단장 혹은 화장이라는 의미만 있다. 그래도 프랑스에서 화장실을 찾을 때는 toilette가 어디 있냐고 물어봐야 한다. 이는 완곡어법이라 할 수 있다. 하기야 영어에서도 'rest room'이라고 쓰고 '화장실'로 읽지 않는가.

air | 공기 |

영어의 '공기'는 프랑스산

"도시의 공기가 자유를 만든다Stadtluft macht frei"만큼 중세 도시의 특징을 잘 표현한 말은 없을 것이다. 왜 도시는 자유의 상징이 되었을까? 중세 유럽은 군주가 정점에 있고 그 밑에 영지를 다스리는 영주들이 있는 사회였다. 그러므로 개인의 자유는 비교적 많은 제약을 받았다. 하지만 중세에는 자치 도시commune가 존재했다.

11세기 말 북이탈리아를 중심으로 자치 도시들이 우후죽순처럼 생겨났는데, 이 도시들의 시민들은 상호방위를 맹세하고, 영주의 영향권에서 벗어나 일정한 자치권을 얻은 도시를 탄생시켰다. 그래서 영주의 속박이 느슨한 도시의 공기가 자유를 준다고 중세 유럽인들이 생각하게 된 것이다.

자치 도시가 팽창하면서 시민들은 과거에는 영주의 소유였던 시장

운영권과 관세를 양도받고, 심지어 영주의 고유 권한인 재판권까지 확보하게 된다. 그리고 자신들만의 사법권을 확보하자 더 이상 영주의 입김이 크게 미치지 못하는 자치 지역이 되었다.

기원전 5세기경 그리스에서 활동한 엠페도클레스라는 철학자가 있었다. 그는 세상이 네 가지 원소, 즉 물water, 불fire, 흙earth, 공기air의 사랑과 다툼 속에서 생겨났다고 주장했다. 현대 과학에 비추어 봐도 크게 문제가 없는 주장이다.

이 말들의 뿌리를 들여다보면 이러하다. 먼저 물을 의미하는 water는 독일어와 그 뿌리가 같다. 영국인들의 조상인 앵글로색슨족의 언어에서 왔다는 말이다. 독일어로 물은 Wasser바서다. 불을 의미하는 fire 역시 인도-유럽어에서 유래했다. 하지만 인도-유럽어에는 불을 의미하는 'egni에그니'라는 말도 있었다. 이 말은 인도-유럽인의 신화 속에 등장하는 불의 신의 이름에도 들어갔다. 로마 신화에서 불의 신을 이그니스Ignis라고 하는데, 인도 신화에 나오는 불의 신 아그니Agni와 비슷한 이름이다. 흙을 의미하는 earth 역시 고대 영어에서 나온 말이고, 그 뿌리는 인도-유럽어에 닿아 있다. 그런데 중세의 도시에 자유를 주었다는 air만은 그 뿌리가 다르다.

본래 고대 영어에는 공기를 뜻하는 말이 두 개 있었다. 지금은 날씨를 뜻하는 weather가 본래 공기나 하늘을 일컫는 말이었고, loft라는 말도 같은 의미를 가지고 있었다. 그런데 프랑스어 air에르가 이 고유어들을 밀어내고 영어에 자리를 잡았다. 왜 공기같이 가장 기본적인 말들이 사라진 것일까? 그 이유는 1066년 노르만 정복 이후 영어에 밀물처럼 들어온 프랑스어에서 찾을 수 있다. 현대 영어 어휘의 무려 28퍼센트가 프랑스어에서 왔다. 프랑스어 air는 라틴어 aer아이르에서 나왔고, aer의 기원은 그리스어 aēr아에르다.

고대 영어 loft는 영어에서 완전히 사라졌을까? 사전을 찾아보면 loft는 '다락방', '건물의 상층'이라고 나와 있다. 남아 있긴 하지만 노르만 정복으로 인해 위상이 초라해진 것을 확인할 수 있다. 반면 독일어는 공기를 의미하는 고유어를 잘 보존했다. 오늘날 독일어에서 Luft(영어의 loft)에는 공기와 미풍이라는 의미가 남아 있으며, 독일 국적의 항공사 이름 루프트한자Lufthansa에도 당당하게 남아 있다.

1066년 10월 14일 프랑스의 노르망디 공 윌리엄은 헤이스팅스 전투에서 승리를 거두고 그해 성탄절에 웨스트민스터 교회에서 잉글랜드 왕위에 오른다. 이후 영어에는 수많은 프랑스어가 들어간다. 현재 영어 어휘의 약 28퍼센트가 프랑스어에서 들어왔다. 사진은 정복 과정을 묘사한 자수 그림의 일부다.

east/west/south/north | 동서남북 |

중세인들의 동서남북

'입을 벌린 공간'이라는 뜻의 기눈가갑Ginnungagap은 불의 제국과 냉기의 제국 사이에 위치한 공간이었다. 그런데 남쪽의 따뜻한 제국에서 불어온 바람이 냉기와 맞부딪치면서 기눈가갑의 얼음들이 녹기 시작했다. 그 결과 녹아내린 물방울로부터 서리 거인 이미르Ymir와 태초의 암소 아우두물라Audhumula가 생겨났다. 아우두물라는 얼음을 핥으면서 태초의 신이며 훗날 신들의 조부인 부리Buri를 낳았다. 이 부리의 후손이 바로 오딘Odin, 빌리Wili, 베We인데 이들은 이미르의 폭력에 시달리다가 결국 이미르를 죽이고 인간이 사는 미드가르드Midgard를 창조한다. 오딘은 거인 이미르의 살로 육지를, 뼈로 산맥을, 머리카락으로 나무를 만든다. 이미르의 피는 바다와 호수가 되었고 두개골은 하세계를 떠받치고 있는 노르드리, 아우스트리, 수드리, 베스트리의 모습(맨 위부터 시계방향으로).

늘이 되었다. 이렇게 만들어진 세계의 네 귀퉁이를 네 난쟁이가 떠받치게 했다. 이 난쟁이들은 노르드리Nordri, 수드리Sudri, 아우스트리Austri, 베스트리Vestri라고 불렸다.[6]

중세 유럽의 헤게모니를 쥐고 있던 게르만족의 창조신화는 이렇게 시작한다. 세계의 창조가 거인 살해에서 시작된다는 것은 게르만족의 호전성을 엿볼 수 있는 대목이다. 그런데 세계의 네 귀퉁이를 떠받치고 있는 네 난쟁이의 이름을 살펴보면 동서남북을 일컫는 영어 어휘라는 것을 알 수 있다.

서양어의 명사들은 신들의 이름에서 유래한 경우가 많다. 라틴어에서 '행운' 또는 '운명'을 뜻하는 fortuna 포르투나는 로마 신화에서 운명의 여신인 포르투나Fortuna에서 나왔다. 마찬가지로 '승리'를 뜻하는 victory는 승리의 여신 빅토리아Victoria에서 왔다.

중세 유럽인들은 만물을 이루는 요소들이 둥근 달걀 껍데기 같은 하늘에 둘러싸여 있다고 생각했다. 원형圓形은 본래 가장 완전한 형태인 까닭에 건축물의 궁륭穹窿, 교량의 아치, 바퀴, 큰 양조통 등에 응용되었다. 달걀 껍데기는 창공, 흰색은 땅, 흰자는 물, 노른자는 불을 상징한다고 믿었다. 창공 저편에는 천사와 천복을 누리는 사람들이 사는 하늘이 있고, 그다음에는 추락한(사악한) 천사들이 사는 하늘이 있고, 끝으로 신이 사는 자줏빛 하늘이 있었다. 눈에 보이는 하늘은 미세하고 순수한 공기의 집합이자 여러 층으로 이루어진 곳이고, 스스로 돌면서 천상의 소리를 지상에 전한다고 여겨졌다. 그렇다면 중세인들은 동서남북의 방위 이름을 어떻게 정했을까?

인류의 역사에서 방위명의 기준은 당연히 태양이 뜨는 곳이었다.

라틴어에서 유럽의 여러 언어로 들어간 방위명이 그러하다. 동방을 의미하는 orient오리엔트는 '태양이 솟아오르는 곳'이라는 뜻이며, 서방을 뜻하는 occident옥시덴트는 그 반대의 의미다. 그렇다면 영어와 프랑스어의 방위명은 어떤 뜻을 가진 말일까? 단지 신화 속에 등장하는 난쟁이들의 이름일까?

우선 영어의 방위명이 프랑스어 속으로 들어온 것이 특이하다. 실제로 프랑스어의 방위명 nord, sud, est, ouest는 영어와 그 뿌리가 같다. 프랑스어에는 게르만족의 한 갈래인 프랑크족의 말들이 여럿 있는데, 로마제국 멸망 이후 골 지방에 들어온 프랑크족의 언어와 앵글로색슨족의 언어는 그 뿌리가 같다. 북쪽을 의미하는 영어 north는 게르만어의 조상인 인도-유럽어에서 '왼쪽' 혹은 '아래쪽'을 의미하는데, 떠오르는 태양을 정면으로 보고 설 때 왼쪽은 북쪽을 가리킨다. 남쪽을 뜻하는 south는 색슨족의 언어로 '태양'을 뜻하는 sund에서 왔다. 동쪽을 뜻하는 east는 인도-유럽어에서 '여명'을 뜻하는 es에서 나왔고, west의 어원은 분명하지 않으나 인도-유럽어에서 '저녁'을 의미하는 'wes-'에서 유래했다고 한다.

testament | 유언장 |

유언장은 제3자 증인

성부와 성자와 성령의 이름으로 아멘. 우리 부모(아담과 이브)의 원죄로 말미암아 그 후손들의 삶은 일시적이고 육체는 죽을 운명에 놓였습니다. 그 어떤 것도 죽음보다 확실한 것이 없고 지금보다 더 확실한 것도 없습니다. 쿠르쉬롱의 영주인 나, 조하메스 드 소비는 신의 은총과 분별력 덕분에 또렷한 기억과 양식을 갖게 되었습니다. 나는 이제 우리 주님 예수 그리스도께서 빌려주신 나의 재산을 영혼의 안식을 위해 나누어주려고 합니다. 그리고 최후의 심판의 날이 도래하면 내가 이승에서 한 행동에 따라 심판을 받을 것입니다. 이제 내 영혼은 육신을 떠나 우리 주님 예수 그리스도와 영광의 성모 마리아가 계신 천국으로 들어갈 것입니다. 그리고 내 영혼이 빠져나간 육신은 소비 교회에 묻

힐 것입니다.[7]

이 글은 1379년 부르고뉴 지방에 살던 어느 귀족의 유언장이다. 교회는 인간이 원죄를 갖고 태어났으므로 그 육신은 일시적인 것이고 영혼이 주님의 나라에 들어가야 영원한 삶을 살 수 있다고 설교했다. 이 유언장에서도 자신의 영혼이 육신에서 나와 천국으로 들어가기를 소망하고 있다. 이렇듯 중세인들의 내세관은 죽어서 주님이 있는 천국으로 들어가는 것이었다.

당시 유언장은 자신이 최후의 심판을 받아 천국에 갈 수 있다는 확신을 고백하는 것이 주요 내용이었지만, 실은 상속자를 지명하는 것이 핵심이었다. 중세에 작성된 것은 아니지만, 영국의 헨리 8세는 후계 문제로 고심한 끝에 유언장(당시에는 왕위 계승 문서라고 불렸다)을 수정했다.

- **왕위 계승 제1문서** (헨리 8세 재위 25년, 1533~1534)
앤 불린의 자식(아직 태어나지 않았다)이 아버지(헨리 8세)의 왕위를 승계한다. 캐서린 왕비의 딸 메리는 사생아로 확인한다. 왕국의 모든 신민은 이 법을 인정해야 하며 왕권은 교회보다 우선한다.
- **왕위 계승 제2문서** (헨리 8세 재위 28년, 1536)
앤 불린의 딸 엘리자베스도 모친의 불명예로 인해 사생아로 확인한다. 그러므로 두 공주(메리와 엘리자베스)는 왕위 승계에서 제외된다. 헨리 8세는 왕의 칙령이나 유언장을 통해 후계자를 지명한다.

- **왕위 계승 제3문서** (헨리 8세 재위 35년, 1543~1544)
엘리자베스와 메리 공주를 에드워드 왕자 다음의 왕위 계승권자로 지명한다.[8]

헨리 8세가 앤 불린과 사랑에 빠지면서 태어날 자식을 후계자로 지명하고, 이후 여러 차례 상속자를 변경한 과정이 왕위 계승 문서에 잘 정리되어 있다. 결국 헨리 8세는 마지막 왕위 계승 문서에서 에드워드 왕자를 계승할 차기 국왕으로 캐서린의 딸 메리와 앤 불린의 딸 엘리자베스를 인정한다.

'유언장'을 의미하는 영어 testament는 재미있는 단어다. 이 말의 뿌리는 라틴어 testis 테스티스인데, '증인'이라는 뜻이다. 그런데 이 단어는 '3'을 의미하는 tres와 '서 있다'라는 뜻의 stare가 합쳐진 말이다. 즉 testament는 '망자와 아무 관계가 없는 제3자가 작성한 문서'라는 뜻이다. 이밖에 성경의 구약을 Old Testament, 신약을 New Testament라고 하는데 여기서 testament는 예수의 마지막 유언을 의미한다.

아들에게 왕국을 물려주는 것이 소원이었던 헨리 8세와 그의 아들 에드워드 6세, 그리고 세 번째 왕비이자 에드워드 6세의 생모인 제인 시모어.

quarantine | 검역 |

검역과 격리의 시대

코로나19 팬데믹으로 인해 지구상의 모든 사람들이 평범했던 일상을 그리워하는 처지가 되었다. 코로나가 극성을 부리던 시절에 언론을 도배하던 단어가 있었다. 격리와 검역. 영어로는 quarantine이다. 영어 단어 중에서 'qu-'로 시작하는 말은 프랑스어 아니면 라틴어가 그 조상이다. 잉글랜드를 정복한 노르만인들은 영어에 프랑스어를 많이 제공했을 뿐만 아니라, 영어의 철자마저 프랑스식으로 바꾸어놓았다. 고대 영어에서 '여왕'을 의미하던 cwen이 지금처럼 queen이 된 이유가 여기에 있다.

철자에서 짐작할 수 있듯이 quarantine은 중세 프랑스어가 영어에 들어간 말이다. 이 말은 '40'을 의미하는 프랑스어 quarante 카랑트에서 나왔는데, 40여 일 동안 감염이 의심되는 사람이나 동물을 격리한다는 뜻이다. 40이라는 숫자는 기독교의 사순절과 관련이 깊다. 사순절은 일요일을 제외한 부활절 이전의 40일을 말한다. 이 기간 중에는 육식을 금하지만 생선은 먹을 수 있다. 그렇다면 왜 40일이 금육 기간으로 정해졌을까?

고대 그리스인들은 전염병의 발병 기간이 40일이라고 여겼다. 의술의 아버지 히포크라테스나 수학자 피타고라스도 마찬가지였다. 그러므로 고대 그리스인들은 전염병이 발병하면 40일 동안 그 지역을 봉쇄하고 감염자를 격리시켜야 한다고 생각했다. 이러한 전통은 초기 기독교인들에게도 그대로 전해졌다. 예수가 사막에서 40일 동안 금식을 했던 이유도 여기서 찾아볼 수 있다.

중세 유럽에서 전염병에 걸린 사람을 격리하는 전통은 각국에서 찾아볼 수 있다. 특히 나병의 경우 영혼의 질병이 육체를 서서히 죽게 만드는 병이라고 여겼다. 프랑스의 경우 1321년 왕명에 따라 나병 환자는 격리된 곳에서만 거주할 수 있었다.

전염병에 걸린 사람을 40일 동안 격리하는 조치는 베네치아에서 제일 먼저 시작되었다. 히포크라테스가 주장한 전염병의 발병 기간을 적용한 것이다. 즉 quarantine의 원조는 40을 의미하는 이탈리아어 quaranta 카란타인 셈이다. 그 후 유럽의 다른 도시들도 외국에서 온 선박이 입항할 때 격리 기간을 40일로 정했다. 마르세유는 1383년, 바르셀로나는 1458년, 에든버러는 1475년에 이 조치를 실시했다.

그런데 고대 그리스인들은 왜 40이라는 기준을 두었을까? 의학적으로 40이라는 수를 설명할 수 있을까? 여기에는 다른 문명의 신화가 숨어 있다. 그리스 문명에 많은 영향을 준 고대 메소포타미아 문명은 그 근간을 수메르 신화에 두고 있다. 그런데 천문학이 발달했던 고대 메소포타미아 지방의 신에는 아래와 같은 숫자가 부여되어 있었다.

- 안An : 60, 수메르 최고의 신이자 하늘의 신
- 엔릴Enlil : 50, 바람의 신
- 엔키Enki : 40, 지하수의 신
- 난나Nanna : 30, 달의 신
- 우투Utu : 20, 태양의 신
- 이난나Inanna : 15, 금성의 신
- 아다드Adad : 10, 천둥의 신

수메르 신 중에서 특히 중요한 신은 지하수의 신 엔키였다. 가뭄이 잦고 토양이 척박한 고대 메소포타미아 지방에서 지하수의 신이 중요한 신으로 숭배된 것은 당연했다. 물은 정결의 상징이었다. 그러므로 엔키의 수 40은 곧 정결의 숫자였던 것이다. quarantine이 40일 동안의 격리를 의미하는 이유가 여기에 있다.

지중해의 발레아레스 제도에는 중세의 검역소가 잘 보존되어 있다. 사진은 메노르카 섬 마온
항의 검역소.

pound | 파운드 |

계산이 너무 복잡해!

중세 잉글랜드의 기사 윌리엄이 잡화점에 들렀다. 그는 물건 몇 가지를 구입했는데 지불해야 할 총 금액이 18실링 6페니였다. 윌리엄은 상점 주인에게 1파운드를 지불했다. 상점의 계산대에는 실링과 페니 주화만 있다. 상점 주인은 거스름돈으로 얼마를 내주어야 할까? 거스름돈의 정확한 액수를 알려면 먼저 중세 잉글랜드에서 사용되던 주화의 교환 비율을 알아야 한다.

중세 잉글랜드에서 1파운드pound는 20실링shilling이고 1실링은 12페니penny였다. 페니의 복수형은 펜스pence이므로 12펜스가 맞지만 한국어의 습관상 페니로 부르자. 그렇다면 상점 주인은 윌리엄에게 1실링과 6페니를 거스름돈으로 주면 된다. 도대체 이렇게 복잡한 진법은 어디에서 나왔을까? 본래 유럽인의 조상들은 10진법을 사용

헨리 8세의 아들 에드워드 6세의 얼굴을 새긴 1실링 주화.

하고 있었다. 그런데 유럽에 들어온 원시 인도-유럽인은 원주민들이 사용하던 20진법을 수용하게 된다. 그리고 12진법도 함께 사용하게 되었다. 12진법은 2, 3, 4, 6이라는 약수가 있어서 셈을 할 때 편리하다. 이러한 전통이 중세 잉글랜드에 그대로 남은 것이다. 즉 중세 영국인들은 10진법, 20진법, 12진법을 함께 사용한 셈이다.

위의 사진은 주화는 헨리 8세의 아들로 태어나 왕위에 오른 에드워드 6세의 얼굴이 새겨진 1실링 주화다. 헨리 8세는 두 번째 왕비인 앤 불린을 처형하고 재혼한 제인 시모어로부터 금지옥엽 같은 아들을 보았는데, 그가 훗날의 에드워드 6세다. 그런데 주화에 새겨진 왕의 얼굴은 앳된 모습이다. 에드워드 6세가 열다섯 살에 요절했기 때문이다. 주화 뒷면에는 잉글랜드 왕실의 문장紋章이 보이는데, 잉글랜드의 세 마리 사자와 백합꽃이 보인다. 그런데 백합꽃은 프랑스 왕실의 문장이 아니던가? 그 이유는 백년전쟁 당시 아쟁쿠르 전투(1415)에서 대승을 거둔 헨리 5세(재위 1413~1422)가 트루아 조약을 통해 프랑스 왕위를 약속받았기 때문이다. 이 약속은 지켜지지 않았지만 1802년 영국이 프랑스와 아미앵 평화 조약을 체결하기 전까지 잉글랜드 왕은 자신이 프랑스 왕위 계승권자라고 공식적으로 주장했다.

영국은 1971년 10진법의 날Decimal Day을 기점으로 복잡한 화폐 단위를 10진법으로 바꾸고 실링을 없애 파운드와 페니만 남겼다. 영국에서 파운드는 화폐 단위(£)와 무게 단위(lb) 두 가지로 사용된다. 그런데 왜 두 단위에 모두 L이 쓰일까? 그 이유는 파운드의 기원이 로마 시대의 무게 단위 libra 리브라에서 왔기 때문이다. 영어에 들어온 라틴어의 무게 단위는 본래 'libra pondo'(파운드 무게)였는데 libra가 사라지고 pondo만 남아 파운드가 되었다. 한편 실링은 '자르다'라는 어원에서 나온 말이라고 한다.

reason | 이성 |

이성적인 사람은 계산이 빠른 사람?

1519년 막시밀리안 1세가 서거하면서 신성로마제국의 황제 자리가 공석이 되었다. 신성로마제국의 황제는 세습제가 아니라 선출제였다. 이에 막시밀리안 1세의 손자이자 스페인의 국왕인 카를로스 1세(재위 1516~1556)가 황제 선거에 후보로 나섰다. 황제를 선출하는 선거인단 은 세 명의 대주교(마인츠, 트리어, 쾰른)와 네 명의 세속 제후(보헤미아 국 왕, 브란덴부르크 변경백, 작센 공작, 라인 궁중백)로 구성되어 있었다. 카를로 스의 강력한 라이벌은 프랑스 국왕 프랑수아 1세였다. 프랑수아 1세 가 재벌 2세처럼 멋과 풍류를 아는 부잣집 아들 같은 남자였다면, 카 를로스는 냉철한 이성의 소유자였다.

당시 황제에 선출되기 위해서는 혈통이나 국력보다는 막대한 뇌물 이 필요했다. 프랑수아 1세는 선거인단에게 막대한 현금을 뿌렸다. 반

신성로마제국 황제, 스페인 국왕, 부르고뉴 공작, 그리고 아메리카 스페인 식민지의 지배자였
던 카를 5세. '해가 지지 않는 제국'이 그의 소유였다. 합스부르크 왕족의 특징인 튀어나온 턱
이 인상적이다.

면 영악한 카를로스는 일종의 환어음을 선거인단에게 주었다. 자신
이 황제에 선출된다면 프랑수아 1세가 건넨 현금보다 더 많은 돈을
주겠다고 약속한 것이다. 결국 선거인단은 만장일치로 카를로스 1세
에게 표를 던졌다. 당연히 선거 후에 카를로스 1세가 약속한 돈도 받
았다. 이렇게 황제에 등극한 카를로스 1세는 신성로마제국의 황제 중
에서 다섯 번째로 '카를'이라는 이름을 사용했다. 즉 스페인 국왕으
로서는 카를로스 1세지만 신성로마제국 황제로서는 카를 5세(재위
1519~1556)가 된다.

프랑수아 1세는 황제 선거에서 낙선한 뒤 카를 5세와 전쟁을 벌였
지만, 밀라노 근처의 파비아 전투에서 패해 황제의 군대에 포로로 잡
히고 만다. 마드리드로 압송된 프랑수아 1세의 감금 생활은 최악이었
다. 퐁텐블로 숲에서 사냥을 즐기고 밤늦도록 연회에서 우아한 여인
들과 시간을 보내는 데 익숙한 군주가 좁고 더러운 방에 갇혀 있으니
병이 나는 것은 당연했다. 결국 프랑수아 1세는 머리에 종기가 나서
쓰러지고 만다. 이 소식을 들은 카를 5세는 실리적인 계산을 하기 시
작했다. 만약 인질로 잡은 프랑수아 1세가 병사한다면 몸값은 공중으
로 날아갈 것이 뻔했기 때문이다. 결국 황제는 이성적으로 판단해 프
랑수아 1세를 풀어주고 실리를 챙겼다. 이때의 이성은 계산과 일맥상
통한다.

영어에서 이성은 reason인데 중세 프랑스어 raisoner 레죤네에서 나

왔다. '말하다', '토론하다'라는 의미를 가진 동사인 raisoner는 '계산', '이해'를 뜻하는 라틴어 ratio 라티오에서 왔다. 중세 프랑스어 raison 레종은 라틴어의 뜻을 확장해 셈법, 판단, 이성을 일컫는 말이 되었다. 영어에서 배급량을 의미하는 ration도 reason과 형제간이다.

기독교의 교부로 존경받는 성 아우구스티누스는 평생 지혜를 갈망했다. 그는 "이해할 수 없는 것은 믿을 수 없다"라는 신념을 고수했고, 이성적으로 신을 이해하기 위해서 평생을 바친 신학자였다. 악에 대한 아우구스티누스의 논증을 소개하며 이 글을 마치기로 하자.

존재하는 모든 것은 하느님으로부터 존재를 받았다.

하느님은 지선하신 분이다.

선에서 악이 나올 수 없다.

따라서 악은 존재하는 것이 아니라 선의 결핍이다.

bath | 목욕 |

목욕과 위생

대규모 목욕장을 지어 목욕 문화에 심취했던 고대 로마인들과 달리 중세 유럽인들에게 목욕은 일상적인 삶이 아니었다. 중세인들은 중요한 일이 있을 때만 목욕을 했다. 예를 들어 기사 서임식 같은 중요한 의식이 있을 경우 주인공이 목욕을 했고, 부인들은 집에서 연회를 개최할 때 목욕을 했다. 왕도 마찬가지였다. 루이 9세(재위 1226~1270)는 파리의 유력한 부르주아의 초대를 받으면 그 집에서 항상 뜨거운 물로 목욕을 했다고 한다.

그렇다고 중세의 목욕 문화가 소수 귀족과 부르주아만의 전유물은 아니었다. 파리에는 많은 공중목욕탕이 있었고, 이른 아침부터 거리에서 호객꾼이 더운 물이 준비된 목욕탕으로 손님들을 불러들였다.

십자군 원정의 영향으로 12세기 이후 유럽에는 한증탕이 우후죽순

거대한 욕조 속에서 파티를 벌이는 남녀들. 침대로 자리를 옮긴 연인도 보인다.

처럼 생겨났다. 중동 지방의 목욕 문화가 수입된 것이다. 다만 전염병이 창궐할 경우 한증탕은 문을 닫았다. 중세 유럽인들은 목욕탕에서 목욕만 하지 않았다. 이발사들이 머리를 깎아주거나 수염을 다듬어주었다. 그러다 이발사의 영업 영역이 본연의 범주를 벗어나 매춘에 이르게 되자, 루이 9세 때인 1254년 파리 시장은 목욕탕에서의 매춘을 금지하는 포고령을 내렸다. 하지만 이 포고령은 고작 2년밖에 지속되지 않았고, 1256년의 새로운 포고령은 합법적인 매춘을 허용했다.[9]

일반적으로 수도사들은 1년에 두 번 목욕했다. 한 번은 부활절, 또 한 번은 성탄절이었다. 수도사들이 목욕을 자주 하지 않은 이유는 성 베네딕트의 말에서 확인할 수 있다. "병자는 필요할 때마다 목욕이 필요하지만, 그렇지 않은 사람들, 특히 젊은이는 아주 가끔만 목욕을 하면 된다."

수도원의 위생은 생각보다 심각했다. 클뤼니 수도원의 경우 수도사들은 아침마다 경내에서 세수를 비롯한 단장을 해야 하는 규율이 있었다. 그런데 이 몸단장은 대충 할 수밖에 없었다. 수도사들 모두가 사용하는 수건이 단 세 장뿐이었기 때문이다. 하나는 수련 수도사들의 수건이고, 또 하나는 서원誓願을 한 수도사들, 그리고 하나는 평신도들의 몫이었다.

목욕을 의미하는 영어 bath는 이웃한 게르만족의 언어와 그 뿌리가 같다. 네덜란드어의 조상인 고대 프리지아인의 언어로 목욕은 beth이고, 고대 노르드어는 bath로 영어와 거의 같다. 한편 프랑스어 bain 뱅은 라틴어 balneum 발네움에서 왔고, 그 뿌리는 그리스어 balaneîon 발라네이온이다. 흥미롭게도 영어와 프랑스어 모두 첫 음절이 'ba-'로 유사한 모습을 보이는데, 그 이유는 이들이 원시 인도–유럽인이라는 공통의 조상을 가지고 있기 때문이다.

중세의 의식주

mansion | 맨션 |

단순한 집에서 저택으로

중세 유럽 인구의 다수를 차지했던 농민들의 생활은 비참했다. 그들은 어떤 집에서 살았을까? 기본적으로 상상할 수 있는 가옥은 나무로 집의 형태를 만들고, 흙으로 벽을 바른 다음에 통풍을 위해 벽 위쪽에 구멍을 낸 모습이다. 유리창은 농민들에게는 꿈도 꾸지 못하는 사치스러운 것이었다. 영어에서 창문을 의미하는 window는 wind(바람)와 ow(눈)의 합성어다. 즉 '바람의 눈'이라는 뜻이다. 중세인은 이렇게 열악한 환경 속에서 살았다. 그렇다고 그들이 현세의 비참한 생활에 절망하기만 했던 것은 아니다. 교회는 신앙심이 깊은 신도들에게 항상 천국에 갈 수 있다고 설교했으며, 실제로 대개의 농민들은 현세의 삶이 힘들어도 내세에서는 천국에서 살 수 있다는 희망을 안고 살았다.

그러나 1066년 노르만족이 잉글랜드를 정복하자 모든 것이 변했다. 일단 새롭게 들어온 지배자들은 앵글로색슨 농민들이 이해할 수 없는 프랑스어, 정확히 말하면 노르만 방언을 사용했다. 게다가 모든 공공기관을 접수한 노르만인들은 영어 철자법까지 바꾸어버렸다. 현재 집을 의미하는 영어 house는 정복 이전에는 철자가 hus였다. 그런데 노르만 필경사들은 영어의 u를 프랑스식 철자법인 ou로 바꾸어놓았다. 영어는 이렇게 프랑스식으로 그 모습이 바뀌어갔다.

중세인의 의식주는 신분에 따라 크게 차이가 났다. 주거 형태의 경우 농민들은 한 칸 혹은 두 칸 정도의 목조 주택에서 거주했지만, 영주들은 대저택이나 성에서 살았다. 잉글랜드를 정복한 노르만 제후들도 논공행상에 따라 많은 영지와 대저택을 소유하게 되었다. 이런 저택을 영어에서는 manor라고 부른다. 이는 중세 프랑스어 manoir 마누아르에서 온 말인데, 본래 '영지에 있는 집'을 일컬었다. 그런데 영주의 집은 성이나 대저택이었기 때문에 manor는 자연스럽게 '대저택'이라는 의미를 갖게 되었다. 노르만 정복 이후 정복왕의 이복형제인 로베르드 모르탱은 793채, 오동 드 바이외는 439채의 대저택을 소유했다고 한다. 그러니까 앵글로색슨 농민들의 눈에 비친 정복자들의 탐욕이 어느 정도였을지 짐작할 만하다.

이후 중세 영어에는 또 다른 프랑스어가 들어간다. 영어의 house에 해당하는 프랑스어 maison 메종이 영어에 유입되어 mansion이 생겨났다. 그런데 영어의 mansion은 넓은 의미의 집을 가리키는 말이 아

프랑스 브르타뉴 지방에 남아 있는 16세기의 저택manoir. 영주나 귀족이 살았다.

니라 저택을 가리키는 말로 의미가 축소되었다. 언어는 누가 사용하는가에 따라 그 의미가 달라지게 마련이다. 정복자들의 집이 피정복자들에게는 저택으로 보였기에 mansion의 운명이 영어와 프랑스어에서 다른 길을 가고 말았다.

프랑스어 maison은 '머무는 곳', '거주하는 장소'를 의미하는 라틴어 mansio 만시오에서 유래했다. mansio에서 제일 먼저 나온 말이 앞에서 언급한 manoir이고, '집안 청소', '집안 손질'이라는 뜻을 가진 프랑스어 ménage 메나주도 있다. 흔히 사용하는 영어 manager 역시 같은 뿌리의 말인데, 본래 '집안 살림을 하는 사람'에서 지금의 의미가 생겨났다.

017

bread | 빵 |

빵과 브레드

현대 유럽인들에게 빵은 예전만큼 필수 주식은 아니지만, 여전히 많은 사랑을 받는 식품이다. 그런데 중세 유럽에서 빵은 주식이었지만 누구나 집에서 구워 먹을 수 있는 게 아니었다. 빵 제조권을 영주가 독점했기 때문이다. 영주는 자신이 소유한 수차와 압착기의 사용료를 징수했다.

중세의 모든 마을에는 주민 전체가 소비할 빵을 굽는 영주 소유의 화덕이 있었다. 제빵사는 밀 구매부터 빵을 만들고 판매하는 일까지 도맡았다. 빵을 굽고 파는 가게에서는 기본적으로 세 명의 일꾼이 필요했다. 화덕에 불을 지피고 빵 반죽을 화덕에 넣는 가마지기, 반죽을 준비하고 구워진 빵을 꺼내는 인부, 그리고 장작을 준비하는 사람이었다. 파리 시민들이 자기 집에서 빵을 굽기 시작한 것은 필리프 4세가 통치하던 1305년부터였고, 남는 빵은 남에게 팔 수 있었다.

중세 유럽의 모든 왕국에서는 빵의 제조와 유통을 엄격하게 규제했다. 그만큼 빵은 가장 중요한 먹을거리였다. 제빵사는 국가가 관리·감독하는 직업이었고, 신선하지 않은 빵이나 검게 탄 빵, 너무 작은 빵, 쥐가 갉아먹은 빵을 판매하는 것은 금지되었다. 빵의 규격과 가격도 국가가 통일했다. 1366년 프랑스의 샤를 5세는 2드니에와 4드니에짜리 두 종류의 빵만 판매하도록 했다(1드니에는 1/240파운드).

중세에 빵은 계층 간의 차이를 보여주는 시금석이었다. 부자들은 밀로 만든 빵을 먹었으며, 가난한 사람들은 호밀로 만든 검은 빵에 만족해야 했다. 검은 빵은 때때로 곰팡이가 피었으며, 단독丹毒이라고 불리는 궤양성 질병을 유발했다. 이 병은 호밀의 맥각麥角이 그 원인이었다.

빵은 다른 용도로도 사용되었다. 중세인은 둥글고 넓적한 빵을 만들어 접시 대용으로 사용했는데, 음식을 빵 위에 얹어 먹는 방식이라고 보면 된다. 빵 위에 음식을 담으면 소스가 빵에 스며들어 맛이 좋았다. 남은 빵은 가난한 사람들의 몫이었다.

이런 빵의 위상을 대변하듯 라틴어에는 '모든 식사는 빵과 함께 먹는다'라는 뜻의 companicum 콤파니쿰이라는 단어가 있었는데, 여기에서 '동료'라는 뜻의 프랑스어 compagnon 콩파뇽과 '단짝 친구'를 의미하는 프랑스어 copain 코팽이 나왔다.

아랍어 원전을 근거로 15세기에 편찬된 책《건강서 Tacuinum sanitatis》에 수록된, 빵을 화덕에서 꺼내는 삽화. 프랑스인들이 즐겨 먹는 바게트는 18세기에 등장했다고 한다.

빵을 일컫는 단어는 북유럽권과 남유럽권으로 구분된다.

북유럽권		남유럽권	
독일어	brot 브로트	라틴어	panis 파니스
스웨덴어	bröd 브뢰드	이탈리아어	pane 파네
노르웨이어	brød 브뢰	프랑스어	pain 팽
영어	bread 브레드	포르투갈어	pão 팡
네덜란드어	brood 브로트	스페인어	pan 판

빵의 명칭을 비교해보면 게르만어권에서는 독일어의 brot가 원형이고, 남유럽권에서는 라틴어의 panis가 그 원형이다. 그렇다면 우리말의 '빵'은 어디에서 온 말일까? 위 표에서 보면 포르투갈어의 pão이 우리말의 빵과 가장 발음이 비슷하다. 빵은 본래 포르투갈어에서 일본을 거쳐 우리나라에 들어온 차용어다.

018

carnival | 카니발 |

고기여, 안녕~

게르만족은 육식을 즐기는 민족이었다. 그런데 프랑크 왕국의 클로비스가 496년 랭스에서 세례를 받고 기독교로 개종하면서 문제가 생겼다. 초기 기독교의 교부들이 예수의 부활을 기다리는 사순절 기간 동안 육식을 금하고 예수의 고난을 묵상할 것을 강조했기 때문이다. 그런데 로마의 서방 교회와 동방의 그리스 정교는 이 육식 금지를 다르게 해석했다. 동방 교회는 가축에서 생산되는 달걀, 치즈, 버터까지 엄격하게 금했지만, 서방 교회는 생선과 유제품은 먹어도 된다는 유연한 입장을 취한 것이다. 지금도 이런 전통은 지켜지고 있다.

다음 그림은 플랑드르의 화가 대★ 피터르 브뤼헐의 〈사육제와 사순절의 싸움The Fight Between Carnival and Lent〉이다. 이 그림은 지금의 네덜란드 남부 지방의 어느 마을에서 일어난 난장판을 보여주고 있다.

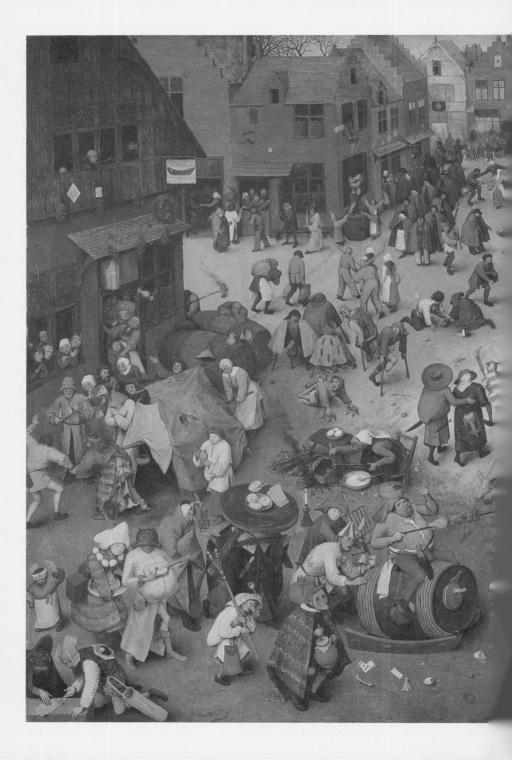

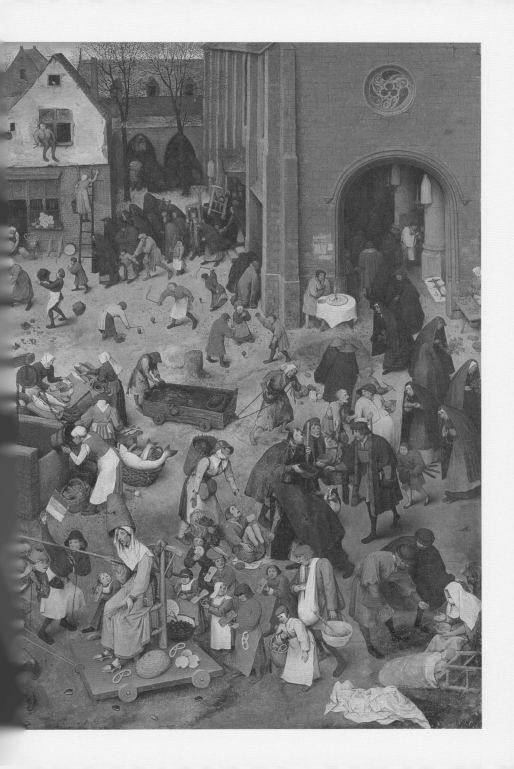

그림의 아래 조금 왼쪽에는 한 뚱뚱한 남성이 맥주통에 걸터앉아 있는데, 그가 들고 있는 꼬치에 돼지머리가 꽂혀 있고, 통 앞에는 돼지고기가 걸려 있다. 그의 허리에 푸줏간 칼이 있는 것으로 보아 그는 틀림없이 푸줏간 주인일 것이다. 그의 뒤에는 한 여자가 따라오는데, 머리 위의 나무 쟁반에는 빵과 와플이 보인다. 그림 왼쪽의 술집에는 술주정뱅이들로 가득 차 있으며, 그 오른편에는 불구자들이 적선을 청하고 있다.

반면 그림의 오른쪽은 분위기가 사뭇 다르다. 검은 수녀복을 입은 여인들과 경건한 신도가 가난한 사람들에게 적선을 하고 있다. 푸줏간 주인 맞은편에는 수녀복을 입고 수레를 타고 있는 '사순절 부인'이 보이는데 사람들에게 빵과 비스킷을 나누어주고 있다. 그의 수레에는 꽈배기 같은 프레츨과 홍합 조개 그리고 와플이 가득 담겨 있다.

그림에서 왼쪽은 사순절 이전에 육식을 마음껏 먹을 수 있는 사육제를 표현하고, 오른쪽은 사순절 기간 동안의 경건한 분위기를 전하고 있다. '사순절 부인'이 들고 있는 긴 막대기 끝에 놓인 청어 두 마리는 푸줏간 주인이 들고 있는 돼지머리와 분명하게 대비되는 음식이다. 육식을 금하는 사순절 기간 동안 생선을 먹으면서 예수의 부활을 경건하게 맞이하라는 메시지로 보인다.

사육제謝肉祭의 '사육'을 '가축을 기른다'라는 '사육飼育'으로 혼동하는 경우가 있는데, 사육제의 '사謝'는 '사양한다'라는 의미로 '고기를 사양한다'라는 뜻이다. 사육제로 번역되는 영어 carnival은 프랑스어 carnaval 카르나발에서 왔고 carnaval은 라틴어 carna vale 카르나 발레에서 유래했다. carna는 '고기'를 뜻하고, vale는 '제외하다'라는 의미다. 그러므로 사육제의 뜻은 '고기를 먹지 말라'는 의미가 될 것이다. 사순절 직전인 2월 말 전후에 열리는 사육제는 당분간 고기를 배불리 먹을 수 있는 마지막 기회이자, 사순절이 시작되기 전에 마음껏 즐기는 축제였다.

한편 사순절을 정한 데는 다른 이유도 있었을 법하다. 부활전 전의 40일은 1년 농사를 막 시작하는 시기다. 그런데 이때 가축을 잡아 육식을 한다면 1년 농사는 어떻게 될까. 어쩌면 기독교의 교부들은 이런 의도를 가지고 사순절을 만들었을지도 모른다.

pig | 돼지 |

피그는 먹을 수 없다?

윌리엄의 잉글랜드 정복은 정치와 사회 구조뿐만 아니라 앵글로색슨
족의 식탁도 바꾸어놓았다. 최근 국제 학술지에 실린 연구에 따르면
앵글로색슨족의 식생활이 1066년 정복 이후 달라졌다는 사실이 밝
혀졌다.[10] 연구팀은 잉글랜드의 옥스퍼드 성 부근에서 발굴된 36명의
유골과 60마리 동물 뼈의 안정동위원소 분석을 했다. 안정동위원소
분석은 물질의 기원을 찾는 방법이다. 연구에 따르면 정복 이전에 앵
글로색슨족은 염소 고기나 우유를 주로 섭취했는데, 정복 이후 돼지
고기와 닭고기의 소비가 증가했다는 것이다.

한걸음 더 들어가 보자. 영어에서 돼지를 가리키는 말이 몇 가지 있
다. '어린 돼지'는 pig이고, 돼지를 총칭하는 말은 swine이다. swine은
인도-유럽어에서 나온 말인데 독일어로 돼지를 가리키는 schwein 슈

바인도 여기에서 나왔다. 그런데 독일어의 schwein은 돼지와 돼지고기를 다 가리키지만 영어의 swine은 돼지고기를 의미하지는 않는다. pig도 마찬가지다. 잘 알려진 것처럼 영어에서 돼지고기는 pork다. 이 말은 정복 이후 중세 프랑스어에서 온 말이다. 왜 영어는 고기를 가리킬 때와 키우는 가축을 부를 때가 다를까?

답은 앞에서 이미 언급했다. 11세기 영국에서는 돼지고기 섭취가 정복 이후 일반화되었는데 그 주역은 노르만인이었다. 그러므로 정복자의 언어에서 명칭이 유래한 것은 당연한 귀결이었다. 앵글로색슨족 농민들도 정복 이전에는 프랑스어와 독일어처럼 가축과 고기를 동일한 명사로 말했을 것이다. 하지만 노르만인들은 귀족이었고, 그들의 식탁에 올라간 돼지고기는 프랑스어 porc포르로 불렸을 것이다. 이런 식으로 영어에는 지배층의 단어들이 대량으로 유입되었다. 영어에서 다른 고기명도 마찬가지다. beef/bœuf뵈프(쇠고기), mutton/mouton무통(양고기), veal/veau보(송아지 고기)에서 보는 것처럼 영어의 고기명은 프랑스어에서 왔다.

잉글랜드에 육류 소비문화를 전해준 프랑스인들은 많은 양의 고기를 소비했다. 중세의 프랑스 특권층이 연회에서 먹었던 코스 요리를 한번 살펴보자.[11] 대식大食이 미덕과 권력의 상징이던 시대의 코스 요리다.

- 첫 번째 요리: 잘게 썬 송아지 고기 파이(우골수와 기름을 넣어 만든 고기 파이), 순대, 소시지
- 두 번째 요리: 산토끼 스튜, 잠두를 갈아 넣은 장어 수프, 쇠고기와 소금에 절인 양고기
- 세 번째 요리: 화덕에 구운 고기, 닭·토끼·송아지·생선·자고鷓鴣 요리
- 네 번째 요리: 오리 요리(엷게 저며 매운 소스와 수프를 곁들여 먹는다), 파슬리를 곁들인 닭고기 파이
- 다섯 번째 요리: 잎에 넣어 말아 만든 콩팥 요리, 장어 요리, 설탕을 뿌린 크레프 빵
- 여섯 번째 요리: 설탕과 우유로 만든 푸딩, 모과, 껍데기를 깐 호두, 익힌 배, 설탕에 절인 과자

　중세 유럽에서 육식은 비록 몸에 불필요하고 위생적이지 못하다는 비판에도 불구하고 대중적인 식사로 자리를 잡았다. 독일의 경우 14세기에서 15세기, 그리고 영국과 슬라브제국의 경우도 비슷한 시기에 육식이 보편화되었다. 중세 유럽인들은 이슬람 세계 및 동아시아의 사람들에 비해 많은 육류를 소비했으며, 이러한 경향은 중세 말까지 이어졌다. 사순절과 금요일 그리고 금식 기간에 육식을 금했다는 사실은 유럽인들의 육식 애호 습성을 반증한다. 스트라스부르의

중세의 연회. 식탁보는 연회에 초대받은 사람들이 함께 사용하는 공동의 냅킨이었다.

도미니크파 노동자들은 하루에 0.6~0.7킬로그램의 고기를 배급받았고, 1307년 프랑크푸르트Francfort-sur-l'Oder(옛 동독 오데르 강에 위치한 도시)에서는 일인당 쇠고기 소비량이 연간 100킬로그램에 달했다(베를린에서는 일인당 하루 육류 소비량이 1.3킬로그램). 고기는 킬로그램당 1650~2060칼로리를 공급해주었다.[12]

biscuit | 비스킷 |

두 번 구운 것

서양인의 주식인 빵은 휴대가 편리하다는 장점이 있지만 하루만 지나
도 딱딱해진다. 이런 단점을 보완하기 위해 중세 유럽인들은 빵을 오
래 보관하는 방법을 고민했다. 그렇게 해서 찾아낸 것이 비스킷biscuit
이다.

프랑스 말로 biscuit 비스퀴이는 '두 번 구웠다'는 의미다. bis는 라틴어
에서 온 말인데, '바퀴가 두 개'라는 bicycle의 bi와 같은 뜻이다. cuit은
'굽다'라는 뜻의 라틴어 coctus 콕투스에서 나왔는데 영어 cook도 이 말
이 어원이다. 영어 동사 cook이 라틴어에서 왔다는 것이 다소 의외다.
일상생활에서 사용되는 동사들은 대개 고유어이기 때문이다.

비스킷은 오래 저장할 수 있고 휴대하기 편리하며 맛이 쉽게 변하
지 않는다. 긴 여행을 떠날 때 안성맞춤인 식량 또는 간식이다. 특히

긴 항해를 떠날 때 비스킷은 필수 식량이었다. 비스킷의 역사는 아주 오래되었는데 고대 이집트 벽화를 보면 화덕에서 둥글고 납작한 케이크, 즉 비스킷을 굽는 장면을 찾을 수 있다. 고대 로마인들도 비스킷 같은 빵을 구워 먹었는데, 이 빵을 부켈라툼bucellatum이라고 불렀다. 이 빵을 만드는 방법은 다음과 같다. 먼저 밀가루를 물에 잘 개서 끓인 다음에 평평한 판에 부어 넓게 펼친다. 시간이 지나 밀가루 반죽이 굳어지면 작은 크기로 잘라 바삭거릴 때까지 튀긴다. 물론 지금의 비스킷과는 레시피가 조금 다르지만 넓게 보면 비스킷의 조상이라고 부를 수 있다.

중세에 들어와 유럽에서는 화덕에 빵을 굽기 시작했는데, 장거리 여행을 위해 비스킷도 많이 만들었다. 십자군 원정을 통해 동방으로부터 다양한 향신료가 들어오자 특히 계피를 넣어서 비스킷을 많이 구웠다. 장거리 항해의 필수 식품으로도 자리 잡았다. 1588년 영국 해군이 스페인의 아르마다(무적함대)를 격파할 당시 일인당 매일 1파운드의 비스킷과 1갤런의 맥주를 배급받았다고 한다.

루이 11세(재위 1461~1483)는 연회에서 층이 겹겹이 쌓여 있는 비스킷을 즐겼는데, 꼭 치즈와 함께 먹었다고 한다. 그는 과자 제조인들이 일요일에도 일을 할 수 있도록 허가했다고 한다. 본래 일요일은 기독교의 안식일이므로 노동을 할 수 없었다. 1533년 카트린 드 메디시스는 프랑스 궁정으로 시집올 때 피렌체의 과자 제조인들을 데리고 와서 브리오슈 같은 케이크와 마카롱을 프랑스 궁정에 소개하기도 했다.

비스킷은 북미 대륙으로 넘어가 그 이름이 바뀌었다. 북미로 이주한 영국인들은 딱딱한 비스킷을 쿠키 혹은 크래커로 부르기 시작했다. 메리엄-웹스터 사전에 따르면 쿠키는 '작고 납작하거나 약간 도톰하게 구운 것'이고, 비스킷은 '딱딱하고 바삭바삭하게 구운 것'이므로, 미국에서 비스킷은 딱딱하고 바삭바삭한 과자라는 데 방점이 찍혀 있다.

영어에 비스킷이라는 말이 들어간 시기는 12세기경으로 추정된다. 이 말의 뿌리는 프랑스어를 지나 라틴어에 닿아 있다. 유럽 세계를 포맷하고 유럽인들을 문명의 세계에 살게 해준 로마인들이 즐겨 먹었던 과자가, 지금은 우리 식탁에서 커피와 좋은 친구가 되어 있다.

카트린 드 메디시스가 유년 시절을 보낸 피렌체의 풍경. 피렌체는 16세기 유럽에서 정치적·경제적·문화적으로 핵심 도시 중 하나였다. 그림은 19세기 프랑스 화가 장 바티스트 카미유 코로의 작품이다.

coat | 코트 |

중세의 다양한 외투

현대인의 의복 중에서 코트 coat는 상의에 덧입는 긴 외투를 말한다. 보통 가을이나 겨울에 추위를 막으면서도 멋을 내기 위해 입는 옷이다. 이 코트가 중세에는 어떤 옷이었을까? 중세 유럽인들은 적어도 14세기 중반까지는 성별이나 신분을 막론하고, 또 시기와 상관없이 코트를 주로 입었다. 즉 추워서 입는 옷이라기보다는 일상복에 가까웠다.

물론 당시의 의복에 기능상 혹은 신분상의 차이는 있었다. 예를 들어 남자들이 일을 할 때나 전투를 할 때에는 짧고 간편한 옷을 입었으며, 성직자나 귀족들은 값비싼 옷감으로 만든 옷을 입었다. 특권 계급은 무겁고 화려한 모직이나 랭스산 세직細織 천 혹은 비단 등으로 만든 옷을 즐겨 입었지만, 농민들은 면모교직 천이나 가로무늬가 있는 천, 혹은 거친 옷감으로 만든 옷을 입었다. 의복과 마찬가지로 머리 모

Der von kürenberg. xxiiij.

중세 유럽의 귀족 남녀. 남성복과 여성복은 길이로 구분되었다.

양이나 신발도 시대와 환경에 따라 차이를 보였다.

앞의 그림에는 13세기 프랑스에서 살던 두 남녀가 등장하는데 그들이 입고 있는 옷만 보면 남녀를 구분하기 힘들다. 두 사람 모두 긴 옷을 입고 있는데, 이 옷을 cotte 코트라고 불렀다. 이 말이 영어에 들어가 coat가 되었다. 영어에는 철자와 발음의 규칙성이 없는데 coat의 oa도 마찬가지다. 프랑스어 단어를 차용할 때 프랑스어 발음과 비슷한 소리를 내기 위해서 coat의 발음이 [koʊt]가 된 것이다.

그림 속 여성과 남성의 옷은 길이로 구분된다. 여성의 코트가 더 길다. 그리고 둘 다 소매 없는 긴 외투를 걸치고 있는데 이 옷을 mantel 망텔이라고 부른다. 망텔보다 짧고 허벅지와 무릎 사이까지 내려오는 옷은 manteau 망토라고 불렀다. 현대 프랑스어에서 망토는 외투를 의미하고 망텔은 사라졌다. 그림 속의 여인은 코트 위에 흰 담비 가죽으로 안감을 댄 망텔을 입고 있고, 머리에는 결혼한 여성의 상징인 윔플 wimple을 착용하고 있다. 요즘도 가톨릭 수녀들이 머리에 쓰고 있는 것이 바로 윔플이다.

코트는 이렇듯 중세에는 남녀 모두 입던 긴 옷이었다. 코트 중에는 쇠고리를 연결해 만든 갑옷도 있었는데 이 갑옷을 프랑스어로 cotte de maille 코트 드 마유(쇠고리 코트)라고 불렀다. 이 갑옷은 중세의 전술을 바꾸어놓았다. 이 갑옷을 입으면 대부분의 방사물(돌, 화살)이 무용지물이 되었기 때문이다.

중세의 전사들이 입던 쇠고리 코트를 복원한 모습.

022

hotel | 호텔 |

병원과 숙소

프랑스 파리에는 1260년에 설립된 유서 깊은 병원이 있다. 지금도 환자들을 진료하고 있는 이곳의 이름은 'Hôpital des Quinze-Vingts오피탈 데 캥즈뱅'인데, hôpital은 영어로 hospital이고, quinze는 15, vingt은 20이다. 직역하면 '15-20병원'인데, 이 두 숫자는 20진법을 표현한 것이다. 그러니까 15×20, 즉 '300병원'인 셈이다. 이 진법은 프랑스인의 조상인 골족의 진법에서 유래한 것으로 지금도 프랑스어에서 80은 4×20으로 나타낸다.

이 병원의 유래는 이러하다. 7차 십자군 원정에서 사라센(아랍) 군대에게 포로로 잡힌 300명의 프랑스 기사들은 모두 눈을 잃고 풀려났다고 한다. 이를 가엽게 여긴 루이 9세가 이 기사들을 위한 병원을 세운 것이다.

한편 파리 시청은 Hôtel de ville 오텔 드 빌이라고 부르는데 ville은 도시를 의미한다. 즉 '도시의 호텔'이라는 뜻이다. 그렇다고 파리 시청이 관광객에게 숙박 시설을 제공하는 호텔은 아니다. 여기에서 말하는 호텔은 어떤 의미일까? 병원을 의미하는 Hôpital이 어쩐지 Hôtel과 비슷해 보인다. 그럼 호텔과 병원의 어원 이야기를 해보자.

라틴어에는 '숙박을 목적으로 설립된 시설'을 가리키는 hospitale 오스피탈레*라는 말이 있었다. 이 말이 중세 프랑스어에 들어가 '숙박 시설'의 의미가 되었고, 그 형태는 ostel이 되었다. 프랑스어에서는 h가 묵음이라 h가 사라진 것이다. 나중에 h가 다시 살아났지만 여전히 현대 프랑스어에서 hôtel의 발음은 '오텔'이다.

중세 프랑스어에서 ostel은 '숙박하다'라는 동사와 '숙박 시설'을 모두 가리키는 말이었다. 15세기에 들어와서는 숙박 시설만을 뜻하게 되었다가, 더 구체적으로 '주거지'와 '행정 기관 건물'을 가리키게 되었다. 즉 중세 후반의 호텔은 영주의 저택이나 관청을 의미했다.

ostel은 임시로 거처하는 ospital과 구분되었다. 그러니까 현대 영어의 hospital은 중세에는 임시로 거처하는 곳, 즉 지금의 호텔과 비슷한 개념이었다. 병원은 병을 치료할 때까지만 머무는 시설이므로 중세의 의미가 남아 있는 셈이다. 여기에서 18세기에는 오직 병자들과 노인

---

* 라틴어에서 h의 발음은 1세기부터 묵음이 되었다.

105

파리 시립병원 오텔디외Hôtel-Dieu의 19세기 모습. '신이 머무는 곳'이라는 뜻이다.

들만 머무는 ospice(영어의 hospice)가 나타났다.

파리에는 Hôtel-Dieu 오텔디외라는 병원이 노트르담 대성당 앞에 있는데, 650년에 파리 주교였던 생 랑드리가 세웠다고 한다. '신이 머무는 곳'이라는 뜻의 병원 이름에 호텔이 들어간 것은 중세의 호텔이 공공시설의 역할을 했음을 잘 보여준다.

영어에 프랑스어 '호텔'이 들어온 것은 17세기로 기록되어 있다. 이 당시의 의미는 '공적인 거처', '사적인 저택'이었다. 그러다가 지금처럼 숙박업소로서의 호텔로 사용된 것은 19세기에 들어와서라고 한다. 현대인들은 과거에 영주들이 소유했던 저택을 마음껏 누리며 사는 셈이다.

furniture | 가구 |

움직일 수 있는 재산

12세기 전후 프랑스에는 요새 성이 2만 곳 있었다고 한다. 요새 성은 방어용 석조 구조물이기 때문에 주거 공간으로서는 매우 불편한 곳이 었다. 영주는 빛이 거의 들어오지 않는 주탑의 거주 공간에서 생활했다. 영주가 거처하는 넓은 거실 안에 가구로는 천이나 고급 융단으로 감싼 긴 의자, 접는 의자(안락의자), 이동식 긴 의자, 큰 궤, 장롱, 두꺼운 벽에 만들어진 붙박이장 등이 있었다. 바닥은 향기가 나는 풀이나 꽃으로 덮여 있었다. 향신료를 많이 사용한 음식 냄새를 없애기 위해서였다.

중세인에게 가장 흔한 가구는 벤치bench였다. 요즘 공원에 있는 벤치에서 등받이를 없애면 중세인이 사용하던 벤치가 된다. 벤치 앞에 긴 탁자를 놓으면 식탁이 된다. 구석에는 뷔페buffet라고 불리는 찬장

의복 등을 넣어두었던 중세의 큰 궤.

도 있었는데, 곧 현대인이 과식을 하게 되는 뷔페의 어원이다. 찬장에
음식을 보관했기 때문에 나중에 음식이라는 의미도 생겨난 것이다.

성 안에 살던 영주와 그의 가족은 대개 주탑의 2층이나 3층 방에서
잠을 잤다. 방에는 침대와 큰 궤가 있었는데, 여기에 옷을 넣어두었다.
큰 궤는 의자 대용으로도 사용되었다. 중세의 가구 중에서 현대와 비
교할 때 가장 큰 차이가 나는 것은 역시 침대라 할 수 있다. 중세의 침
대는 매우 컸다. 폭이 무려 4미터에 이르는 것도 있었다. 영주의 침대
는 왜 이렇게 컸을까?

그 이유는 이러하다. 먼저 영주가 기사들을 초대해서 함께 자려면
큰 침대가 필요했다. 이런 동침은 주군으로서는 봉신을 각별히 아끼
는 마음을 보여주는 기회였고, 봉신으로서는 주군에게 충성의 서약을

증명하는 자리였다. 그런데 현대를 사는 우리가 보기에 이상한 점은 영주의 아내와 개도 그들과 함께 갔다는 사실이다.

영어로 가구는 furniture인데 중세 프랑스어로 '공급하다'라는 뜻의 forneture포르네튀르에서 나온 말이다. 그렇다면 무엇을 공급한다는 말인가? 바로 의식주에 필요한 침대, 의자, 식탁 등을 공급한다는 의미다. 현대 프랑스어에서 이 말은 살아남아 '공급하다'라는 뜻의 fournir푸르니르가 되었다. 프랑스어로 가구는 meuble뫼블이라고 부른다. 이 말은 '움직일 수 있는'이란 뜻의 mobile과 사촌이다. 즉 가구는 '움직일 수 있는 재산'이라는 뜻이다. 중세에 '움직일 수 없는 재산', 즉 부동산은 meuble 앞에 반대의 의미를 지닌 'im-'이 붙어서 immeuble임뫼블이 되었다. 즉 토지나 가옥은 움직일 수 없는 재산이었지만, 가구는 움직일 수 있는 동산動産이었던 것이다.

중세의 사람들

oratores | 기도하는 사람들 |

중세의 정신세계를
지배한 자들

프랑스의 문헌학자이자 비교신화학자인 조르주 뒤메질(1898~1986)은 인도-유럽 민족들의 신화를 비교·분석한 뒤에 그들의 신화가 세 가지 기능으로 이루어졌고, 각 기능을 전담하는 계층이 존재한다는 가설을 제시했다. 뒤메질에 따르면 첫 번째 계층은 주술적인 기능과 통치를 담당하고, 두 번째 계층은 전사의 기능을 담당하며, 세 번째 계층은 생산을 담당한다.

그리스 신화의 신들에게 이 가설을 대입해보면 천공의 신 제우스가 제1기능의 신이고, 전쟁의 신 아레스가 제2기능을, 성性의 신 아프로디테가 제3의 기능을 맡은 신이다. 게르만 신화를 대표하는 북유럽 신화에 이 도식을 대입해보면, 제1기능을 담당하는 주신主神 오딘Odin은 통치권을 행사하고, 제2기능은 전사 계급을 대표하는 토르Thor가

맡았으며, 제3기능은 생산과 사랑의 기능을 맡은 프레이르Freyr와 프레이야Freya의 몫이다.

중세 유럽 사회에도 이 도식이 적용된다. 잉글랜드의 앨프레드 대왕은 기도하는 계층jebed, 투사 계층fyrd, 노동 계층weorc으로 구분했고, 1020년 랑의 주교 아달베롱은 프랑스 왕 로베르 2세(재위 996~1031)에게 "신이 다스리는 세계는 기도하는 사람들, 싸우는 사람들, 일하는 사람들로 구분된다"라고 말했다.

이러한 사회 구조는 고대 켈트족의 사회에서도 잘 드러난다. 성직자로 가장 널리 알려져 있는 드루이드Druid는 사제인 동시에 법조인, 심판관, 설화 구전사, 의사, 정치 자문관이기도 했다. 하지만 중세 유럽인들의 또 다른 조상인 게르만족의 사회에는 드루이드 같은 사제 계급이 없었다. 아마 게르만의 사회가 전사 위주로 재편되는 과정에서 사제 계급이 사라졌을 것이다. 이후 중세의 기독교 세계로 넘어오면서 교회가 제1기능을 전담하는 계층으로 자리를 잡는다.

중세 유럽은 기독교가 그 정신세계를 지배했을 뿐 아니라, 사회 구조 역시 신의 덕성을 추구하는 사람들로 가득 차 있었다. 뒤메질의 가설을 중세 유럽 사회에 대입해보면 "기도하는 사람들"이 제1기능을 수행했다. 중세 유럽에는 도시와 농촌에서 복음을 전하는 성직자들 외에도, 수도원에서 공동생활을 하면서 완전한 덕성을 추구하는 수도사들이 많았다.

서양 중세의 교회는 당시 유럽인들의 정신적 영도자였을 뿐만 아니라, 지식과 고전문화를 보존하는 주체였다. 교회는 세속 군주들의 도덕성 앙양을 위해 끊임없이 지도 편달했으며, 노동의 신성함과 모든 기독교도의 평등을 강조했다. 그리고 현세의 삶보다 내세에서의 삶을 강조했다. 교회는 당시 유럽 사회에서 빈번히 발생하던 분쟁의 조정자 역할도 맡았다. 세속 군주들이 벌이는 전쟁에 정당한 명분을 부여하는 것도 교회의 몫이었다. 지금으로 치면 유엔의 역할을 했던 것이다.

중세 기독교의 언어는 라틴어였다. 그래서 이번 주제어로 속세의 언어가 아닌 라틴어를 가져왔다. orator 오라토르는 '기도하는 사람'이라는 뜻으로 복수형은 oratores 오라토레스다. orator는 본래 '연설하는 사람'을 일컫는 말이었지만 '기도하는 사람'이라는 뜻으로 의미의 전이가 일어났다.

종교개혁 이전의 유럽은 모두 가톨릭, 즉 구교를 믿는 국가였다. 가톨릭의 '예배 의식'을 일컫는 '미사'는 '파견하다'라는 라틴어 동사 mittere 미테레의 명사형 missa를 우리말로 옮긴 것이다. 미사가 끝나면 사제는 "어서 가서 주님의 말씀을 주위에 전하십시오"라고 말하는데, 이 순간이 '파견'의 순간이다. 즉 미사는 주님의 말씀을 전하라는 말이다. 영어와 프랑스어 mission의 본래 의미는 곧 주님의 말씀을 널리 전하라는 것이었다.

상파뉴 오빌레에 위치한 베네딕트 수도원의 수도사였던 동 페리뇽은 식품 자재 담당 수도사였다. 그는 포도주가 발효되면서 터져버리는 것을 막기 위해 쇠고리가 달린 코르크 마개로 병을 봉인하는 방법을 고안했다. 샴페인은 이렇게 탄생했다. 그의 이름은 현재 유명한 샴페인 브랜드로 쓰이고 있다.

bellatores | 싸우는 사람들 |

전쟁을 기다리는 자들

8세기부터 18세기 사이 유럽에는 전형적인 주종관계가 존속했다. 신서臣誓, hommage를 통해 봉신封臣, vassal이 주군에게 의무를 다하며 도움을 주고, 반대로 주군은 봉신을 보호하고 토지 수입인 봉封, fief을 하사하는 관계였다. 엄격히 말해 신서와 충성 서약 뒤에 봉신에게 주어지는 것을 총칭해서 봉이라고 불렀으나, 대부분 토지인 경우가 많아 봉토라고 부르기도 한다.

봉신이 될 사람은 무릎을 꿇고 주군의 손 사이에 자신의 두 손을 모아 넣고, 그의 신하가 되기 위해 선서한다. 그러면 주군은 봉신을 일으킨 뒤에 때로는 그에게 입맞춤을 하기도 했다. 그런 다음에 봉신은 충성 서약을 하고 오른손을 신성한 물체 위에 얹는다. 이러한 상징적인 의식에 이어 봉신에게 서품을 내리는 절차가 이루어졌다. 그리고 주군은 홀笏, 군기軍旗, 막대기, 잔디가 심어진 작은 흙덩이(봉토를 의미한다) 등을 하사한다. 봉신이 충성 서약을 하면 주군이 그에 대한 답례를 하는 것인데, 이는 원시 사회의 특징을 잘 보여주는 장면이다.

영주는 봉신들을 자신의 집에 기거시키면서 모든 필수품을 제공했다. 그러나 많은 충복들에게 식량과 거처를 제공하는 것은 영주에게 어려운 문제였다. 화폐가 귀한 시기였으므로 영주는 그들에게 급여 대신 토지의 임시 사용권을 주었다. 하지만 아무리 부유한 영주라 할지라도 소유한 모든 영지를 충복들에게 지속적으로 제공할 수는 없었다. 일례로 메로빙거 왕조 시대에는 많은 정복과 상속 등을 통해 영지가 증가했음에도 불구하고 군주의 재정 상태가 악화되었다. 영주의 충복들이 직무 수행을 할 수 없는 경우에도 토지 사용권을 소유하고 있었기 때문이다.

봉신들의 의무는 주군이 전쟁을 할 때 극대화되었다. 전쟁이야말로 기사들이 자신의 용기, 무력, 경험 등을 통해 주군에 대한 충성심과 신앙심을 보여줄 절호의 기회였다. 15세기 프랑스의 기사 장 드 뷔에유는 "전쟁은 기쁨을 주는 것이다"라고 찬미했으며, 연대기 작가 장 프루아사르는 과거에 전투가 벌어진 시골과 도로에 대해 회한 섞인 기술을 했다. 전쟁 속에서 혈연관계와 동료애는 더욱더 결속되었으며, 전쟁 덕분에 기사들은 누추한 집을 떠나 주군으로부터 경제적 원조를 보장받을 수 있었다. 또한 기사들은 전리품을 얻고 포로의 몸값을 챙

1415년 프랑스 북부의 아쟁쿠르에서 격돌한 잉글랜드군과 프랑스군. 프랑스군은 병력이 우
세했음에도 크레시 전투(1346)의 악몽에서 벗어나지 못하고 궤멸되고 말았다. 헨리 5세는
이후 프랑스 왕위를 약속받는다. 하지만 장인인 샤를 6세보다 먼저 세상을 떠나 그 꿈은 이루
어지지 않았다.

겼다. 그들은 농민을 강제로 징집할 수 있었으며, 노략질도 서슴지 않았다. 기사들 중에는 평민 출신도 있었는데 투구를 쓰는 순간부터 자신도 귀족이 되었다고 생각했다.

중세의 전사들, 즉 bellatores 벨라토레스의 어원은 '전쟁'을 의미하는 라틴어 bellum벨룸이다. '호전적인'을 뜻하는 영어 belligerant벨리저런트도 뿌리가 같다. 그런데 라틴어를 모태로 형성된 중세 프랑스어는 bellum이라는 단어를 기꺼이 받아들이지 않았다. 왜냐하면 '아름답다'라는 뜻의 라틴어 bellus벨루스, bella벨라, bellum벨룸 중에 중성 형용사 bellum과 그 형태가 동일했기 때문이다. 그렇다면 프랑크 왕국에 정착한 게르만족의 언어에서 전쟁이라는 단어를 차용하면 되지 않았을까? 하지만 게르만어에는 '전쟁'이라는 말이 없었다. 아이러니하게도 수많은 전쟁을 벌였던 게르만족에게 전쟁이라는 말이 없었던 것이다. 그래서 중세 프랑스어는 게르만어로 '혼돈'을 의미하는 werra에서 전쟁이라는 말을 가져온다. 이 말이 훗날 영어에 들어가 war가 되고, 프랑스어에서는 guerre 게르가 된다. 우리에게 잘 알려진 게릴라 guerrilla도 어원이 같다.

laboratores | 일하는 사람들 |

경작하는 운명을 타고난 존재

중세 유럽 인구의 약 90퍼센트는 농민이었다. 중세 말기 도시가 발달했던 이탈리아에서도 도시 인구는 40퍼센트가 못 되었다. 피라미드형 사회 구조에서 아랫부분을 차지하던 농민들은 laboratores 라보라토레스, 즉 '일하는 사람들'이자 영주들을 떠받치는 근간 계층이었다. 라틴어 동사 laborare 라보라레는 '일하다'라는 뜻으로 프랑스어 동사 labourer 라부레(경작하다)의 어원이고, 라틴어로 '노동'을 뜻하는 labor 라보르는 그대로 영어에 차용되었다. 중세 사회에서 농민은 일하는 사람, 즉 경작하는 운명을 타고난 존재로 인식되었다.

　역사가 에드몽 파랄(1882~1958)은 중세의 농민을 다음과 같이 묘사했다. 농민은 "땅을 갈고, 이회토泥灰土를 운반하고, 쇠스랑으로 밭을 갈며 파종을 한다. 그는 낫으로 작물을 베고, 가축을 돌보고, 양털을 깎고, 부역에도 종사해야 하는 존재다."[13] 또한 13세기 문학에서 농민은 "유쾌하고 건강하며, 검게 탄 얼굴에 수염은 덥수룩하고, 미간은 동물처럼 넓고, 코는 납작하고 들창코이며, 두꺼운 입술과 누런 이빨을 가지고 있다"라고 묘사되었다.

중세 농민들의 한 해의 삶은 프랑스 북부에 위치한 아미앵 대성당의 부조에 잘 표현되어 있다. 1220년에서 1230년 사이에 완성된 이 부조는 농민들의 1년 열두 달의 일상을 잘 보여준다.

영어로 '농민'을 의미하는 farmer는 중세 프랑스어 fermier 페르미에에서 온 말인데, 본래의 뜻은 '남의 땅을 임차한 농민'이었다. 하지만 현대 영어 farmer에는 '자작농'이라는 의미가 고착되었고, '소작농'은 peasant라고 부른다. 그런데 정작 이 말을 제공한 프랑스어 paysan 페이장의 현대 의미는 '일반 농민'이다. 정리하면 farmer/fermier와 peasant/paysan은 각 단어의 의미를 맞교환했다고 할 수 있다.

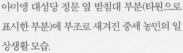

아미앵 대성당 정문 옆 받침대 부분(타원으로 표시한 부분)에 부조로 새겨진 중세 농민의 일상생활 모습.

3월은 포도나무 주위의 땅을 갈고 있는 농민의 모습이 묘사되어 있다. 지중해 지역의 대표적인 작물인 포도는 기독교의 전파와 함께 유럽 전역으로 퍼졌다.

4월에는 손 위에 앉아 있는 매의 모습이 새겨져 있다. 귀족의 전유물이었던 사냥의 시작을 알리는 달이다.

6월에는 긴 낫으로 낫질을 하는 장면과 짧은 낫으로 곡식을 베는 장면이 등장한다. 여기서 농민은 챙 없는 모자를 쓰고 일을 하고 있다. 다른 문헌에서는 양털을 깎거나 쟁기질을 하는 모습으로 표현되어 있다.

8월에는 타작 마당에서 도리깨질을 하는 농민의 모습과, 바람에 키질을 하여 낟알을 작은 통에 담는 농민의 모습이 묘사되어 있다.

9월은 수확의 계절이다. 나무에 달린 사과를 장대로 쳐서 따는 모습과, 등에 채롱을 메고 포도 덩굴에 매달린 포도송이를 따는 모습 등이 9월의 풍경을 잘 나타내고 있다.

10월의 모습. 포도주를 빚기 위해 큰 통 속에서 포도를 밟는 농민의 모습이 보인다.

11월은 겨울 밀을 파종하는 계절이다. 새로 개간한 경지에서 배낭을 메고 파종하는 농민의 모습이 인상적이다.

12월에는 어김없이 돼지를 도살하는 장면이 묘사된다. 농민은 교차시킨 기둥에 돼지를 매달아 도살하고, 그 옆에는 이미 도살된 돼지가 거꾸로 걸려 있다. 순대를 만들기 위해 큰 통에 피를 받는 장면도 새겨져 있다.

ætheling | 에셀링 |

왕이 될 자격이 있는 자

중세 유럽의 역사는 왕조의 역사다. 기원후 410년, 브리튼 섬에 주둔하고 있던 로마 군대는 본국의 정세가 혼란에 빠지자 철수했다. 그러자 원주민인 켈트족 사이에 내전이 벌어졌다. 그런데 켈트족의 한 갈래인 브리튼족은 전쟁에서 우위를 점하기 위해 대륙의 게르만족을 끌어들인다. 앵글로색슨족은 이렇게 브리튼 섬에 들어왔다. 그 후 굴러들어온 돌이 박힌 돌(브리튼족)을 지금의 스코틀랜드와 아일랜드 그리고 멀리 프랑스의 브르타뉴 반도로 쫓아버렸다. 프랑스의 서쪽 지방에 튀어나온 반도를 브르타뉴 반도라고 부르는데, 이 지방에는 영국에서 건너온 켈트족의 후손들이 지금도 자신들의 언어와 풍습을 지키며 살고 있다.

브리튼 섬에 정착한 앵글로색슨족은 일곱 왕국을 건설해 섬을 나누어 가졌다. 그중 남서부에 위치한 웨식스 왕국이 가장 강성했다. 웨식스는 '서쪽에 위치한 색슨족의 나라'라는 뜻이다. 하지만 살기 좋은 잉글랜드에 야심을 드러낸 민족이 또 있었으니 바로 덴마크 바이킹이었다. 데인족으로 불렸던 덴마크 바이킹은 브리튼 섬의 7왕국을 침략하여 마침내 섬 전체를 정복하는 데 성공하는 듯했다. 하지만 웨식스의 앨프레드 대왕(재위 871~899)이 데인족의 침입을 격퇴해 앵글로색슨 왕국을 구했다.

앵글로색슨 왕의 호칭에서 가장 자주 등장하는 에셀링 ætheling 은 고대 영어에서 '왕으로 선출될 자격이 있는 왕족'을 의미했다. '고귀한 귀족'을 의미하는 æþele와 '-에 속한'이라는 뜻의 '-ing'이 합쳐서 만들어진 이 말은 대대로 앵글로색슨 왕족 중에서 왕이 될 수 있는 왕족을 부르는 존칭이었다. 그렇다면 웨식스의 앨프레드 대왕의 이름은 무슨 의미일까? 앨프레드 Alfred 는 '요정' 혹은 '정령'을 의미하는 '엘프 ælf'에 '조언자'를 의미하는 '레드 ræd'가 합쳐진 말이므로, 그 뜻은 '요정 같은 조언자' 정도가 될 것이다.

또 다른 앵글로색슨 왕조의 이름을 보면, 앨프레드 대왕의 손자인 에셀스탄 Æthelstan 은 '고귀한 돌'이라는 뜻이고, 앵글로색슨 왕조의 마지막 왕인 참회왕 에드워드(재위 1042~1066)의 부왕 에셀레드 Æthelred 는 고대 영어 æþele와 ræd가 합쳐진 이름으로 '고귀한 조언자'라는 뜻이다. 하지만 그는 이름처럼 현명한 군주가 아니었고, 그의 별명은 '우유부단 에셀레드Æthelred the Unready'였다.

앵글로색슨족의 왕은 '키닝cyning'이라고 불렀다. 그런데 현대 영어의 철자는 king이다. 1066년 노르만 정복 이후 노르만 서사書士들이 프랑스식으로 철자를 바꿨기 때문이다. cyning를 프랑스식으로 읽으면 '시닝'이 되므로 '키닝'으로 발음하려고 kynig로 적은 것이다. 참고로 고대 영어에서 앨프레드 왕은 'Cyning Alfred'가 아니라 'Alfred Cyning'으로 지위를 표기했다고 한다.

앵글로색슨족의 왕족과 신민의 서열은 다음과 같다. 정점에는 왕을 뜻하는 키닝이 있었고, 그 아래에는 '고귀한 혈통', 즉 왕자를 가리키는 에셀링ætheling이 있었다. 에셀링 아래에 '앨도만ealdorman'이라고 불리는 왕족이나 왕족 출신의 귀족 계층이 있었다. 중세 영국에서 '백작'을 의미하는 '얼earl'과 같은 말이다. 하지만 1066년 노르만 정복 이후 얼은 프랑스어에서 들어온 count(현대 프랑스어로는 comte 콩트)에게 그 자리를 내주고 말았다. 이렇게 앵글로색슨족의 사회 서열은 대륙에서 프랑스 봉건제도가 수입되면서 그 모습이 바뀌게 된다.

웨식스 왕국의 수도 윈체스터에 있는 앨프레드 대왕 동상.

rival | 라이벌 |

같은 강의 물을 쓰는 사람

역사에는 수많은 라이벌이 등장한다. 부와 명예를 찾아 또는 사랑을 찾아 인생을 걸었던 많은 인물들이 역사에 기록되어 있다. 12세기에 헨리 2세와 루이 7세는 알리에노르라는 아키텐의 공작녀를 두고 서로 반목했다. 알리에노르가 루이 7세와 이혼하고 영국의 헨리 2세와 결혼했기 때문이다. 또 14세기에 잉글랜드의 에드워드 3세는 5촌 당숙 부인 프랑스의 필리프 6세와 프랑스의 왕관을 놓고 백년전쟁을 벌였으며, 15세기 아쟁쿠르에서 대승을 거둔 헨리 5세의 라이벌은 장인의 아들, 즉 처남인 샤를 7세였다. 헨리 5세는 트루아 조약을 통해 프랑스를 수중에 넣을 수 있었는데 처남의 존재가 눈엣가시였다.

이제부터는 중세에 살았던 군주는 아니지만, 잉글랜드의 엘리자베스 1세(재위 1558~1603)와 스코틀랜드의 메리 스튜어트 이야기를 해보려 한다. 두 여인은 모두 여왕이 되었지만 태어날 때의 신분은 하늘과 땅만큼 차이가 났다. 그리고 죽을 때의 처지도 마찬가지였다.

먼저 엘리자베스는 헨리 8세의 두 번째 왕비 앤 불린의 딸로 태어났다. 하지만 아들을 학수고대하던 헨리 8세는 엘리자베스를 거들떠보지도 않았다. 설상가상으로 어머니 앤 불린은 엘리자베스가 세 살도 되기 전에 참수되었다. 헨리 8세가 앤을 간통죄로 처형한 것이다. 엘리자베스는 서녀庶女로 격하되어 불안한 어린 시절을 보냈다.

반면 메리 스튜어트는 아주 특별한 운명을 타고났다. 먼저 그녀는 스코틀랜드의 유일한 상속자였다. 어머니는 프랑스의 공작녀 마리 드 기즈였는데, 그녀는 어린 딸을 지키기 위해 온갖 노력을 다했다. 특히 영국의 헨리 8세는 자신의 아들 에드워드와 메리 스튜어트를 정혼시키려 했는데, 결혼을 통해 영국과 스코틀랜드를 통합하려는 야심을 가지고 있었기 때문이다. 하지만 마리 드 기즈는 메리 스튜어트를 프랑스의 프랑수아 왕세자에게 시집보낸다. 이윽고 프랑수아 왕세자가 프랑수아 2세로 왕위에 오르고, 메리는 프랑스의 왕비가 된다. 이때가 메리 스튜어트 인생의 정점이었다. 하지만 프랑수아 2세는 재위 1년 만에 열여섯 살의 나이로 요절하고 만다. 이제 메리에게 선택은 두 가지였다. 프랑스에 남아서 뒷방 할머니처럼 평생을 보낼 것인가, 아니면 어렸을 때 떠난 스코틀랜드로 돌아가 여왕이 될 것인가. 결국 메리는 후자를 선택한다.

스코틀랜드로 돌아온 메리 스튜어트는 신민들의 환영을 받지 못했다. 개신교 분위기가 우세한 스코틀랜드에 가톨릭 여왕이 온 것이었기 때문이다. 그래도 여왕은 개신교 신자들을 너그럽게 대해주었다. 정작 파국을 몰고 온 것은 개인사였다. 메리는 호남형의 왕족인 단리 경과 재혼을 했다. 그러나 얼마 가지 않아 둘의 사이가 파국의 조짐을 보였다. 메리가 새로운 남자를 찾아 나섰기 때문이다. 이 무렵 메리 앞에 나타난 남자는 보즈웰 백작이었다. 그리고 얼마 지나지 않아 단리 경이 피살당하는 사건이 발생한다. 사람들은 보즈웰 백작을 의심했지만, 메리는 세간의 시선에 아랑곳하지 않고 보즈웰 백작과 세 번째 결혼을 한다. 이 결혼으로 스코틀랜드 사람들은 완전히 메리 여왕에게 등을 돌리고 말았다. 결국 메리는 잉글랜드로 망명길에 오른다.

당시 엘리자베스의 처지는 완전히 바뀌어 있었다. 잉글랜드의 최고 통치자가 되어 있었던 것이다. 이복동생인 에드워드 6세가 이른 나이에 죽고, 이복 자매인 메리 1세도 병사하는 바람에 엘리자베스가 왕위에 오른 것이다. 메리 스튜어트는 엘리자베스와 친척 간이었다. 엘리자베스의 아버지 헨리 8세의 누이가 메리 스튜어트의 외할머니이므로 둘은 5촌지간이다.

그런데 문제는 엘리자베스가 결혼하지 않았다는 것이었다. 만약 엘리자베스가 후사를 남기지 않고 세상을 떠나면 잉글랜드의 왕위 계승권은 메리 스튜어트에게 돌아가게 되어 있었다. 메리로서는 좋은 일

한 소녀는 두 살 때 어머니인 왕비가 처형을 당해 서출로 낙인찍혔고, 한 소녀는 태어나면서 스코틀랜드의 여왕이었고 이후 프랑스의 왕비가 되었다. 왼쪽 소녀는 엘리자베스 1세이고, 오른쪽 소녀는 메리 스튜어트다. 엘리자베스의 소녀 시절 초상화는 불안한 시절의 신중한 자태가 엿보이고, 메리 스튜어트의 처녀 시절은 인생의 절정기를 보여주는 듯하다. 두 소녀는 헨리 8세로 연결되는 친척이다. 만약 메리 스튜어트가 통치를 잘해서 스코틀랜드 여왕으로 남았다면, 잉글랜드의 왕관은 그녀의 것이 될 수도 있었다. 하지만 그녀는 실정으로 쫓겨날 처지가 되자 엘리자베스에게 피신처를 요청한다. 그것이 메리의 마지막 운명을 결정지었다.

인데 그것이 왜 문제였을까? 잉글랜드 역시 개신교의 나라였기 때문이다. 잉글랜드의 귀족과 백성들은 가톨릭 여왕이 나와서 나라를 또다시 혼란에 빠뜨려서는 안 된다는 생각이 강했다. 결국 사람들은 메리 스튜어트가 엘리자베스 여왕보다 먼저 죽어야 한다는 가정을 기정사실처럼 믿게 되었다. 메리 스튜어트는 결국 역모에 휘말려 가톨릭의 상징인 붉은 드레스를 입고 형장의 이슬로 사라졌다.

엘리자베스 1세와 메리 스튜어트의 운명은 서로 완전히 반대 방향으로 흘러갔다. 메리는 고귀한 혈통으로 태어나 정해진 수순처럼 프랑스 왕비와 스코틀랜드 여왕이 되었으나, 운명의 장난과 적절하지 않은 처신으로 인해 점점 더 몰락의 길로 향했다. 반면 엘리자베스는 위태로운 어린 시절을 보냈지만 운명은 그녀를 왕위에 앉혔고, 그다음부터는 스스로의 능력으로 왕의 자격을 갖추었음을 증명해냈다.

영어 rival은 '강둑'을 의미하는 프랑스어 rive리브에서 나온 말이다. 프랑스어로 '강'은 rivière리비에르, 영어로는 river다. 이 말에서 '도착하다'라는 프랑스어 동사 arriver아리베(영어의 arrive)가 만들어지는데, 본래는 '배를 강둑에 대다'라는 뜻이었다.

즉 라이벌은 같은 강줄기를 함께 사용하는 사람들을 가리키는데, 엘리자베스와 메리는 그 강물의 한가운데에서 서로 반대 방향으로 나아간 셈이다.

lady | 귀부인 |

비운의 레이디,
제인 그레이

1537년에 태어난 제인 그레이는 헨리 8세의 종손녀(헨리 8세의 누이동생인 메리의 외손녀)였다. 헨리 8세에 이어 잉글랜드 왕위에 오른 에드워드 6세는 병약한 소년이어서 주위에서는 누가 다음 왕이 될지 수군거렸다. 에드워드 6세가 세상을 떠나기 두 달 전인 1553년 5월 21일, 새로운 왕위를 둘러싼 암투가 본격적으로 시작되었다. 소년왕 에드워드 6세는 제인 그레이를 후계자로 지목했고, 메리 공주와 엘리자베스 공주는 사생아이기 때문에 왕이 될 수 없다는 유언을 남겼다. 에드워드의 자필 유언장에는 제인 그레이가 새 왕이 될 것이며, 그녀가 낳을 왕자가 왕위를 계승할 것이라고 적혀 있었다.

하지만 메리 공주는 격노하며 자신이 왕위를 계승할 자격이 있다고 주장했고, 왕실 자문회의도 메리의 손을 들어주었다. 결국 제인은 9일

만에 왕좌에서 내려왔다. 그리고 얼마 뒤에 참수되었다. 역사에서는 그녀를 '레이디 제인 그레이'라고 부른다.

중세 영어에서 lady는 결혼한 귀부인을 부르는 존칭이었다. 결혼을 하지 않은 숙녀는 young lady였다. 봉건제가 발달했던 중세의 프랑스로 가보자. 중세 유럽은 귀족과 평민이 함께 사는 사회였다. 그런데 같은 사회적 위치에 있어도 신분에 따라 부르는 호칭이 달랐다. 프랑스어로 dame 담므는 귀족의 부인 또는 영주의 부인을 가리킨다. young lady에 해당하는 '귀족 출신의 숙녀'는 중세 프랑스어로 damoisele 다무아젤이라고 불렸다. 현대 프랑스어에서 영어의 miss에 해당하는 mademoiselle 마드무아젤과 같은 말이다. 그러니까 요즘 프랑스 숙녀들은 모두 귀족 출신 숙녀인 셈이다. 한편 결혼하지 않은 여성을 부르는 명칭 중에 pucelle 퓌셀은 '처녀성'과 '평민'의 의미가 들어간 말이다.

중세의 여성들은 배우자의 지위에 따라 사회적 위상이 결정되었다. 앞에서 본 다양한 여성 호칭도 남성의 지위에 따라 정해졌다. 한편 중세 동안 교회는 갖은 수단을 동원해 예배 참여와 공적인 의무로부터 여성을 배제했다. 여자는 아담의 몸으로 만들어졌으며 인간이 저지른 원죄에 대해 책임이 있다고 교회는 가르쳤다. 그런 까닭에 여자는 남자에게 복종해야 하며, 특히 출산과 자녀 양육에만 전념해야 한다는 것이었다. 13세기 신학자 토마스 아퀴나스는 "여자는 종種의 보존과 양육을 위해 필수적인 존재다"라고 말했다. 요즘에 이런 말을 할 남자

폴 들라로슈가 19세기에 그린 〈제인 그레이의 처형〉.

가 있을까? 위대한 신학자가 21세기에 온다면 받을 충격이 신선하게 다가온다.

영어 lady는 서양인의 주식인 빵에서 나온 말이다. lady의 어원인 중세 영어 hlafdige는 '밀가루를 반죽하는 사람'이었다. 집안에서 중세 여인의 위상과 역할이 어떠했는지 짐작할 수 있는 대목이다. 현대 영어에서 '빵 덩어리'를 가리키는 loaf는 lady와 친척간인 말이다. 한편 lady와 짝을 이루는 lord는 '빵을 지키는 사람'이라는 의미에서 유래했다.

frank | 솔직하다 |

게르만족이 남긴 것

역사상 유례를 찾기 힘든 대제국을 일구었던 로마제국은 476년에 멸망했다. 역사는 서로마제국이 게르만족 출신의 용병대장 오도아케르에게 멸망했다고 적고 있다. 하지만 로마제국이 몰락한 정확한 날짜는 역사 기록에 남아 있지 않다. 이 말은 작은 균열이 서서히 커져 방파제가 붕괴되는 것처럼, 끊임없는 게르만족의 침략으로 서로마제국이 종말을 고했다는 의미다.

　문명의 발전은 항상 문화적으로 우수한 집단이 열등한 집단을 정복하는 방식으로 전개되진 않는다. 게르만족이 로마제국의 새 주인이되었을 때 상황이 그러했다. 로마인들은 문명인의 잣대인 라틴어와그리스어를 한 마디도 할 줄 모르는 게르만족을 '야만족'이라고 불렀다. 하지만 이후 유럽의 역사는 게르만족에 의해 재편되었고, 현대 서구 열강은 모두 게르만족의 후손들이 세운 나라들이다.

서로마제국을 무너뜨린 게르만족은 밀물처럼 제국의 영내로 들어와 여러 왕국을 세웠다. 그중에서 가장 강력한 부족은 프랑크Frank족이었는데, 이들은 지금의 프랑스, 독일, 벨기에 지방에 왕국을 세웠다. 프랑크족은 자신들의 이름을 프랑스어에 남겼다. '솔직하다'라는 프랑스어 franc프랑이 프랑크족의 속성에서 나온 말이다. 영어 frank에도 그 뜻이 남아 있다. 프랑크족은 게르만족의 유전적 특징, 즉 호전적이고 솔직한 기질을 가진 민족이었다. 피정복민의 눈에 프랑크족은 꾸밈이 없고 직설적인 성격의 소유자로 보였을 것이다. 영어에 frank를 제공한 franc의 옛 의미에는 '귀족', '자유인', '세금을 면제받은'이란 뜻도 있었다. 다시 말해 프랑크족은 지배층이자 특권층이었던 것이다. 여기에서 만들어진 말이 독점권을 뜻하는 프랜차이즈franchise다.

서구 문명에 남아 있는 게르만족의 명칭은 또 있다. 바로 게르만의 부족인 고트Goth족이다. 고트족은 게르만족이 이동할 때 일부는 스페인에 비스고트Wisgoth(서고트) 왕국을 세웠고, 일부는 이탈리아 반도에 오스트로고트Ostrogoth(동고트) 왕국을 세웠다. 중세 건축을 대표하는 고딕Gothic 양식이 바로 고트족에서 나온 말인데, 르네상스 시대에 중세의 건축을 야만적인 것으로 생각한 데에서 비롯된 용어다.

게르만족은 바다 건너 브리튼 섬까지 들어가 왕국을 세웠는데, 독일 북부와 덴마크에 거주하던 색슨Saxon족과 앵글Angle족이 앵글로

496년 프랑크족 최초의 왕 클로비스가 성 레미Saint Rémi에게 세례를 받는 장면. 생레미 성당 소재.

색슨 왕국을 세웠다. 당시 변방에 정착한 앵글로색슨족이 중세와 근세 유럽 역사에 남긴 발자취는 서구 역사의 근간이 되었고, 이들은 영국인과 미국인의 조상으로 역사에 기록되어 있다.

게르만족은 유럽에만 정착하지 않았다. 반달Vandal족은 스페인 남부에서 바다를 건너 지금의 튀니지 지방까지 진출해 왕국을 세웠다. 그곳은 로마의 라이벌 카르타고의 땅이었다. 이 지방은 시칠리아 섬을 사이에 놓고 이탈리아 반도와 마주 보고 있는데, 지중해 무역의 교두보 같은 곳이었다. 그런데 반달족의 이름은 중세 유럽사에 부정적인 자취만 남겼다. 프랑스 말에서 나온 반달리즘vandalism은 공공의 재산이나 사유 재산을 고의적으로 파괴하는 행위를 가리킨다. 하지만 반달족은 이동 중에 만났던 로마 문명을 존중했으며, 그 우수성을 인정했다고 한다. 오히려 로마 문명을 파괴한 사람들은 노예나 빈곤층처럼 무산 계급이었다는 것이 정설이다. 그렇다면 반달족은 억울하게 누명을 쓴 셈이다.

sky | 하늘 |

바이킹의 말들 1

영어에 프랑스어 다음으로 많이 들어간 언어 중 하나는 고대 노르드 Old Norse어다. 이 언어는 스칸디나비아 반도와 바이킹들의 해안 거주 지에서 사용되던 말인데, 현재의 국경으로 말하자면 노르웨이, 스웨 덴, 덴마크, 아이슬란드가 포함된다. 바이킹의 해외 침략 등으로 그들 의 언어가 이웃 나라의 말에 많이 들어갔는데, 그중에서도 잉글랜드 를 침략한 데인족(덴마크 바이킹)의 언어가 특히 영어에 많이 들어갔다. 8세기 말에 브리튼 섬을 침략한 데인족은 자신들만의 법이 통하는 데 인로Danelaw를 건설한 뒤에 브리튼 섬의 북동부를 차지했다. 그 후 원 주민이던 앵글로색슨족과 빈번하게 문화 교류를 하면서 많은 고대 노 르드어가 영어에 들어갔다.

예를 들어 영어의 인칭 대명사 he, his, him은 고유 영어이지만, 복수형인 they, their, them은 고대 노르드어다. 이 사실은 두 언어의 상호 교류가 매우 밀접했음을 보여준다. 이제 몇 장에 걸쳐 고대 영어에 들어간 고대 노르드어를 소개하고자 한다. 지금 영어에 정착한 노르드어원의 말들이 본래는 무슨 뜻이었는지도 살펴보자.

먼저 'sk-', 'sc-'로 시작되는 단어는 대개 고대 노르드어에서 온 것이다. 그들의 고향을 스칸디나비아로 부르는 데서 이를 짐작할 수 있다. 대표적으로 sky는 12세기에 고대 노르드어에서 영어에 들어간 말이다. 그런데 sky의 뜻은 고대 노르드어에서 '구름'이었다. 본래 영어에는 '구름'을 의미하는 단어 welkin이 있었는데 sky가 들어오자 그 자리를 내어준 것이다. 그런데 sky는 '구름'에서 '하늘'을 의미하는 말로 변신한다. 그리고 새로운 영어 단어 cloud가 '구름'의 의미로 정착한다. 언어의 빈자리는 이렇게 금방 채워진다. 고대 노르드어에서 유래한 'sk-', 'sc-'로 시작하는 말들을 정리해보자.

- **scale**: 현대 영어에서 '규모'나 '등급'으로 사용되는 이 말은 고대 노르드어 skal에서 온 말인데 본래 무게를 재는 도구, 저울의 판, 컵, 그릇을 의미했다. 그러므로 '그 사람은 스케일이 크다'라는 말은 중세의 의미로는 '큰 그릇을 가진 사람'을 일컫는다.
- **score**: 흔히 '점수'로 알려진 이 말은 '표시', '등급'을 의미하는 고대 노르드어 skor에서 온 말이다. 그런데 영어에서 threescore는 60을

의미한다. 그렇다면 score는 20을 의미한다는 말인가? 그 이유는 이러하다. 중세에 브리튼 섬에 거주하던 앵글로색슨족은 자신들이 사용하는 10진법 외에 원주민이던 켈트족의 20진법을 사용하기도 했다. 예를 들어 키우는 양의 수를 막대기에 '표시'(score의 원래 뜻)할 때 20을 단위로 했던 것이다. 그 결과 score에는 threescore에서 보듯이 20이라는 수가 숨어 있다. 프랑스어도 골 지방에 살던 켈트족의 영향을 받아 80을 4×20으로 말한다.

- **skate**: '물고기'를 의미하는 고대 노르드어 skata에서 온 말이다.
- **skin**: 고대 노르드어 skinn은 '동물의 가죽'이나 '모피'를 의미하는 말이었다. 고대 영어 hide는 '사람의 피부'나 '동물의 가죽'을 의미하던 말이었는데 지금은 동물의 가죽만을 의미한다. 한 가지 흥미로운 사실은 현대 노르웨이어와 스웨덴어에서 '사람의 피부'는 hud로, 고대 영어의 hide와 비슷하다는 점이다. 정리하면 영어는 hide에서 '동물의 가죽'을 택했고, 노르웨이어와 스웨덴어는 '사람의 피부'를 취한 것이다. 그리고 영어는 '사람의 피부'로 고대 노르드어 skinn을 새롭게 받아들였다.
- **skip**: 유튜브를 시청할 때 광고를 스킵skip한다는 것은 '건너뛴다'라는 말이다. 영어의 skip은 고대 노르드어 skopa에서 왔는데 '뛰다'라는 의미다.
- **skirt**: 지금은 여성의 치마를 스커트라고 부르지만, 고대 노르드어

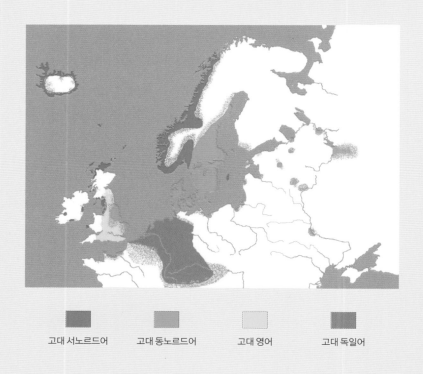

| 고대 서노르드어 | 고대 동노르드어 | 고대 영어 | 고대 독일어 |

10세기 게르만 언어의 분포도. 유럽의 변방에 있던 게르만족은 잉글랜드를 침공하고, 프랑스에 노르만 공국을 세웠으며, 시칠리아에도 왕국을 세웠다. 스웨덴 바이킹은 내륙으로 들어가 러시아 공국을 세웠다. 가히 유럽 세계를 재편했다고 해도 과언이 아니다.

skyrta는 남자들이 입는 짧은 상의를 일컫는 말이었다. 만약 바이킹이 현대 사회에 온다면 남자들의 짧은 상의를 여성들이 입고 다니는 모습을 보고 깜짝 놀랄 것이다.

mistake | 실수 |

바이킹의 말들 2

11세기 중엽 시칠리아를 정복한 노르만족 출신의 제후 로베르 기스카르는 "노르만족은 땅에 무릎을 꿇고 신에게 아들을 간청하지 않고서는 결코 부부 사이에 육체적 관계를 갖지 않았다"라고 적었다. 그만큼 노르만족은 아이를 잉태하는 행위를 신성하게 생각했다는 의미일 것이다. 노르만족은 덴마크 바이킹이 그 조상이다. 그렇다면 바이킹의 결혼관은 어떠했을까?

바이킹의 결혼은 두 집안이 동의하여 실현되었는데, 바이킹들은 결혼을 '신부의 구매brudhkaup'라고 불렀다.[14] 혼인이 성사되면 신부 집안은 신랑 집안에게 지참금heimanfylgja을 지급하고, 신랑 집안은 그 대신 남편이 사망할 경우를 대비해 아내에게 상속권mundir을 부여한다. 이런 관습은 다른 지방의 전통 사회에서도 찾아볼 수 있는데, 특히 아프리카에서 유사한 결혼 제도가 발견된다. 프랑스와 유럽의 부르주아 계층에서도 20세기 초까지 이런 결혼이 일상적이었다. 바이킹의 결혼 관습 중에서 독특한 점은 서자도 아버지의 지위와 재산을 물려받는 '모레다니코More Danico'(덴마크식 풍습)였다.

일부다처제의 관습은 고대 스칸디나비아 사회에서 전통적으로 용인된 제도였다. 이 제도의 수혜자는 남성이었으며 간통한 여성은 엄격하게 처벌을 받았다. 남성은 여러 명의 동거녀frilla를 집안에 들일 수 있었지만, 정식 부인은 집안의 열쇠 꾸러미를 보란 듯이 자랑하며 동거녀들을 지배했다. 일반적으로 스칸디나비아 여성들은 사회적 금기 사항을 잘 준수하면 주위로부터 존경을 받았고, 사람들은 그런 여성을 가정의 안주인으로 인정해주었다. 집안의 여자들은 집안일과 밭일, 아이들의 교육을 책임졌고, 하인들까지 통솔하는 존재였다. 나아가 은밀한 지식을 갖고 있거나 마법이나 주술적인 능력을 가진 안주인들도 있었다고 한다. 그런 점에서 그들은 의사의 역할을 하던 남성들과 경쟁 관계에 있곤 했다. 안주인들은 집안의 실질적인 주인이었으며, 반대로 남편들은 바깥일에 매인 존재였다. 이런 현상은 특히 많은 남자들이 멀리 배를 타고 모험에 나선 시기에 두드러졌다.

바이킹 남자들은 항해 원정을 떠나면 현지에서 여자들을 납치해 고향으로 데려와서 많은 자식을 낳았다고 한다. 실제로 스웨덴 웁살라 대학의 닐 프라이스는 이와 관련된 연구를 내놓았다.[15] 바이킹이 정착

바이킹의 후손이자 노르웨이의 국왕인 시구르 1세(재위 1103~1130)는 모레다니코 관습에 따라 태어난 왕이다. 시구르 1세는 십자군과 함께 동로마제국 원정에 참여했다. 그림은 19세기 영국 화가 에드워드 번존스의 작품.

한 아이슬란드의 인구 구성을 보면 현대 아이슬란드 남성의 75퍼센트는 오늘날의 노르웨이 지방에서 이주한 것으로 확인되나, 여성의 절반 이상은 영국 출신이었다는 것이다. 이 수치는 브리튼 섬에서 이주 혹은 강제로 납치된 여성이 많았다는 사실을 입증한다.

영어에 들어간 많은 바이킹의 말 중에서 '실수'를 의미하는 mistake는 고대 노르드어로 유산流産을 의미했다. 바이킹은 유산을 여자들의 큰 실수로 생각했던 것이다.

husband | 남편 |

영국인의 남편은
스칸디나비아인

885년 700척의 바이킹 함대가 센강을 거슬러 올라와 서프랑크 왕국의 파리를 포위했다. 8세기 말부터 시작된 바이킹의 서유럽 약탈은 이제 그 양상이 달라졌다. 대규모 함대를 조직하여 침탈이 아닌 침공에 나선 것이다. 이해에 파리를 포위한 병력은 무려 4만 명에 이르렀다고 한다. 서프랑크의 사신이 바이킹 진영으로 와서 협상을 시도했다. 그는 "당신들의 통치자가 누구냐"고 물었다. 그런데 돌아온 답변이 황당했다. "우리에게 통치자는 없다."

　바이킹의 고향 스칸디나비아 반도의 사회는 이런 모습이었다. 사회 구성원들은 대개 본디bondi(복수는 boendr)였는데 그 뜻은 '자유민'이었다. 그들은 정치적·사회적 권리를 소유한 계층이었으며, 주거지와 약간의 경작지도 가지고 있었다. 그들은 공적인 송사에 참여했으며 바

본래 농사를 짓고 가축을 기르며 살던 바이킹은 8세기 말에 이르러 본격적으로 영국의 동부 해안 지방을 약탈하기 시작했다. 이후 유럽의 역사는 바이킹에 의해 재편된다. 이 우표는 덴마크 자치령인 페로 제도에서 발행한 것인데, 바이킹 시대의 모습을 보여주고 있다.

이킹의 회의인 팅Thing에도 참석했다. 재판에 참여한 본디는 송사에 대해 판결을 내리거나 사건에 대한 증언을 하는 역할을 맡았다. 일반적으로 그들은 팅에서 오가는 모든 질의에 답변할 권리를 가지고 있었고, 법률의 제정에도 관여했다. 만약 본디가 다른 사람으로부터 공격을 받으면 그와 가족은 최대한의 보상을 받을 수 있었다. 본디는 무기를 소지하고 다녔고 전사와 다를 바가 없었다. 바이킹 사회에는 직업군인이 없었기 때문에 대규모 원정이 있을 때면 출정 병력은 본디들로 구성되었다.

그렇다고 바이킹이 모두 자유민은 아니었다. 바이킹 시대의 스칸디나비아 사회에도 노예들이 존재했는데 크게 전쟁 포로와 그 밖의 노예로 구분할 수 있다. 둘 다 재화처럼 매매될 수 있었지만, 전쟁 포로는 경우에 따라 자유민이 될 수도 있었다. 바이킹 시대의 노예들은 그래도 로마제국이나 프랑크 왕국의 노예보다는 나은 환경에서 살았다.

이번에 이야기하고자 하는 단어는 '남편'을 의미하는 영어 husband다. hus는 현대 영어의 house와 같고 band는 위에서 설명한 자유민, 즉 본디에서 나왔다. 즉 husband는 '집안의 자유민' 혹은 '집안의 가장'을 의미한다.

중세에는 다양한 형태의 결혼이 존재했다. 남편이 아내에 대해 합법적인 지배권을 가진 결혼이 있었고, 남녀 간의 사랑만으로 이루어진 결혼도 있었다. 후자의 경우 남편은 아내에 대한 지배권을 가질 수 없었고, 아내도 합법적인 결혼으로 얻게 되는 권리를 가질 수 없었다. 자연히 둘 사이에 태어나는 아이는 정식으로 상속권을 갖지 못했다. 결국 이 결합을 통해 여자는 정부情婦로 남을 수밖에 없었다. 세 번째는 중세 초기에 나타난 결혼 형태로, 영주와 종 사이에 이뤄진 결혼, 또는 자유민과 비자유민 사이의 결혼이다. 주로 영주나 자유민이 원해 종이나 하녀와 결혼하는 유형이었다.[16]

sir/sire |경|

sir가 맞나? sire가 맞나?

중세 프랑스어로 기록된 무훈시의 백미 《롤랑의 노래》는 1834년 영국 옥스퍼드에서 발견되었는데, 중세 잉글랜드에서 사용하던 앵글로-노르만 방언(중세 프랑스 방언 중 하나)으로 기록되어 있다. 이 서사시는 프랑크 왕국 샤를마뉴 대제(재위 768~814)의 스페인 원정을 노래하고 있다. 다음은 그 내용을 요약한 것이다.

7년 전부터 스페인을 떠나지 않고 있던 사라센족을 정복하기 위해 샤를마뉴는 원정대를 이끌고 남쪽으로 내려갔다. 이제 사라고사 지역만 정복하면 사라센족을 스페인에서 모두 쫓아낼 수 있었다. 이에 위기를 느낀 사라고사의 마르실이 황제에게 거짓 협상을 제안해오자, 황제는 자신의 조카 롤랑의 의부義父인 가늘롱을 협상 대표로 임명한다. 이를 자신을 제거하기 위한 계략이라고 생각한 가늘롱은 협상 자리에서 마르실과 결탁해 돌아온다. 협상이 성공했다는 소식에 프랑크 군대는 돌아가기 시작했고, 롤랑이 군의 후위를 엄호하는 부대를 통솔하게 된다. 그러나 샤를마뉴의 군대가 철수한 틈을 타 마르실이 롤랑의 후위부대를 공격한다. 롤랑이 큰 뿔나팔을 불면 멀리 있는 본대가 들을 수 있었지만 롤랑은 자신의 부대로 이길 수 있다고 자만했다. 롤랑의 부대는 피레네 산맥의 롱스보에까지 추격당했고, 롤랑은 자기 주위에 60명가량만이 남았을 때에야 비로소 뿔나팔을 불었다. 소리를 들은 샤를마뉴가 군대를 돌려 싸움터에 도착했지만 이미 모두가 전멸한 뒤였다. 황제는 죽은 롤랑을 부여안고 오열한다. 황제는 다시 사라고사로 향해 사라센족을 전멸시키고, 귀환하여 배신자 가늘롱을 처단한다. 다음 날 가브리엘 천사가 나타나 새로운 십자군 전쟁을 명령한다.

《롤랑의 노래》는 주군에게 충성을 바치는 중세 기사의 전형을 보여준다. 아울러 이교도와 싸우는 용맹스러운 기독교도들을 노래하고 있다. 이 노래는 무려 4천 행의 10음절 시절로 이루어졌는데, 중간에 이런 시절이 나온다.

778년 롱스보 전투에서 샤를마뉴 대제의 조카 롤랑은 적들의 매복 공격을 받아 전사한다. 그는 끝내 뿔나팔을 불지 않아 장렬한 최후를 맞이한다. 그림은 15세기 프랑스 화가 장 푸케가 그린 삽화.

Tu n'es mes hom, ne je ne sui tis sire, Ch. de Rol. XX.

너는 내 사람이 아니고, 나도 너의 황제가 아니다.

여기서 sire는 황제, 왕, 영주 등을 가리키는 경칭인데《롤랑의 노래》에서는 샤를마뉴 대제를 가리킨다. 현대 프랑스어에서 남성에 대한 경칭인 monsieur 무슈의 sieur가 바로 sire에서 나왔다(mon은 영어로 my). 스페인어에서는 señor 세뇨르가 sire에 해당한다. 이 말은 중세 영어에도 전해져서 현대 영어에서도 sire는 '왕에 대한 경칭'으로 통한다.

한편 현대 영어에서 남성에 대한 경칭으로 자주 사용되는 sir는 sire에 비해 나이가 어린 단어다. 14세기에 등장한 sir는 기사에 대한 경칭으로 사용되었는데, 특히 준準남작baronnet을 부르던 것이었다. 지금도 이런 전통은 남아 있는데, 영국 왕실로부터 작위를 받은 사람의 이름 앞에 사용된다. 한 가지 흥미로운 사실은 sir를 이름 앞에 붙이거나 이름과 성 앞에 붙여야지 성 앞에 붙이면 안 된다는 점이다. 예를 들어 '서 윈스턴' 혹은 '서 윈스턴 처칠'이라고 불러야지 '서 처칠'이라고 불러서는 안 된다.

이제는 sir라는 경칭을 레스토랑에서도 들을 수 있고, 군대의 상관에게 대답할 때도 자주 사용한다. 중세의 엄격한 경칭이 인플레이션되었다고 말할 수 있지 않을까?

중세의 이름

035

Jean |장|

중세인들의 이름

사람의 이름은 부모로부터 받는다. 동서고금을 막론하고 부모들은 자식에게 좋은 이름을 지어주기 위해 고심했을 것이다. 중세 유럽인들은 어떤 이름을 선호했을까? 중세 사회의 정신세계를 지배한 것이 기독교인 만큼 주로 성경에 등장하는 이름들이 중세 유럽인의 이름에 사용되었다. 중세에 가장 많이 보이는 이름들을 소개해보자.

장Jean

성경에 나오는 요한이 프랑스어로 장Jean이다. 마리아의 사촌인 엘리자베스의 아들 요한은 세례자 요한이라고 불린다. 예수에게 세례를 주고서 자신은 예수의 신발 끈을 풀어드리기에도 합당치 않다고 말하며, 자신보다 나중에 올 예수가 인류의 구원자라고 설파하고 순교한다. 장

백년전쟁 초반 장 2세는 푸아티에 전투에서 잉글랜드의 흑태자 에드워드에게 포로로 잡혀 런던으로 간다. 에드워드의 극진한 대접을 받은 장 2세는 세자 샤를을 볼모로 남기고 파리로 돌아왔으나, 샤를이 탈출하자 기사의 명예를 중시했던 장 2세는 자진해서 런던으로 돌아가 거기에서 죽었다. 이 그림은 역대 프랑스 왕들의 초상화 중에서 실물을 확인할 수 있는 최초의 초상화다.

이 온 유럽에서 가장 인기가 많은 이름이 된 배경에는 종교적인 이유도 있지만, 짧은 음절로 된 발음이 각 언어에서 쉽게 적응했기 때문이다. 영국의 존John, 스페인의 후안Juan, 러시아의 이반Ivan, 이탈리아의 조반니Giovanni, 체코의 얀Jan이 모두 세례자 요한의 이름이다.

롤랑Roland

중세 무훈시의 백미인《롤랑의 노래》에 등장하는 영웅이다. 샤를마뉴 대제의 조카로 이베리아 반도에서 사라센족과 전쟁을 벌이다가 매복 함정에 빠져 생을 마감하는 서사시의 주인공이다. 롤랑이라는 이름은 '영광'을 뜻하는 게르만어 Rod에 '땅'을 의미하는 land가 합쳐진 말이다. 즉 '영광의 땅'이라는 뜻이다.

올리비에Olivier

《롤랑의 노래》에 나오는 롤랑의 죽마고우. 현명한 기사의 전형이다. 올리비에는 프랑스어로 '올리브나무'라는 뜻도 있는데, 성경에서 올리브나무는 지혜의 상징이다.

랜슬롯Lancelot

아서 왕의 전설에 나오는 원탁의 기사들 중에서 가장 용감한 기사로 손꼽히며 용모마저 출중한 인물. 절대 이가 빠지지 않는 명검인 아론

다이트Arondight로 용을 베고, 버드나무 가지로 적을 쓰러뜨리는 무용담이 그의 전설 속에 전해온다. 아서 왕의 부인 귀네비어를 사랑했으며, 그 부정함 때문에 성배와 성창을 찾고도 그것을 소유하지 못한 비운의 영웅이다.

엘리자베스Elizabeth

신약 성경에 나오는 성모 마리아의 사촌이자 세례자 요한의 어머니다. 히브리어로 '하느님이 약속하심' 또는 '하느님이 충만하심'이라는 뜻이다. 본래 엘리자베스는 노년이 될 때까지 아이가 없었는데, 천사 가브리엘이 나타나 엘리자베스의 남편인 즈카르야에게 아이가 생길 것이라는 계시를 주었다. 하지만 즈카르야는 가브리엘의 말을 믿지 않았고, 그 벌로 몇 달 동안 말문이 막혀 말을 못했다. 프랑스에서는 엘리자베스를 이자벨Isabelle로, 스페인에서는 이사벨라Isabella로 부른다. 영국 왕 에드워드 3세(재위 1327~1377)의 모후가 카페 왕조의 왕녀 이자벨이다. 이후 영국 왕실에 영국식 이름인 엘리자베스가 등장한 것은 헨리 7세(재위 1485~1509) 때인데, 그의 왕비가 요크 집안의 왕녀 엘리자베스였다. 헨리 8세는 두 번째 왕비 앤 불린이 낳은 딸에게 모후와 장모의 이름인 엘리자베스라는 이름을 붙여주었고, 그가 저 유명한 엘리자베스 1세 여왕이다. 그리고 현재 영국 여왕의 이름은 엘리자베스 2세다. 엘리자베스라는 이름은 가히 영국 왕실에 영광을 가져다준 이름이라 부를 만하다.

제임스James

신약 성경에 나오는 예수의 열두 제자 가운데 한 명이다. 성경에서는 야곱Jacob 또는 야고보라고 한다. 프랑스식 이름은 자크Jacques다. 영어와 프랑스어의 인명에 붙은 '-s'는 중세 프랑스어에서 주격을 의미하는 접사인데 샤를Charles(영어의 찰스)이라는 인명에도 나타난다. 성격이 불같아서 예수는 그에게 '천둥의 아들'이라는 별명을 붙여주었지만, 베드로, 사도 요한과 함께 예수의 총애를 받던 제자였다. 일설에는 지금의 스페인까지 가서 선교를 했다고 한다. 예수의 열두 제자 중에서 제일 먼저 순교했으며, 그의 시신은 스페인의 산티아고 데 콤포스텔라로 이장되었다.

스페인 북서부에 위치한 산티아고 데 콤포스텔라 대성당. 813년에 이 지방에 살던 한 은수자가 별빛에 이끌려 기적적으로 성 야고보의 무덤을 발견한 후 그 위에 성당이 건립되었다. 중세 유럽인들이 평생에 한 번은 가고 싶어했던 기독교의 성지다.

036

Arthur | 아서 |

켈트족의 영웅

중세 영국에서 예수 다음으로 유명한 인물을 꼽으라면 단연코 아서 Arthur 왕이다. 브리타니아(브리튼 섬)에서 로마제국이 철수한 410년 이후 브리튼 섬에는 새로운 침략자들이 나타났다. 바로 현재 영국인 들의 조상인 앵글로색슨족이다. 하지만 브리튼 섬에는 아서 왕이 앵 글로색슨족의 침공을 저지하며 막았다는 전설이 생겨난다. 이번 이야 기의 주인공은 바로 켈트족, 그중에서도 브리튼족의 영웅 아서다. 《롤 랑의 노래》이전 작품 중 최고의 무훈시로 칭송받는 아서 왕의 이야기 는 오늘날 판타지 소설의 효시라고 불러도 손색이 없을 만큼 등장인 물과 구성이 신비스럽고 몽환적이다. 전설의 검 엑스칼리버Excalibur, 강철 그물로 된 위가르Wygar, 단검 카른웨난Carnwennan 등은 아서 왕 의 전설을 더욱더 흥미진진하게 만들어주는 무기들이다. 마치 그리스 신화에서 만능재주꾼 헤파이스토스가 만들어낸 무기들을 보는 듯하다. 거기에 한술 더 떠서 아서 왕은 투명 망토 그웬Gwenn까지 가지고 있는데, 이 망토는 그리스 신화에 등장하는 명부의 신 하데스가 가진 '보이지 않는 투구'를 연상시킨다. 이렇듯 아서 왕은 역사와 전설 사이의 인물이기에 신화적인 요소가 듬뿍 들어가 있다.

브리튼족의 항전에 관한 기록은 사실 후대에 기록된 것이라 아서 왕이 실존 인물인지 허구의 인물인지는 불분명하다. 만약 아서 왕이 실존 인물이었다면 6세기에 활약한 앵글로색슨 역사가 길다스 사피엔스의《브리튼의 멸망과 정복》에 아서 왕에 관한 이야기가 기록되어야 하지만, 그 어디에도 나오지 않는다. 이후 2세기 뒤의 기록에 앵글로색슨족과의 전투에서 승리를 거둔 브리튼족의 영웅이 등장하는데, 그는 아서 왕이 아니라 아서 사령관이다. 어쩌면 아서 왕은 자신의 고향을 앵글로색슨족에게 내어준 브리튼족의 원한이 만들어낸 전설일지도 모른다. 혹은 아서 왕이 정복을 당한 민족, 즉 브리튼족의 영웅이라 그에 관한 기록이 거의 없는 것일지도 모른다. 역사는 승자의 기록이라고 하지 않던가.

1066년 정복왕 윌리엄이 개창한 노르만 왕조는 현재 영국 국왕인 엘리자베스 2세의 조상이다. 정복왕 이후 많은 왕들이 영국을 통치했는데, 그들의 이름을 정리해보면 다음과 같다. 헨리Henry · 에드워드 Edward 각 여덟 명, 조지George 여섯 명, 윌리엄William 네 명, 리처드

성배를 원탁에 놓고 모인 아서 왕과 기사들.

Richard 세 명, 찰스Charles · 제임스James · 엘리자베스Elisabeth · 메리 Mary 각 두 명, 빅토리아Victoria · 앤Anne · 제인Jane · 스티븐Stephen · 존John 각 한 명이다. 이중에서 윌리엄, 헨리, 리처드, 찰스는 프랑스식 이름이고, 에드워드가 영국식 이름이다. 그런데 영국 왕조의 역사에 아서라는 왕이 나올 뻔했다. 비록 왕이 되지는 못했지만 아서라는 왕 세자가 존재했던 것이다.

비운의 주인공은 헨리 7세(재위 1485~1509)의 맏아들 아서다. 영국 전체를 혼란의 소용돌이로 몰아넣었던 장미전쟁*을 수습하고 튜더 왕조를 개창한 헨리 7세의 본명은 헨리 튜더였다. 헨리 튜더의 모계는 플랜태저넷 왕조의 피를 물려받았고, 부계는 웨일스 귀족 출신이었 다. 그의 조부는 오웬 튜더였는데 헨리 5세의 미망인 카트린 드 프랑 스와 결혼해 잉글랜드 왕족의 일원이 되었다. 오웬 튜더의 집안은 웨 일스 출신이었는데, 웨일스는 켈트족의 나라였다. 그런 이유에서 헨 리 7세는 조상들의 영웅인 아서의 이름을 왕세자에게 지어주었던 것 이다. 그리고 왕세자 아서는 당시 최강국 스페인의 왕녀 캐서린과 혼 인을 한다(아직 스페인이 통일 전이라서 정확히는 아라곤의 왕녀였다). 하지만 아서의 운명은 여기까지였다. 캐서린과 결혼식을 올린 지 몇 달도 안 되어 아서는 열다섯 살의 나이에 요절하고 만다. 이렇게 영국 역사상

---

* 랭커스터 왕조의 헨리 6세가 병약하여 국정을 돌볼 수 없게 되자 랭커스터 집안과 요크 집안이 왕권을 놓고 벌인 내전(1455~1485).

최초의 아서 왕은 역사에 등장하지 않았다. 아서 왕의 명성이 전설에서 역사로 넘어오지 못한 것이다.

켈트어로 '아서'는 '곰' 혹은 '전사'를 뜻하는 Artos와 '왕'을 의미하는 rix가 합쳐져 만들어진 말이다. rix는 실존 인물의 이름에서도 발견된다. 기원전 52년 골 지방의 알레시아 전투에서 카이사르의 로마 군단에 항복한 켈트족의 수장 베르킨게토릭스Vercingetorix의 이름에 rix가 있다. 그러고 보니 전설의 아서 왕과 실존 인물 베르킨게토릭스의 공통점이 발견된다. 두 영웅 모두 이민족의 침략에 맞서 싸웠다는 것이다. 하지만 한 사람은 전설 속에 남았고 한 사람은 로마로 끌려가 처형되었다.

037

William | 윌리엄 |

영국 왕의 이름 1

유럽인들의 이름을 보면 대개 그 사람의 국적을 알 수 있다. 예를 들어
존John은 영국인의 이름, 장Jean은 프랑스 이름, 후안Juan은 스페인
이름이다. 중세 유럽에는 많은 왕국과 제후국이 있었는데, 복잡한 중
세 유럽 역사를 공부하다 보면 왕들과 제후들의 이름에서 독특한 특
징을 찾아볼 수 있다. 먼저 영국 왕의 이름들을 살펴보자.

　앵글로색슨 왕조는 1066년 노르망디 공 윌리엄William에 의해 브
리튼 섬에서 사라진다. 잉글랜드를 정복한 윌리엄은 프랑스의 공작이
었으므로 프랑스인이다. 그런데 윌리엄은 본래 영어 이름이 아닌가?
사실은 그렇지 않다. 게르만어로 '의지'를 뜻하는 wil과 '투구'를 의미
하는 helm이 합쳐져서 만들어진 이름이다. 그러니까 윌리엄의 의미
는 '굳센 의지를 가진 투구를 쓴 기사' 정도가 된다. 윌리엄은 게르만

프랑스 노르망디의 작은 마을 팔레즈 시청 앞에 서 있는 정복왕 윌리엄의 기마상. 팔레즈는
윌리엄의 고향이다. 기마상 주위에는 윌리엄의 조상들이 위대한 정복왕을 수호하고 있다.

어로 만들어진 이름이지만 이 이름을 가장 많이 사용한 사람들은 프랑스의 노르만족이다. 윌리엄은 11세기 노르망디에서 가장 흔한 이름이었다. 그러다 윌리엄 1세가 잉글랜드를 정복하자 윌리엄은 왕국에서 가장 인기 있는 이름이 되었다. 이후 잉글랜드에서 인기가 많았던 이름으로는 존John, 로버트Robert, 토머스Thomas 등을 들 수 있는데, 이중에서 예수의 열두 제자 중 한 명인 토마스에서 온 토머스를 빼고 존과 로버트는 프랑스식 이름이다. 윌리엄의 잉글랜드 정복 이후 프랑스식 이름이 잉글랜드의 남자아이들에게 들불처럼 번진 것이다. 존과 로버트의 프랑스 이름은 각각 장Jean과 로베르Robert이고, 헨리는 앙리Henri, 찰스는 샤를Charles이다.

　정복왕 윌리엄의 이름은 아들 윌리엄 2세(재위 1087~1100)에게 그대로 내려갔다. 그리고 훗날 명예혁명을 통해 잉글랜드 군주가 된 네덜란드의 오라녜(오렌지) 공이 윌리엄 3세(재위 1689~1702)로 등극한다. 이후 빅토리아 여왕(재위 1837~1901)의 백부인 윌리엄 4세(재위 1830~1837)로 이어진다. 현재 영국 찰스 왕세자의 맏아들 이름이 윌리엄이므로 그가 왕위에 오른다면 윌리엄 5세가 될 것이다.

038

Edward | 에드워드 |

영국 왕의 이름 2

역대 영국 왕의 이름 중에서 가장 많이 등장하는 것 중 하나가 에드워드다. 앵글로색슨 왕조의 마지막 왕은 해럴드 2세(재위 1066)였는데, 그보다 먼저 잉글랜드를 통치했던 군주가 에드워드(재위 1042~1066)였다. 국정보다는 참된 신앙을 평생 추구해 '참회왕'이라는 별명이 붙은 에드워드는 잉글랜드 왕 중에서 사후에 시성諡聖된 유일한 왕이다. 프랑스의 왕 중에는 십자군 원정을 두 번이나 다녀온 루이 9세가 유일하게 사후에 시성되었다.

참회왕 이후 에드워드 왕이 나타난 것은 1272년이다. 존 왕의 손자이자 헨리 3세의 아들로 태어난 에드워드 1세가 잉글랜드의 왕위에 오른다. 그런데 앞에서 이미 참회왕 에드워드가 있었으니, 헨리 3세의 아들은 에드워드 2세가 되어야 하지 않을까? 그러나 참회왕 에드워드는 앵글로색슨 왕조의 왕이었고, 에드워드 1세는 정복왕 윌리엄의 후손인 플랜태저넷 왕조의 왕이었기 때문에 두 왕조 사이에는 아무런 친족성이 없다.

이후 에드워드라는 이름을 가진 국왕이 600년 동안 무려 일곱 명이 나왔다. 먼저 에드워드 2세(재위 1307~1327)는 에드워드 1세의 아들로 태어나 왕이 되었지만, 동성애자라는 이유로 신민들의 지탄을 받았다. 결국 그의 아들 왕세자와 그 추종자들이 에드워드 2세를 살해하고 왕세자를 새 국왕으로 옹립하니, 그가 바로 에드워드 3세(재위 1327~1377)다. 저 유명한 백년전쟁을 일으킨 장본인이다. 백년전쟁이 끝나는 1453년까지 잉글랜드의 걸출한 국왕을 꼽아보라면 노르만 왕조의 시조 정복왕 윌리엄 1세(재위 1066~1087), 플랜태저넷 왕조를 개창한 헨리 2세(재위 1154~1189), 그리고 에드워드 3세를 꼽을 수 있다. 에드워드 3세는 병력이 열세였던 잉글랜드군을 이끌고 프랑스로 건너가 크레시 전투(1346)에서 대승을 거두는 등 백년전쟁 초반기를 화려하게 장식한 인물이다. 많은 자손을 퍼뜨려 영국 왕실의 중시조中始祖가 된 군주이기도 하다.

이후 에드워드라는 이름은 국왕의 영광보다는 단명과 스캔들의 상징으로 남는다. 에드워드 4세(재위 1461~1470, 1471~1483)는 오래 살지 못했고, 뒤이어 어린 나이에 왕위에 오른 에드워드 5세는 석 달도 되지 않아 폐위되고 곧 의문의 죽음을 당한다. 그리고 에드워드 5세의

백년전쟁을 일으킨 에드워드 3세. 지략과 용기를 갖춘 뛰어난 군주였다. 그는 자신이 카페 왕
조 필립 4세의 외손이라는 사실에 자부심을 가졌다고 한다. 그림에서 '에드워드 왕'이라는 명
칭이 프랑스어 'Roy Eduard'로 적힌 이유는 그의 모국어가 프랑스어였기 때문이다.

숙부인 리처드 3세가 조카의 왕위를 물려받는다.

튜더 왕조의 강력한 군주 헨리 8세는 그토록 고대하던 아들을 얻고 이름을 에드워드라고 지었다. 그의 소원대로 아들은 왕위에 올랐지만, 병약했던 에드워드 6세(재위 1547~1553)는 소년왕으로 요절하고 만다. 이후 에드워드라는 이름은 빅토리아 여왕에 이어 20세기 초에 왕위에 오른 에드워드 7세에서 다시 등장한다. 하지만 모친이 60년 넘게 왕좌에 있었기 때문에 에드워드 7세는 왕위에 오른 지 10년도 안 되어 세상을 떠나고 만다. 마지막으로 에드워드라는 이름으로 영국 국왕에 오른 에드워드 8세(재위 1936)는 이혼한 미국 여성 심슨 부인과 결혼하기 위해 왕위를 동생 조지 6세에게 양위한다.

노르만 왕조의 왕들은 대개 자식들의 이름을 프랑스식으로 지었다. 윌리엄, 헨리, 리처드, 존 같은 이름이 그렇다. 그런데 에드워드 1세는 비록 자신이 노르만 왕조의 후손일지라도, 에드워드라는 순수한 앵글로색슨 이름에 자부심을 가지고 있었고, 신민들의 사랑을 받는 이름이라고 믿었다.

Edward라는 이름은 순수한 영어인데, '부副'를 의미하는 ead와 '보호자'를 뜻하는 weard가 합쳐진 말이다. 즉 '부의 수호자'라는 의미다. 에드윈Edwin도 '친구'를 의미하는 wine이 붙은 이름으로 '부를 나누는 친구'라는 뜻이다.

039

Henry | 헨리 |

영국 왕의 이름 3

헨리는 에드워드와 함께 영국 왕의 이름 중에서 가장 많이 등장하는 이름이다. 헨리라는 이름에 대해 말하기 전에 먼저 정복왕 윌리엄의 이야기를 해보자. 노르망디 공이었던 윌리엄은 잉글랜드를 정복하고 노르만 왕조의 첫 번째 왕이 된다. 그에게는 아들이 넷 있었는데, 윌리엄은 맏아들 로베르에게 조상의 땅인 노르망디 공작령을 물려줄 생각이었다. 둘째인 리샤르에게는 새로 정복한 잉글랜드 왕국이 돌아갈 예정이었다. 하지만 리샤르는 왕유림에서 사고로 목숨을 잃고 만다. 당시 영국인들은 리샤르의 죽음이 잉글랜드 정복 당시 해럴드 2세를 전장에서 죽인 윌리엄의 업보라고 수군거렸다. 결국 셋째 아들 윌리엄이 잉글랜드 왕국을 물려받게 되었다. 얼굴이 붉은색을 띠고 있다고 해서 '붉은 얼굴 윌리엄'이라고 불렸던 윌리엄 2세는 교회로부터 부도덕하다고 비난을 받았는데, 그 이유는 그가 동성애자였기 때문이다.

그런데 '붉은 얼굴 윌리엄'도 왕유림에 사냥을 나갔다가 화살에 맞아 절명하고 만다. 형 리샤르처럼 목숨을 잃은 것이다. 그 순간 막내 헨리*는 형의 시신을 수습도 하지 않고 곧바로 윈체스터로 달려가 왕위를 차지한다. 노르만 왕조의 세 번째 왕 헨리 1세(재위 1100~1135)는 이렇게 왕좌에 올랐다. 그는 윌리엄의 아들들 중에서 라틴어로 교육을 받은 학식이 높은 군주였다. 그래서 헨리 1세에게 붙은 별명이 '학자 헨리'였다. 하지만 헨리 1세는 끝내 왕자를 보지 못한다.

그러던 중 신성로마제국 황제 하인리히 4세에게 시집갔던 딸 마틸다가 남편과 사별하고 잉글랜드로 돌아왔다. 하지만 그녀는 왕이 될 수 없었다. 당시까지 유럽의 왕조에서는 게르만족의 관습법인 살리카 법에 따라 여성은 왕이 될 수 없었기 때문이다. 이렇게 노르만 왕조는 막을 내렸다. 이후 마틸다는 프랑스의 앙주 백작 조프루아 플랜태저넷과 재혼을 하고, 두 사람 사이에서 저 유명한 헨리 2세가 태어난다. 그리고 헨리 2세는 루이 7세와 이혼한 아키텐의 알리에노르와 결혼한다. 알리에노르는 결혼 지참금으로 광활한 아키텐 공작령을 가져온다. 이렇게 플랜태저넷 왕조의 헨리 2세는 프랑스 왕국보다

---

* 프랑스어를 사용하는 왕족이었으므로 앙리가 맞지만, 잉글랜드 왕으로 등극하므로 영어명 헨리로 부른다.

몇 배가 넓은 제국을 통치하게 된다. 그리고 여러 명의 잉글랜드 국왕이 헨리라는 이름으로 왕위에 오른다. 백년전쟁 후반기 아쟁쿠르 전투의 영웅 헨리 5세(재위 1413~1422), 정신병을 앓았던 헨리 6세(재위 1422~1461, 1470~1471), 요크 왕조의 문을 닫고 튜더 왕조를 개창한 헨리 7세(재위 1485~1509) 등이 그들이다.

이후 영국 역사에서 헨리라는 이름을 가진 왕이 한 명 더 나온다. 두 왕비를 참수시키고 네 번이나 더 결혼했던 헨리 8세(재위 1509~1547)가 그 주인공이다. 영국 절대왕정 시대의 표상인 헨리 8세는 숱한 결혼과 이혼이 보여주듯이 지나치게 남성 우위론자였다. 이후 영국에서 더 이상 헨리라는 이름을 가진 왕은 나오지 않는다. 헨리 8세가 재임하던 때가 너무 극적이고 공포스러운 시대였기 때문일까?

헨리라는 이름은 게르만족의 이름에서 나왔는데, 프랑스 인명을 거쳐 영국에 들어갔다. 헨리는 독일어로 하인리히Heinrich인데 '집'을 의미하는 heim과 '왕'을 의미하는 ric가 합쳐진 말이다. 즉 '집안의 가장'이라는 뜻이다. 헨리 8세는 집안을 너무 무섭게 다스렸던 것일까?

튜더 왕조의 절대군주 헨리 8세. 생전에 왕비 두 명을 처형하고 많은 사람들을 공포에 몰아넣었다. 그의 재임 이후 영국 왕실에서는 헨리라는 이름이 사라졌다.

040

Charles | 샤를 |

프랑스 왕의 이름 1

프랑스 왕조를 대표하는 카페 왕조는 프랑크 공 위그 카페가 프랑스
왕에 선출된 987년을 시점으로 삼는다. 1328년에 샤를 4세가 후사
를 남기지 못하고 죽자, 왕국은 카페 왕조의 방계 왕조인 발루아 왕
조가 이어갔다. 카페 왕조에는 왕이 총 열다섯 명 있었는데 모두 남
계를 통한 계승이었다. 학자들은 약 350년 동안 남계를 통한 왕위 계
승을 '카페 왕조의 기적'이라고 불렀다. 이번 이야기의 주인공인 샤를
Charles이라는 이름은 샤를 10세(재위 1824~1830)를 끝으로 프랑스 왕
조의 이름에서 사라졌다.

먼저 샤를이라는 이름의 뜻을 짚고 넘어가자. 게르만족의 언어에서
카를Karl은 '남자'를 의미하는 이름이었다. 카를은 프랑크족이 골 지방
에 정착한 다음에 발음과 철자가 변해 Charles찰스가 되었다. 이후 이

중세 프랑스 인명 찰스는 발음이 부드러워지고 종성의 자음이 묵음이 되면서 '샤를'이 된다. 한 가지 흥미로운 점은 Charles의 종성 '-s'가 복수나 소유격과는 전혀 관계가 없다는 사실이다. 이 '-s'는 주어로 사용하는 주격으로, 중세 프랑스어의 특징이다. 다른 예로 조르주Georges 와 자크Jacques가 있다.

카페 왕조에서 샤를이라는 이름은 1328년에 사망한 샤를 4세에서 처음으로 나타난다. 카페 왕조의 초대 왕인 위그 카페 이후 샤를이라는 이름이 처음 나왔다면 샤를 1세가 되어야 하지 않을까? 샤를 3세는 어디에 있는가? 샤를 3세는 카페 왕조 이전의 카롤링거 왕조에서 나타난다. 즉 프랑스 왕국의 전신인 서프랑크 왕국의 단순왕 샤를이 바로 샤를 3세(재위 898~922)다. 911년 덴마크 바이킹들과 생클레르쉬르엡트 조약을 체결하고 노르망디 공국을 바이킹들에게 하사한 왕이다. 그리고 샤를 3세의 조부가 대머리왕 샤를 2세(재위 843~877)이고, 대머리왕의 조부가 저 유명한 샤를마뉴Charlemagne 대제다. 샤를마뉴를 독일어로 옮기면 '위대한 카를Karl der Große'이다.

카페 왕조의 후손들은 자신이 샤를마뉴의 후손이라는 사실을 자랑스럽게 알리고 싶어했을 것이다. 그렇다면 카페 왕조는 샤를마뉴가 개창한 카롤링거 왕조의 후손일까? 사실 프랑크 공 위그 카페는 대머리왕 샤를의 직계 후손은 아니고, 샤를마뉴의 다른 아들인 페팽Pépin 의 후손이다. 페팽은 롬바르디아의 왕을 지냈고 위그 카페의 모계 조

800년 로마에서 황제의 관을 받는 샤를마뉴 대제. 하지만 그림 속 인물들은 15세기의 의복을 입고 있다. 15세기에 장 푸케가 그린 삽화.

상이다.

카페 왕조와 발루아 왕조에서 샤를이라는 국왕의 이름은 영광보다는 비운의 왕으로 프랑스 역사에 남아 있다. 카페 왕조의 문을 닫게 만든 샤를 4세가 그 첫 번째 주인공이고, 훗날 샤를 7세(재위 1422~1461)는 백년전쟁 때 대관식도 못 올리고 이곳저곳을 옮겨 다녔다. 그는 잔다르크의 도움을 받아 결국 대관식을 올렸음에도 잉글랜드군에게 인도된 잔다르크를 끝내 외면했다. 한편 샤를 6세(재위 1380~1422)의 불행은 역대 프랑스 왕 중에서 비길 인물이 없다. 광인왕이라고 불렸던 샤를 6세는 정신병을 앓았다. 가끔 호전될 때도 있었지만 자신이 결혼을 해서 왕세자를 두고 있다는 사실을 모를 때도 있었다고 한다.

발루아 왕조로 넘어와서도 샤를의 불행은 멈추지 않았다. 앙리 2세가 마상 시합에서 사고로 절명한 뒤에 장남 프랑수아 2세가 급사하고, 동생 샤를 9세 역시 결핵으로 요절한다. 그래서였을까? 발루아 왕조를 이은 부르봉 왕조의 왕들은 왕세자의 이름을 항상 '루이'라고 지었다. 샤를은 더 이상 샤를마뉴의 명성을 가져다주는 이름이 아니었던 것이다.

041

Louis | 루이 |

프랑스 왕의 이름 2

루이Louis는 프랑스 이름이다. 부르봉 왕조의 시조인 앙리 4세(재위 1589~1610)의 손자가 저 유명한 태양왕 루이 14세(재위 1643~1715) 다. 카페 왕조와 발루아 왕조는 샤를마뉴의 후손임을 과시하듯 '샤 를'이라는 이름을 자주 사용했지만, 역대 프랑스 국왕들이 가장 많이 사용한 이름은 '루이'다. 카페 왕조에서는 루이 6세(재위 1108~1137) 가 그 이름을 처음 썼고 그의 아들 루이 7세가 이어받았다. 훗날 단 명한 루이 8세에 이어 어린 왕세자가 어머니 블랑슈 드 카스티유의 도움을 받아 왕위에 오르니, 그가 바로 저 유명한 성왕 루이 9세(재위 1226~1270)다.

 루이 9세는 프랑스의 역대 왕 중에서 대표적인 현군으로 칭송받는 군주다. 그는 독실한 기독교 신자로 두 차례 십자군 원정에 참여했다.

또 파리에 항구적인 법정인 고등법원을 설치해 나라의 기틀을 잡았고, 감찰관을 파견하여 지방 행정관을 감시했다. 그는 청빈을 강조하는 프란체스코 수도회의 회원으로 활동할 정도로 금욕과 청빈을 몸소 실천한 군주였다. 루이 9세는 7차 십자군 원정에 나섰다가 튀니지 근처에서 병사하고 만다. 그의 육신은 파리로 옮겨져서 역대 프랑스 국왕들이 묻혀 있는 생드니 교회에 안장되었다. 그 후 1297년 교황 보니파키우스 8세가 루이 9세를 시성해, 프랑스 왕 중에서 유일하게 성인이 된 왕으로 역사에 남았다.

루이 9세는 카페 왕조를 계승한 발루아 왕조의 조상인 동시에, 앙리 4세에서 시작되는 부르봉 왕조의 조상이기도 하다. 루이 9세의 9대손이 부르봉 왕조의 시조인 앙리 4세이기 때문이다. 수많은 프랑스 왕이 루이 9세의 후손인 셈이다.

부르봉 왕조는 왕세자에게 모두 루이라는 이름을 지어주었다. 루이 14세는 무려 72년 3개월 동안 프랑스를 통치했던 왕으로, 프랑스 왕 중에서 가장 오랜 기간 재위했다. 그러다 보니 왕세자 루이는 아버지보다 먼저 세상을 떠났고, 손자인 부르고뉴 공 루이마저 할아버지보다 먼저 사망했다. 결국 증손자 루이가 루이 15세로 즉위한다. 한 사람의 장수가 다른 사람에게 꼭 복이 되진 않나 보다.

루이는 게르만족의 이름에서 유래했다. 게르만어로 Hlodovic홀로도빅은 '영광'을 의미하는 hlod와 '전투'를 의미하는 vic이 합쳐져 만들어

루이 9세는 라틴제국의 황제 보두앵 2세에게 13만 5천 리브르를 지불하고 예수의 가시관을
비롯한 성물을 구입했다. 그리고 사진에 보이는 생트샤펠 예배당에 가시관을 모셨다. 지금은
노트르담 대성당에 보관되어 있다. 루이 9세 시대에 1리브르는 황금 8.271그램이었으므로,
루이 9세가 지불한 금액을 금으로 환산하면 무려 1.1톤에 달한다.

진 이름이다. 즉 '전투의 영광'이라는 뜻이다. 486년 프랑크 왕국을 세우고 기독교로 개종한 클로비스Clovis의 이름이 흘로도빅에서 나왔고, 카롤링거 왕조의 시조인 샤를마뉴 대제의 아들에게 처음으로 루이(재위 814~840)라는 이름이 붙여진다. 이후 동프랑크 왕국에서 루이 2세(샤를마뉴의 손자, 재위 877~879)가 나오고, 카롤링거 왕조의 마지막 왕인 루이 5세(재위 986~987)에서 그 수명이 끝났지만, 루이라는 이름은 카페 왕조에서 다시 부활한다. 루이 6세가 샤를마뉴 아들의 이름을 물려받은 것이다.

성왕 루이의 이름은 미국 대륙에도 남아 있다. 중부 도시 세인트루이스가 바로 성왕 루이의 이름을 딴 도시다. 미국이 독립하기 전에 이 지방이 프랑스가 영유하던 루이지애나 왕령이었기 때문에 루이 9세의 이름이 붙은 것이다.

042

Otto | 오토 |

독일 왕의 이름

샤를마뉴 대제(재위 768~814)가 사망한 뒤에 프랑크 왕국은 황제의 손자들에 의해 분할되었다. 장손자 로테르는 중프랑크 왕국을 물려받았고, 대머리왕 샤를은 서프랑크, 게르만의 루이는 동프랑크 왕국을 상속받았다. 훗날 서프랑크 왕국은 프랑스가 되었고, 동프랑크 왕국은 독일의 모태가 되었다. 중프랑크는 두 왕국에 서서히 흡수되어 소멸되었다. 그런데 중세에 프랑스와 독일은 왕국의 모습이 많이 달랐다. 프랑스는 중앙집권을 통해 왕국을 통일했지만, 독일은 신성로마제국이라는 연합 제국 속에 수십 개 제후국이 존재하여 왕권이 사실상 유명무실했다.

신성로마제국의 첫 번째 황제는 작센Sachsen의 제후이자 동프랑크 왕국의 국왕(재위 936~973)이었던 오토Otto 1세다. 그에게는 나중에 오토 대제Otto der Große라는 별명이 붙는데, 독일 역사에서 '대제'라는 별명을 가진 인물은 그가 유일하다.

그의 아버지이자 동프랑크 왕국의 국왕이던 하인리히 1세는 왕국을 자식들에게 분할 상속하던 게르만 왕조의 전통을 버리고 오토를 유일한 후계자로 지목했다. 오토는 샤를마뉴 대제의 왕궁이 있던 아헨에서 936년에 대관식을 올린다. 자신이 샤를마뉴 대제의 후계자라는 상징성을 부여하고자 한 것이다. 단독 상속에 불만을 품은 그의 이복형제들이 주변의 제후들과 힘을 모아 반란을 일으켰지만 오토는 이를 차례로 제압했고, 이복형 탕크마르를 성당 제단 앞에서 죽여 종지부를 찍었다.

오토 1세의 두 번째 결혼 과정은 한 편의 드라마 같다. 아델라이드는 프랑스 동부에 위치한 부르고뉴 왕국의 공주였다. 그의 아버지 루돌프 2세는 이탈리아의 베렌가리오 1세와 싸워 북부 지방인 롬바르디아를 차지했다. 이에 불만을 품은 롬바르디아 제후들은 프랑크 공 위그에게 구원을 요청한다. 하지만 위그 공은 아델라이드와 자신의 아들 로타르 2세를 결혼시켜 부르고뉴를 차지하려는 계획을 세우고 있었다. 마침내 두 사람은 결혼하지만 로타르 2세가 이탈리아 왕 베렌가리오 2세에 의해 독살된다. 베렌가리오 2세는 베렌가리오 1세의 손자였는데, 로타르 2세를 제거하고는 염치없게도 아델라이드에게 청혼한다. 아델라이드는 코모 성으로 도피하지만 이내 베렌가리오 군사들에게 붙잡혀 감옥에 갇히고 만다. 필사적으로 탈출을 감행해 성공한 그녀는 오토에게 도움을 청했다. 결국 두 사람은 결혼을 했고, 이탈리아 왕위 계승권을 가지고 있던 아델라이드를 아내로 맞이한 오토는 베렌가리오의 군대를 섬멸하고 이탈리아 왕위도 차지하게 되었다.

다시 세력을 키운 베렌가리오 2세가 로마의 교황청을 위협하자 오토 1세는 다시금 이탈리아 원정길에 올랐다. 962년 1월 로마에 도착해 위협을 잠재운 오토 1세는 교황 요한 12세로부터 신성로마제국 황제의 왕관을 받는다(재위 962~973). 대관식에서 교황은 황제에게 복종할 것을 맹세하지만 오토 1세가 독일로 돌아가자마자 황제에 대한 반란을 사주한다. 이에 오토 대제는 교황을 폐위시키고 레오 8세를 새 교황에 앉혔다. 이렇게 교황을 굴복시킨 오토 대제는 전 유럽에서 가장 막강한 권력을 지닌 세속의 군주로 자리 잡았다. 하지만 그가 사망하자 제후국들이 다시 들고일어나 제국은 혼란에 빠지게 된다.

오토Otto라는 이름은 원시 게르만어에서 '부'와 '번영'을 뜻하는 odo에서 나왔다. 정복왕 윌리엄의 아버지가 다른 동생 오동Odon도 같은 의미를 지닌 이름이다. 앞서 보았던 영국인의 이름 에드워드Edward에 담긴 ead도 odo와 같은 의미를 가진다.

독일 마이센 성당에 있는 오토 대제와 아델라이드의 조각상. 아델라이드는 자신을 구해준 남편 오토 대제를 보며 활짝 웃고 있다. 남편이 죽자 아들과 손자들의 권력 싸움에 염증을 느낀 그녀는 알자스에 수도원을 세우고 거기에서 영면했으며, 사후에 시성되었다.

flower/blossom/bloom |꽃|

나이가 다른 꽃의 이름

영국의 국화는 장미다. '꽃의 여왕 장미'를 영어로 옮기면 'the rose, queen of flowers'다. 한편 흐드러지게 피는 '벚꽃'은 'cherry blossoms'이고, '난초 꽃'은 'orchid blossom'이다. 영어에는 이렇게 꽃을 부르는 말들, 즉 flower, blossom, bloom이 존재한다. 왜 이렇게 꽃을 가리키는 말이 다양한 것일까? 이 질문에 대한 답을 찾으려면 중세 영국의 역사를 알아야 한다.

흔히 영국은 앵글로색슨족의 나라로 알려져 있지만, 전체 인구의 DNA 구성 비율을 분석해보니 앵글로색슨계 36.9퍼센트, 켈트계 21.6퍼센트, 프랑스와 독일을 포함한 민족이 19퍼센트, 스칸디나비아계가 9.2퍼센트, 이베리아계가 3퍼센트로 나왔다. 이러한 사실은 브리튼 섬에 이주한 여러 민족의 역사를 통해서 확인할 수 있다.

역사에 처음으로 기록된 브리튼 섬의 정주자는 켈트족으로 알려져 있다. 그들은 기원전 6세기에서 기원전 4세기에 브리튼 섬으로 들어왔는데, 영어에 남긴 흔적은 런던London 같은 도시의 이름들이다. 이후 로마의 속주 시대(43~410)를 지나 앵글로색슨족이 지금의 독일과 덴마크 지방에서 도래한 시기는 5세기에서 6세기로 기록되어 있다. God, heaven, sin 같은 고유 영어가 앵글로색슨족의 언어에서 들어왔다.

다음으로 브리튼 섬에 정착한 민족은 덴마크에서 건너온 바이킹이었다. 이들은 브리튼 섬의 북동부 지방을 침략해 아예 정착을 한다. 이때가 8세기 후반이었다. 바이킹은 they, sky, skate, mistake, die처럼 지금도 사용 빈도가 높은 일상어들을 영어에 남겨놓았다.

잉글랜드를 침공한 마지막 이민족은 1066년에 잉글랜드 왕국을 정복한 노르만족이다. 노르만족도 덴마크 바이킹의 후손이지만, 그들은 911년에 노르망디에 정착해 잉글랜드를 정복할 당시에는 이미 프랑스인이 되어 있었다. 노르만족이 영어에 가져온 프랑스어는 fashion, leisure, dress, dinner, attorney, judge, army, duke와 같은 행정·법률·교양과 관련이 있는 말들이었다.

이제 영어에서 꽃을 가리키는 말들의 의미를 구분해보자. 먼저 blossom은 '유실수나 관목의 꽃'을 말하고, bloom은 '귀한 화초의 꽃'을 일반적으로 가리킨다. 그리고 flower의 사전적 정의는 이렇다. '씨앗이나 과일이 자라는 식물의 채색된 부분. 꽃은 보통 줄기 끝에서 자

rose flower (장미)

cherry blossom(벚꽃)

orchid blossom(난초 꽃)

영어에서 '꽃'을 가리키는 이 단어들의 나이는 blossom, bloom, flower 순이다. 브리튼 섬을 침공한 민족들의 정착 시기와 일치한다.

195

라며 짧은 시간 동안만 지속된다.' 그렇다면 이 세 단어는 어떤 민족의 말에서 나왔을까?

먼저 blossom은 영국인들의 조상인 앵글로색슨족의 말에서 나왔고, bloom은 바이킹의 말이고, flower는 프랑스어 fleur 플뢰르에서 영어로 들어간 말이다. 그러므로 이 말들의 나이는 브리튼 섬에 이주한 민족들의 연대로 짐작할 수 있다. 즉 blossom이 가장 오래된 말이고, 그다음이 바이킹의 말 bloom이고, 제일 나이가 어린 말은 프랑스어에서 유래한 flower다.

어떤 학자들은 산에서 자라는 나무에서 피는 꽃은 blossom이라 부르고, 귀족들의 정원에서 피는 꽃(장미, 국화, 백합 등)은 flower로 구분할 수 있다고 말한다. 여기에서 말하는 귀족층은 1066년 이후 잉글랜드에 들어온 노르만 귀족을 말한다. 그러니 flower는 귀족인 노르만족의 꽃이고, blossom은 앵글로색슨 농민들의 꽃이라고 말할 수 있지 않을까?

중세의 경제

fellow | 동료 |

가축에서 금전적 파트너로

중세 유럽인들은 자급자족을 통해 생활을 영위했다. 이번 글에서는 중세 유럽인들이 키우던 가축에 대해 이야기하고자 한다. 동료fellow 와 가축이 무슨 관계가 있냐고 의아해할 수도 있겠지만 설명은 잠시 뒤에 하고, 우선 중세인의 주요 식량원이자 교통수단이었던 가축에 대해 말해보자.

중세 유럽에서 13세기 전까지 말은 귀한 가축이었으며, 쟁기를 끌며 땅을 가는 황소 역시 귀한 가축이었다. 암소에서는 우유를 얻을 수 있었지만, 우유가 식생활에서 그리 중요한 식품은 아니었다. 당시에는 우유를 이용해 버터보다 치즈를 더 많이 생산했지만, 일부 지역(덴마크, 노르웨이)에서는 그 반대였다. 사실 소나 말처럼 몸집이 큰 가축은 사육 비용이 많이 든다. 말은 많은 양의 귀리를, 소는 상당량의 건초를 먹어치웠다. 게다가 목초지가 부족한 겨울에 소나 말을 우리에서 키우는 것은 사실상 불가능한 일이었다. 그리하여 겨울이 오기 전에 가축의 일부를 희생시킬 수밖에 없었기 때문에 11월이 가축들에게는 가장 잔인한 달이었다.

소를 이용한 교통편은 비록 느렸지만 참을 만했고, 무거운 짐도 실을 수 있었다. 여유가 있는 사람들은 당나귀, 노새, 말 등을 이용해 여행을 했다. 노새는 주로 부유한 사람들의 교통수단이었고, 말은 전쟁에 필요한 가축이었다. 말보다 두 배 저렴한 당나귀는 가장 일반적인 짐바리 동물이었지만 이동 속도가 느렸다. 편자, 박차, 안장, 등자 등의 발명과 활용은 이동수단으로서의 가축의 효율을 높여주었다.

게르만족의 침입 시기부터 돼지는 닭, 달걀과 함께 가장 중요한 주식원으로 인식되었다. 예를 들어 살리족Salian의 법령에는 돼지와 관련된 조항이 16개에 이른다. 카롤링거 왕조 시대의 농가에서는 겨울이 되면 훈제한 돼지의 넓적다리, 베이컨, 순대, 리예트(기름으로 볶은 돼지고기), 비곗살 등의 음식을 만들어 먹었다. 이는 사순절의 육고기 단식에 대비해 충분히 영양 섭취를 하기 위함이었다. 돼지는 기르기도 쉬운 가축이었다. 공유림에서 반야생 상태로 자라는 돼지는 털이 뻣뻣하고 이빨이 돌출되어 멧돼지와 비슷했다. 방목된 돼지들은 숲속에서 너도밤나무 열매와 도토리, 밤 등을 게걸스럽게 먹어댔다.

'동료' 또는 '동년배'로 번역될 수 있는 영어 fellow의 여정은 매우 화

《풍요한 베리 공의 시대》의 11월 삽화. 중세 유럽인들은 방목한 돼지를 11월에 도살하여 다양한 음식으로 저장했다.

중세 유럽의 농민들은 나무로 만든 멍에를 소의 머리에 얹어 두 마리를 연결했다. 소들이 머리를 숙이면서 앞으로 나아가면 농민은 그 힘으로 쟁기질을 하며 땅을 갈았다.

려하다. 뿌리를 거슬러 올라가면 고대 영어 feoh 피어에 다다르는데, 그 뜻은 '가축' 혹은 '소'였다. 중세까지 사람들에게 가축은 재산 목록 1호와 다름이 없었다. 그러다 보니 가축에서 '재산'과 '돈'의 의미로 확장되었다. 인도-유럽어에서 이런 현상은 다른 민족의 언어에서도 그대로 발견된다. 인도-유럽어에서 'peku-'는 '움직일 수 있는 재산', 즉 동산動産을 의미했는데 가축이 대표적인 이동 재산이었다. 이 말은 라틴어에서 pekus 페쿠스가 되고, 다시 돈을 의미하는 pecunia 페쿠니아가 되었다.

이처럼 fellow는 본래 돈과 관련이 있는 말이었다. 누군가 어떤 사업을 벌일 때 함께 투자를 하는 사람, 즉 '금전적 파트너'를 가리키는 말이었던 것이다. 그 후 금전적인 의미는 사라지고 동료라는 의미만 남게 되었다.

pay | 페이 |

마음의 평화를 주다

팍스 로마나Pax Romana는 로마제국의 태평성대를 가리키는 말로, 오현제의 출현으로 제국이 번영과 평화를 누리던 시기다. 오현제는 네르바 황제부터 철인哲人 황제 아우렐리우스까지 다섯 황제를 가리킨다. 앞선 네 황제가 양자에게 제위를 물려준 반면 아우렐리우스는 친아들 콤모두스에게 황제 자리를 물려주었는데, 철인의 자식은 망나니 폭군이었다. 이때부터 로마제국은 쇠락의 길로 접어들었다고 학자들은 말한다.

그런데 '로마의 평화'는 전쟁이 없는 태평성대를 가리키는 것이 아니었다고 보는 학자들도 있다.[17] 로마인에게 평화pax란 '정의나 자비의 한 형태', '계약의 한 형태'나 '계약관계의 부재'를 의미했다. 그러므로 당시의 로마인은 평화를 별로 반기지 않았다. 평화와 여가가 신체를 약하게 하고 국가를 유지하기 위한 자제력에도 악영향을 미친다고 생각했기 때문이다. 그래서였을까? 군국주의를 지향했던 로마는 출병식을 마치고 통과하는 야누스의 문이 항상 열려 있었다고 한다. 이 말은 로마의 역사는 전쟁의 역사라는 사실을 의미한다.

이번에는 '로마의 평화'를 중세 영국과 프랑스로 옮겨보자. 중세 '영국의 평화Pax Anglica'는 언제였을까? 앵글로색슨족이 브리튼 섬에 정주한 이래 영국 역사에서는 크고 작은 전쟁이 끊이지 않았다. 앨프레드 대왕(재위 871~899)은 데인족의 침입을 막느라 고군분투했으며, 정복왕 윌리엄(재위 1066~1087)은 앵글로색슨족의 반란을 무자비하게 진압했고, 플랜태저넷 제국을 건설한 헨리 2세(재위 1154~1189)는 아내와 자식들의 반란에 시달렸으며, 에드워드 3세(재위 1327~1377)는 생애의 대부분을 백년전쟁으로 보냈다.

그렇다면 중세 영국의 평화는 존재하지 않았던 것일까? 앵글로색슨 왕조의 위대한 군주 앨프레드 대왕이 다스렸던 시기를 영국의 평화라로 말할 수 있지 않을까. 앨프레드 대왕은 데인족의 침입을 막아 앵글로색슨 왕국을 지켰을 뿐 아니라, 문예 부흥의 든든한 후원자이기도 했다. 그는 라틴어 문헌을 현지어인 앵글로색슨어로 번역하도록 장려했는데, 이는 당시로서는 대륙에서도 찾아볼 수 없는 획기적인 시도였다. 게다가 로마 최후의 저술가이자 철학자인 보에티우스 같은 고전 작가를 민중들에게 소개하기도 했다.

스페인 화가 엘 그레코가 16세기에 그린 〈성왕 루이 9세와 시동〉.

자, 그럼 이번에는 동시대의 프랑스에서 태평성대를 찾아보자. 영국과 달리 중세 '프랑스의 평화Pax Franca'를 찾기에는 별로 어려움이 없다. 걸출한 군주가 한 시대를 태평성대로 이끌었기 때문이다. 그 주인공은 카페 왕조의 9대 왕 루이 9세(재위 1226~1270)다.

루이 9세의 별명은 '성왕 루이Saint Louis'다. 역대 프랑스 왕 중에서 유일하게 사후에 시성된 루이 9세는 십자군 원정에 두 차례 직접 참가했고, 그의 치세에서 프랑스 왕국은 번영을 누리고 유럽의 중심 국가로 확고히 자리 잡았다. 그는 죽기 전에 아들 필리프 3세에게 "빈곤한 사람과 비참한 사람, 그리고 고통받는 사람을 불쌍히 여겨라. 그리고 네 힘이 닿는 한 그들을 돕고 위로해주어라. 주님이 네게 베푼 모든 은혜에 감사를 드려라"라는 유언을 남겼다고 한다.

로마제국 그리고 영국과 프랑스에서 보듯이 평화란 어떤 지도자가 나타나느냐에 달려 있다. 이제 이번 글의 주제어인 pay로 넘어가보자. 본래 영어 pay는 프랑스어 payer 페예에서 온 말이다. 프랑스어 payer 는 라틴어 pacare 파카레에서 나왔는데, '기쁘게 하다', '평온을 주다', '만족시키다'라는 의미의 동사였다. 그렇다면 동사 pacare의 뿌리는 어떤 말일까? 바로 평화를 의미하는 라틴어 pax가 이 동사의 뿌리다. 즉 pay 는 '상대방에게 평화를 주다'라는 뜻이다. 돈을 받으면 모든 이가 만족을 느끼는 법이다.

mortgage | 모기지 |

중세의 고리대금업

이런 가정을 해보자. 어느 종교 단체에서 신자에게 자금을 빌려주었는데 이율이 10~15퍼센트다. 조기 원금 상환은 원천적으로 불가능해서 짧아야 2년에서 10년은 기본이며, 15년에서 20년씩 이자를 물어야 하는 경우가 빈번하다. 그리고 담보를 맡기고 빌린 돈의 총액은 담보 가치의 3분의 1을 넘을 수 없다. 이 정도면 고리대금업이라고 부를 만하다.

중세 서유럽의 가장 큰 경제 주체는 영지를 소유한 영주들과 교회였다. 경제학적인 측면에서 보면 두 집단이 소유한 재산은 대부분 부동산이었다. 달리 말해 두 집단 모두 현금이 별로 없었다. 그래서 영주들은 자신의 영지를 돌아다니며 그곳에서 생산된 생필품을 현지에서 소비했다. 그런데 고가의 비단 옷과 값비싼 생활 도구 등은 현금을 주고 구입해야 했다. 게다가 만약 로마나 예루살렘 같은 곳으로 성지 순 례라도 떠나려고 하면 어마어마한 현금이 필요했다. 그래서 영주들은 영지를 담보로 맡기고 돈을 빌리는 방법을 찾게 되었다.

이번에 소개하는 모기지mortgage는 이렇게 시작되었다. 11세기에 서 12세기에 정착한 모기지는 자신이 소유한 부동산을 특정 기관에 맡기고 담보의 일정 부분에 대한 돈을 빌리는 경제 행위를 말한다. 요 즘은 은행에서 모기지론이라는 말을 흔히 들을 수 있지만, 중세 유럽 에서 모기지론을 이용할 수 있는 사람은 영주들뿐이었다. 일반 농민 들은 담보로 맡길 땅이 없었기 때문이다.

mortgage에서 mort는 로마 신화에 등장하는 죽음의 여신 모르스 mors에서 나온 것으로, 프랑스어로 '죽은'이라는 뜻이다. '치명적'이라 는 의미의 영어 mortal이 여기에서 나왔다. 뒤의 gage는 '채무에 대한 담보로 제공한 것'이라는 뜻의 프랑크족 말이다. '자신이 입힌 손해에 대한 보상금'이라는 뜻도 있었다. 모기지라는 단어는 이렇듯 '담보권 이 죽은 상태'를 의미했다.

참고로 영어에서 '임금'을 뜻하는 wage도 프랑스어 gage에서 나온 말이다. 즉 임금이란 '누군가에게 일을 시키고 그에 대한 보상으로 준 것'이라는 뜻이다. 여기서 보듯 영어에 들어간 프랑스 말 중에서 'g-'로 시작하는 단어는 영어에서 'w-'의 단어와 대응한다. 예를 들어 영어의 인명 윌리엄은 프랑스어에서는 기욤Guillaume과 대응한다.

중세에 모기지는 조기 상환이 원천적으로 배제되었다. 채권자가 최대한 많은 이자를 채무자로부터 받아내기 위해서였다. 그런데 영주들이 담보로 맡긴 곳은 대개 수도원이었다. 성경이 이자를 받는 것을 금지하고 있음에도 수도원이 고리대금업을 한 것이다. 앞에서 가정했던 고리대금업의 주체는 바로 중세 유럽의 수도원이었다. 결국 1163년 5월 19일 투르에서 열린 공의회에서 교황 알렉산더 3세는 수도원에 모기지 금지령을 내린다.

한편 중세 유럽에는 모기지와 구분되는 vif-gage 비프가주라는 대여도 있었는데, '살아 있는 담보'라는 뜻이다. 모기지가 일정 기간 이자만 수수하는 것과 달리 비프가주는 요즘으로 치면 이자를 포함한 원리금 균등 상환 방식이다.

중세 유럽 역사에서 가장 규모가 컸던 모기지론은 정복왕 윌리엄의 아들인 노르망디 공 로베르가 십자군 원정에 참여하기 위해 노르망디 공국을 동생 헨리 1세(재위 1100~1135)에게 저당 잡히고 은화를 대출받은 것이었다. 남한 면적의 3분의 1에 해당하는 노르망디를 저당 잡히다니, 배포가 크다고 해야 할까?

헨리 1세의 형이자 노르망디 공이었던 로베르는 잉글랜드 왕국을 상속받지 못한 보상을 성지
순례에서 찾았다. 하지만 그에게는 돈이 부족했다. 결국 로베르는 노르망디 공국을 담보로 헨
리 1세에게 돈을 빌려 성지 순례에 나선다. 하지만 잉글랜드 왕위에 대한 미련은 성지 순례로
달래지지 않았다. 결국 그는 헨리 1세와 전쟁을 벌여 1105년 포로로 잡히고 웨일스의 카디프
성에 평생 유폐되었다. 사진은 노르망디 해안에 있는 섬 몽생미셸. 한가운데에 유명한 몽생미
셸 수도원이 있다.

money |돈|

조언자이거나 괴물이거나

현대인에게 가장 중요한 단어를 하나 선택하라면 아마도 많은 사람들이 '돈'을 고를 것이다. 인간의 욕망을 충족해주는 수단으로 돈만큼 중요한 것도 없기 때문이다. 영어 money는 중세 프랑스어 moneie모네이에서 왔다. moneie은 무슨 뜻일까? 멀리 고대 로마로 거슬러 올라가 카피톨리노 언덕으로 가보자.

고대 로마에는 일곱 개 언덕이 있었는데, 가장 높은 언덕이 카피톨리노였다. 카피톨리노Capitolino는 '머리'를 의미하는 caput카푸트에서 나온 말이다. 로마인들은 로마 신화의 주신 유피테르(제우스)와 그의 배우자 유노의 신전을 카피톨리노 언덕 정상에 짓고 신들을 경배했다. 기록에 따르면 기원전 384년 로마의 독재관을 다섯 번이나 지냈던 카밀루스가 이 언덕에 유노의 신전을 짓고 제사를 지냈다고 한다.

'모네타' 유노가 새겨진 로마의 주화. 뒷면에는 기원전 1세기 주화의 주조 책임자 카리시우스의 이름이 보인다.

유노 신의 별명은 모네타Moneta(조언자)다. 고대 로마인들은 유노 신전 옆에서 망치, 모루, 집게발, 다이스 같은 연장을 사용해 주화를 만들었다. 이렇게 해서 주조된 주화들에 유노 여신의 별명이 붙게 되었고, '조언자'를 뜻하는 모네타가 '주화'의 의미로 바뀌게 되었다. 돈이라는 것이 잘 쓰면 조언자가 될 수 있고 그 반대도 될 수 있으니 유노 여신의 별명과 돈이 잘 연결되는 것 같다.

본래 moneta라는 라틴어는 '조언하다', '경고하다', '다시 알려주다'라는 뜻의 동사 monere 모네레에서 나왔다. monitor, admonish,

덴마크 화가 에케르스베르크가 19세기 초에 그린 로마의 산타마리아 성당. 이탈리아인들은 '천상 제단의 성모 마리아' 성당이라고 부른다. 이 자리에는 원래 유노의 신전이 있었다고 한다.

monument, monster 같은 영어 단어들의 뿌리가 monere다. 모니터의 어원인 라틴어 monitor 모니토르의 의미는 '알려주고 충고하는 사람'이다. admonish는 '누군가를 책망하다'라는 뜻이다. '유적'을 의미하는 monument는 중세 프랑스에서 '무덤'과 '기념물'을 일컫던 말이었는데, 결국 '남아서 주위 사람들에게 알려주는 것'이 유적인 셈이다. 흥미로운 것은 '괴물'을 의미하는 monster 역시 monere에서 나온 단어라는 사실이다. monere에서 나온 monstrum 몬스트룸이라는 라틴어는 '불운을 경고하는 신의 징조'라는 뜻이었다고 한다. 그런 의미가 프랑스어에 들어가 '기형적인 인간'이나 '동물'의 뜻이 되었고, 지금처럼 괴물로 그 의미가 확정되었다.

영어는 프랑스어에서 많은 어휘를 차용했지만, 라틴어를 직접 수입한 경우도 많다. 18세기 영어는 money의 부모격인 moneta를 직접 차용해서 mint라는 단어를 만들어냈다. 당시에는 동전 또는 돈으로 사용되었지만 현대 영어에서는 '조폐국' 혹은 '화폐를 주조하다'라는 뜻으로 사용된다.

rent | 렌트 |

중세의 임대료

해외여행을 할 경우 대중교통이 물론 가장 편하지만, 교외로 나갈 경우 렌터카rent-a-car를 이용하면 매우 편리하다. 영어에서 rent는 집세, 지대, 임차료라는 의미를 가지고 있다. 이번에는 서양 중세에서 rent의 경제적 정의와 그 실례들을 살펴보기로 하자.

영어의 rent는 12세기에 프랑스어 rente 랑트에서 왔는데 원래는 갚아야 할 돈, 이익, 수입을 뜻하는 말이었다. 그렇다면 누가 누구의 채무를 갚아야 한다는 말인가? 중세 경제 시스템 속으로 들어가 보자.

중세 경제의 근간은 장원이었다. 장원은 영어로 manor인데 중세 프랑스어로 '거주지'를 의미하는 manoir 마누아르에서 나왔다. 장원에서 거주하는 절대다수는 농민이었지만, 장원의 주인은 영주였다. 영주는 장원의 한가운데에 큰 집을 짓고 주위의 농민들을 경제적·사법적

징수관에게 세금을 바치는 중세의 농민들. 소小 피터르 브뤼헐이 17세기 초에 그린 그림.

으로 지배했다. 본래 게르만족의 고향인 스칸디나비아에는 농노가 존재하지 않았고 모두 자유민이었다. 하지만 프랑크족이 건설한 왕국에서는 상황이 달라졌다. 자유민은 자신의 사유지를 영주에게 양도하고 그것을 봉토로 물려받는다. 그 대신 군역 등의 의무를 졌고, 하층 자유민은 영주에게 토지를 양도하고 지대地代를 바쳤다. 렌트는 바로 이 지대를 의미하는 말 중 하나였다. 하지만 영주의 토지를 경작하는 농민이 그 토지를 구입할 수는 없었다.

중세 유럽의 영주는 자신이 소유한 여러 농기구와 장비의 사용료도 농민들로부터 징수했다. 먼저 장원의 농민들은 영주의 화덕으로 빵을 구울 때 사용료를 지불해야 했다. 이 사용료는 프랑스어로 banalité바날리테라고 부르는데 '영주의 포고령'을 의미하는 ban에서 나왔다. 여기에서 나온 말 중에 '진부하다'라는 뜻의 banal이 있다(프랑스와 영어 모두). 영주가 시도 때도 없이 마을 광장에 포고령을 붙였던 데에서 유래한 말이다. 사용료를 징수하는 또 다른 농기구는 수차水車였다. 곡식을 수확한 후에 제분 과정에서 필수적인 수차는 영주만이 설치할 수 있었다. 세 번째는 압착기다. 압착기는 포도즙을 내는 데 꼭 필요한 장치였는데 압착기가 발명되기 전까지 농민들은 큰 통 속에 들어가서 발로 밟아 포도를 으깼다. 압착기는 무거운 모래주머니를 나무에 매달아 압착할 과실을 비틀어 누르는 원리를 이용했는데, 권양기捲楊機(단단한 줄로 무거운 것을 들어 올리거나 내리는 기계)의 사용에 의해 더욱 개량되었다. 압착기의 사용으로 중세인은 올리브유와 포도주를 훨씬 손쉽게, 더 많이 만들 수 있게 되었다.

요즘 렌트라는 용어는 자동차나 아파트를 임대하는 현대인의 편리한 생활을 가리키는 말이지만, 중세의 농민들에게 렌트는 이처럼 원망스러운 세금이었다.

fair | 정기시 |

중세의 정기시

독일 프랑크푸르트에서 해마다 열리는 프랑크푸르트 도서전Frankfurt Book Fair은 세계에서 가장 큰 도서전이다. 많은 나라들이 자국의 책을 가지고 전시회에 참여하는데, 중세에도 이런 종류의 큰 시장이 있었을까?

중세 유럽에는 두 종류의 시장이 있었다. 시내 중심에서 매일 물건을 파는 시장이 있었고, 정해진 기간에 열리는 정기시定期市가 있었다. 이번 주제어는 정기시를 뜻하는 영어 fair다.

중세 유럽에서 상품의 유통 경로는 대략 이러했다. 먼저 프랑스 아키텐 지방의 포도주는 주로 잉글랜드로 수출되었다. 이 지방은 잉글랜드 왕 헨리 2세가 알리에노르와 결혼하면서 종주권을 행사하던 지방이었다. 이 지방에서 잉글랜드 왕이 거두어들이는 세금은 엄청났다고 한다. 그런데 백년전쟁이 터지기 직전에 이 지방을 프랑스 왕이 몰수했으니 에드워드 3세가 가만히 있었겠는가. 한편 잉글랜드는 양모를 플랑드르 지방에 수출했다. 그러면 플랑드르 지방에서는 양모로 모직물을 짜서 전 유럽에 팔았다. 베네치아 같은 도시국가들은 동방으로부터 수입한 향신료를 전 유럽에 유통시켜 막대한 부를 축적했다. 13세기 유럽 최대의 도시는 베네치아였는데, 인구가 10만 명에 이르렀다. 당시 파리는 5만 명, 런던은 2만 5천 명이었다.

플랑드르 상인들은 모직물을 가지고 남동쪽으로 내려갔고, 이탈리아 상인들은 향신료를 가지고 북서쪽으로 이동했다. 그들이 만나는 지방이 바로 프랑스의 북동부 지방 샹파뉴였다. 지금은 샴페인으로 유명한 지방이다. 샹파뉴의 라니쉬르마른, 프로뱅, 바르쉬르오브(이상 1년에 한 번), 트루아(1년에 두 번) 등지에서 정기시가 열렸다. 잉글랜드에서는 세인트자일스 정기시가 유명했다.

정기시는 보통 3주에서 7주 동안 열렸다. 곳곳에 천막이 쳐지고, 이동 상점과 물건을 진열하기 위한 선반들이 상설 설치되어 거리 주변을 메웠다. 정기시의 상품들은 품목별로 전시되었다. 한 구역에서 연장, 낫, 도끼 등을 전시하면 다른 구역에서는 식료품을 판매했고, 또 다른 곳에서는 면직물과 일반 직물, 잡화, 비단 등을 팔았다. 가죽과 모피 전문 상인들은 귀족과 부자들을 상대로 장사를 했으며, 양피지 상인은 학생과 성직자들을 공략했다. 이밖에도 가죽제품 판매상, 구두장

15세기 샹파뉴 정기시의 모습.

이, 마구상馬具商, 구두 수리공 등이 있었다. 간이 선술집과 음료수를
마실 수 있는 텐트도 설치되었으며, 특히 부유한 대금주인 롬바르디
아 상인들을 위한 특별한 자리도 마련되었다. 정기시가 끝날 때에는
성대한 축제가 열렸다.

샹파뉴 정기시는 중세에서 가장 큰 정기시였다. 여기에는 프랑스의
상인뿐만 아니라 플랑드르, 독일, 북이탈리아, 스페인 북부 지방, 영국,
스위스의 상인들이 모여들었다. 말 그대로 정기적인 국제 시장이었

다. 샹파뉴 정기시는 훗날 르네상스 시대의 '상업혁명'의 씨앗을 뿌리게 된다.

샹파뉴 정기시의 명성은 널리 알려져 그곳에서 발행된 많은 정기시 채권들이 1년 내내 유럽 전역에서 유통되었고, 여러 계층(성직자, 귀족, 상인)의 사람들이 샹파뉴 정기시에서 채무를 이행했다. 그 결과 13~15세기의 샹파뉴 정기시는 채권과 채무를 정리하는 '중심clearing house'으로 자리 잡았다. 샹파뉴 정기시에서는 유럽 각국의 화폐가 통용되어 환율과 이자율을 정하는 환전소의 역할도 했다.

정기시를 의미하는 영어 fair는 프랑스어 foire 푸아르가 원형인데, 라틴어로 '시장'이나 '정기시'를 의미하는 feria 페리아에서 나왔다.

한편 영어에서 '공정하다'라는 뜻의 fair는 정기시와는 그 뿌리가 다르다. 공정하다는 말은 고대 영어에서 '눈으로 보기에 즐거운'이라는 의미에서 나왔다.

rotation | 순회 |

중세의 농업 방식

중세 유럽의 근간은 농업이었다. 그런데 당시의 토양은 지금처럼 비옥하지 않았으므로 농민들은 장원의 농지를 셋으로 나누어 돌려짓기, 즉 윤작輪作을 했다. 중세의 대표적인 농업 방식인 윤작은 다음과 같은 방식으로 이루어졌다.

먼저 윤작에는 2년 윤작제biennal와 3년 윤작제triennal가 있었다. 2년마다 열리는 대규모 전시회를 이탈리아어로 비엔날레biennale라고 부르는데, 중세에는 이 말이 2년마다 농사를 짓는 방식을 의미했다. 2년제는 농지의 절반에 곡물을 파종하고 나머지는 휴한지로 남겨 지력地力을 보전했다. 3년제는 농경지 3분의 1에는 봄에 파종하는 봄밀 같은 곡물을, 3분의 1에는 가을에 파종하는 보리나 호밀 같은 곡물을 심었다. 나머지 농경지는 휴한지로 남겨두었다.

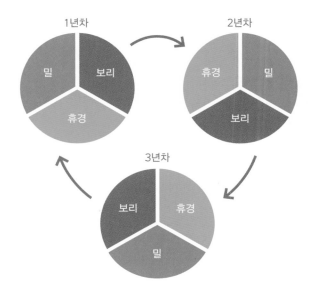

윤작제는 지력이 약해진 토양을 보강하는 중세 농민들의 지혜가 담긴 농사법이었다.

중세 유럽의 농민들은 이러한 윤작제를 통해 지력을 유지해 수확의 안정적인 지속성을 도모했다. 오늘날처럼 화학 비료가 없던 시대라 농민들은 땅에 퇴비를 뿌리거나 나뭇잎을 땅속에 묻어 비옥한 농지를 유지했다. 또 경작지에 이회토泥灰土나 석회질의 흙을 섞어 토양이 산성화되는 것을 막으려고 노력했다. 농민들은 휴한지에 가축을 방목해 가축의 배설물이 거름이 되도록 했으며, 땅을 갈아 토양에 공기가 통하게 만드는 동시에 필요 없는 잡초들을 땅속에 묻어버렸다.

중세의 윤작제는 큰 규모의 장원이나 마을 전체의 경작지에서 실시

될 때 그 진가를 발휘했다. 2년제보다 3년제가 선호되었는데 경작지의 절반이 아닌 3분의 2에서 작물이 재배되었기 때문이다. 게다가 노동 효율성의 상실도 거의 없었다. 휴한지에서는 가축이 방목되고 경작지에서는 효과적으로 작물이 재배되었으며, 경작의 공동 제약들은 오히려 공동체의 단결을 촉진했다. 만약 겨울밀이 흉작이면 이듬해에는 휴한지에서 귀리 같은 봄밀을 재배해 전년의 흉작을 만회할 수 있었다. 3년제를 시행하는 경작지는 3등분을 한 뒤에 작은 경작지로 세분되어 농민에게 분배되었다.

이러한 3년 윤작제는 13세기부터 유럽에 널리 퍼졌다. 이 시기는 경작지가 확대되던 시기와 일치하거나, 황무지 개간이 중단되었던 시기와 일치한다. 이러한 고도의 경작 방법은 주로 경작 여건이 유리한 북서부 유럽에서 보편화되었다는 사실도 주목해야 할 것이다.[18]

지금은 '순회'나 '교대' 같은 의미로 쓰이는 rotation은 중세에는 농업 기술의 핵심인 '윤작'을 의미했다. 본래 이 말은 라틴어로 '바퀴'를 의미하는 rota 로타에서 나왔다. 현대인이 운전을 할 때 지나가는 '로터리rotary'가 중세의 농민에게는 생존에 직결되는 중요한 경작법이었던 셈이다.

alchemy | 연금술 |

금속을
금으로 바꾸는 기술

중세에 유행했던 연금술은 값싼 금속(철, 납, 구리 등)을 금으로 만드는
방법을 연구하는 학문으로 알려져 있다. 연금술은 정말 그런 목적을
가진 학문이었을까? '연금술'을 뜻하는 영어 alchemy의 뿌리는 아랍
어다. al은 정관사이고 chemy는 kymiya 키미야에서 나왔는데, 이 말의
근원은 이집트어로 '나일강 삼각주에서 나온 검은 것 혹은 검은 땅'을
의미한다. 그러므로 연금술의 어원 풀이는 '신이 준 창조물' 정도가 될
듯하다.

이처럼 연금술의 기원은 고대 이집트로 거슬러 올라간다. 고대 이
집트인들은 일반 금속으로 금을 만들려는 시도를 했는데, 이 시도에
고대 그리스 학자들이 합류했고, 이후 아랍 세계로 넘어가 더욱 발전
하게 된다. 그렇다면 왜 고대인과 중세인은 금속을 금으로 바꾸려 했

을까? 사실 연금술의 목적은 금속의 제련을 통해서 인간의 영혼을 더 높은 상태로 끌어올리는 것이었다. 그런 이유에서 중세의 저명한 신학자인 알베르투스 마그누스와 토마스 아퀴나스는 연금술을 통해 자연을 탐구하는 방법을 배울 수 있다고 생각했고, 연금술을 철학의 일종으로 여겼다.

한편 연금술을 의학에 적용한 중세의 수도사도 있었다. 14세기 프란체스코 수도사인 장 드 로크타야드는 《제5원소에 관한 연구》에서 연금술을 의학 분야에서 활용할 수 있다는 근거를 제시했다.[19] 그는 연금술을 통해 불로장생의 영약을 찾으려고 했는데, 그가 찾던 물질은 '제5원소'였다. 이 원소는 육신의 노화를 방지하고 노쇠와 생산 과정을 조절하는 힘을 가진 물질로, 이 개념은 전통적인 아리스토텔레스의 우주관을 뒤흔드는 것이었다. 제5원소는 영원한 물질이기 때문이다. 그러나 초자연적인 물질에 대한 통제는 오직 신만이 할 수 있으므로 연금술은 자칫 이단으로 몰릴 수 있었다.

연금술은 근세에 와서도 과학자들의 관심을 불러일으켰다. 아이작 뉴턴은 물리학자로 유명하지만 연금술에도 관심이 많았다. 다만 금을 만들어 부자가 되겠다는 생각이 아니라 여러 물질을 섞어서 반응을 일으키면 정말로 금이 만들어지는지 궁금해서였다. 이 과정은 현대의 학문인 화학과 거의 일치한다.

그런데 현대에 들어서 다른 물질을 갖고 금을 만드는 기술이 실제

연금술사 하인리히 쿤라트의 실험실. 대들보에 적힌 라틴어 문장은 '신의 영감이 없다면 어떤 인간도 위대해질 수 없다'라는 뜻이다.

로 세상에 알려졌다. 특정 원소들에 특정 에너지의 방사선을 투사시키면 원자의 핵이 변형되면서 금이 된다는 것이다. 그러나 성공할 확률이 매우 낮고 비용도 많이 들어서 경제성은 거의 없다고 한다.

영어로 '화학'을 뜻하는 chemistry는 alchemy에서 온 말이다. 그러니 현대의 화학자는 중세로 치면 연금술사인 셈이다.

ransom | 몸값 |

적을 생포해야 하는 까닭

중세 유럽은 수많은 왕국과 제후국으로 나뉘어 끊임없이 전쟁을 치렀다. 전쟁의 목적은 영지를 확대해 많은 재화를 확보하는 것이었다. 그런데 전쟁의 이면에는 또 다른 목적도 있었다. 가급적 적을 많이 생포하는 것이었다. 왜 많은 적을 생포하려 했을까? 이에 대한 답은 금전적인 이득이라고 할 수 있다.

중세에 발생했던 최대의 인질 사건을 이야기해보자. 기사형 군주의 모델로 꼽히는 잉글랜드의 사자심왕 리처드 1세(재위 1189~1199). 사자심왕이라는 별명은 생전에 그가 보여준 담대한 용맹에서 생겨났다. 리처드 1세가 용맹을 떨친 것은 3차 십자군 원정 때다. 이 원정에는 유럽의 3대 맹주가 모두 참전했다. 유럽의 군주 중에서 가장 서열이 높은 신성로마제국의 황제 프리드리히 1세(재위 1155~1190)가 제일 먼저 성지를 향해 떠났으나, 키프로스의 북쪽 해안에 위치한 킬리키아에서 익사하고 만다. 평소에 수영을 좋아했던 황제는 갑옷을 입은 채 얕은 강물에 뛰어들었다가 빠져 죽었다고 한다.

이제 두 라이벌이 성지를 향하게 되었다. 한 명은 플랜태저넷 제국의 군주인 사자심왕 리처드였고, 또 한 명은 프랑스 왕국의 젊은 군주 필리프 2세(재위 1180~1223)였다. 두 사람은 어린 시절을 함께 보낸 친구였으나, 십자군 원정에서는 유럽의 패권을 놓고 한 치의 양보도 하지 않는 라이벌이 되었다. 특히 잉글랜드 왕이 소유한 프랑스의 노르망디 지방은 필리프에게는 눈엣가시였다.

시작부터 눈치 싸움이 치열했다. 리처드로서는 자신이 먼저 떠날 경우 필리프가 노르망디를 침공할 수 있고, 필리프로서도 자신이 왕국을 비우면 리처드가 프랑스를 집어삼키지 않으리란 보장이 없었다. 결국 두 군주는 같은 날 출정했다. 그리고 다른 경로를 통해 성지에 도착했다. 그런데 명분보다 현실을 중시한 필리프 2세는 몸이 아프다는 핑계로 먼저 프랑스로 돌아왔다. 그리고 리처드의 우려대로 무주공산의 노르망디를 침공했다. 하느님의 계시에 따라 십자군 원정에 참여했던 기독교도가 주인이 없는 집을 침탈한 것이다.

한편 성지에서 공명심을 높이려던 리처드는 제일 먼저 이슬람교도들로부터 성지를 탈환해 승리자가 되겠다고 공언했다. 그런데 리처드보다 먼저 아크레를 공략하고 성을 함락한 유럽의 군주가 있었다. 오스트리아의 공작 레오폴트 5세가 그 주인공이었다. 리처드는 자존심이 상한 나머지 레오폴트의 깃발을 그 자리에서 찢어버렸다. 그러자 크게 화가 난 레오폴트 5세는 오스트리아로 돌아가 버린다.

십자군 전쟁에서 명분과 실리를 모두 상실한 리처드 1세도 본국으로 돌아가기로 했다. 그런데 어느 길로 돌아가야 하는가? 배를 타고 남프랑스에 도착해 프랑스를 관통하는 길은 너무 위험했다. 도중에 필리프 2세의 제후들에게 잡히면 목숨을 부지할 수 없을지도 모르는 일이었다. 그래서 리처드는 프랑스를 우회해서 유럽 내륙을 통해 북상하기로 했다. 오스트리아를 통과하는 길을 선택한 것이다. 하지만 원수는 외나무다리에서 만나는 법이다. 그만 자신이 모욕을 준 레오폴트 5세의 병사들에게 사로잡히고 만 것이다.

레오폴트 5세는 쾌재를 부르며 도나우 강가의 뒤렌슈타인 성에 리처드를 감금하고, 자신의 주군인 신성로마제국 황제 하인리히 6세에게 그를 인도했다. 하인리히 6세는 제 발로 들어온 리처드를 순순히 풀어줄 생각이 없었다. 변변찮은 기사 한 명만 생포해도 몸값을 요구하는 것이 중세 유럽의 관행이었다. 하물며 잉글랜드 왕을 포로로 잡았으니 더 말해 뭐하겠는가.

당시 잉글랜드의 실권을 쥐고 있던 사람은 모후 알리에노르였는데, 황제가 그에게 청구한 아들의 몸값은 무려 당시 잉글랜드 왕국의 2년치 수입인 15만 마르크였다. 이후 리처드는 16개월 동안 황제의 인질

영국 국회의사당 앞에 서 있는 사자심왕 리처드의 기마상. 기사형 군주의 전형으로 불리는 리처드가 재위 10년 동안 잉글랜드에 머물렀던 기간은 1년이 안 된다. 그의 모국어는 영어가 아닌 프랑스어여서, 기마상 정면에는 프랑스어로 'Richard Cœur de Lion'(사자심왕 리처드)이라고 쓰여 있다.

로 잡혀 있었다. 그 사이 잉글랜드에서는 리처드의 동생 존이 호시탐 탐 형의 왕관을 노리고 있었다. 겨우겨우 요구받은 몸값의 절반을 준비한 알리에노르는 황제에게 양해를 구하며 몸값을 지불했고, 리처드는 천신만고 끝에 자유의 몸이 되어 고국으로 돌아온다.

영어에서 '몸값'을 의미하는 ransom은 중세 프랑스어 rançon 랑송에서 나온 말이다. rançon은 라틴어 redemptionem 레뎀프티오넴에서 온 말로, '누군가를 대신하여 속죄하다'라는 뜻이다. 누가 누구를 대신하여 속죄한다는 것인가? 바로 예수 그리스도가 인간을 대신해 하느님께 자신을 바쳐 속죄를 했다는 말이다. 즉 ransom은 자신을 대신해 돈을 바친다는 의미다.

중세의 직업

marshal | 원수 |

마구간의 책임자에서 원수로

중세와 근대 유럽의 역사에서 가장 중요한 가축을 꼽으라면 단연코 말이다. 말은 전쟁에 필수적인 가축이었고, 이동 속도는 당나귀에 비해 두 배나 빨랐다. 게다가 당나귀는 하루에 30킬로미터 정도밖에 이동할 수 없었지만 말은 몇 배 더 멀리 갈 수 있었다. 중세의 유럽인들은 동물들이 인간의 운명에 어떤 식으로든 영향을 준다고 믿었다. 속세를 등진 성인들의 덕망은 암사슴에 비유되었고, 말은 천상에서 풀을 뜯다가 갑자기 지상으로 내려왔다고 여겨졌다.

중세의 전사 계급에서 중추를 맡고 있던 기사는 필요한 무구를 준비해야 했는데 그 비용이 너무 많이 들었다. 그래서 주군이 봉신들의 무구를 장만해주어야 했다. 그중에서 가장 값비싼 것은 역시 말이었다. 가격뿐만 아니라 유지하는 데 많은 비용이 들었기 때문이다. 기사에게 말을 소유한다는 것은 자존심의 상징이었고, 권력자에게는 사치의 상징이었다.

말은 전력의 핵심이었다. 말을 타고 지상의 적을 창이나 칼로 공격하는 기사는 가공할 위력을 발휘했다. 정복왕 윌리엄은 기병 중심으로 군대를 조직해 보병이 주력 부대였던 잉글랜드군을 헤이스팅스에서 궤멸시켰다. 하지만 말을 탄 기사가 많다고 해서 꼭 전쟁에서 유리한 것은 아니었다. 예를 들어 백년전쟁에서 우수한 기사들로 조직된 프랑스군은 수적으로 잉글랜드군을 압도했지만 웨일스 장궁長弓에 몰살당하고 말았다.

말이 중세의 전쟁에서 중요한 역할을 했다는 사실은 말을 관리하는 사람의 지위를 짐작하게 한다. 실제로 프랑스 북부 지방에 있던 블루아Blois 백작들의 조상은 서프랑크 왕 외드(재위 888~898)의 마부였다고 한다. 카롤링거 왕조 때부터 왕이나 제후의 말을 관리하는 하인들은 고대 프랑크어(독일어의 한 갈래)로 '마르스칼크marhskalk'라고 불렸다. 마르스칼크는 다시 군마를 관리하는 부류와, 편자나 마구를 관리하는 부류로 나뉘었다. 당연히 군마를 관리하는 마르스칼크의 위상이 더 높았다. 이후 마르스칼크는 중세 프랑스어에서 maréchal 마레샬로 바뀌고, 점점 군사적 위상이 높아졌다. 필리프 2세(재위 1180~1223) 이전에 이미 마레샬은 왕실 소속 기마대를 지휘하는 고위 관리를 가리키게 되었고, 지금은 군대에서 가장 높은 계급인 '원수'를 가리키는 말이

피렌체 화가 파올로 우첼로가 15세기에 그린 〈산로마노의 전투〉. 상업권을 두고 피렌체와 시에나가 벌인 전쟁으로 1432년 피렌체가 승리했다. 중세의 전투에서 말은 병력의 핵심이었다.

되었다. 영어 marshal의 어원이 이 중세 프랑스어 maréchal이다.

근대에 들어와도 말의 역할은 줄어들지 않았다. 앞에서도 언급한 것처럼 프랑스 왕들은 거처를 자주 옮겼다. 왕궁을 이전할 때에는 왕 뿐만 아니라 왕의 가족과 왕실의 귀족 그리고 신하들도 함께 이동했고, 모든 가구와 물품도 옮겨야 했다. 이때 꼭 필요한 운반 수단이 바로 말이었다. 그래서 지금도 베르사유 궁에는 대大마구간(Grande écurie 그랑드 에퀴리)과 소小마구간(Petite écurie 프티트 에퀴리)이 있는데, 작은 마구간조차 실내 체육관보다 더 큰 규모다.

échanson | 에샹송 |

술 따르는 하인

중세 사람들은 잦은 전쟁과 질병으로 언제 목숨을 잃을지 몰랐다. 그래서 죽음을 일상의 한 모습이라고 생각했다고 한다. 그렇다 해도 살해당한다면 이야기가 달라진다. 만약 독이 든 음식을 먹다가 죽는다면 이보다 원통한 죽음이 어디 있겠는가. 동서고금을 막론하고 군주들은 독살의 공포에 시달렸다. 우리나라도 예외는 아니다. 조선 왕조에서는 왕의 음식을 시식하고 검식하던 기미상궁이 있었다.

고대 로마 황제 클라우디우스는 음식에 독이 들었는지 검식하는 여인이 있었음에도 버섯 요리를 먹고 사망했는데, 할로투스라고 불리던 이 여인은 아마 독이 퍼지지 않은 부분을 먹었으리라. 클라우디우스 독살의 범인은 그의 죽음으로 이득을 본 자일 것이다. 클라우디우스의 뒤를 이어 황제가 된 사람은 바로 네로인데, 네로의 어머니는 악녀의 화신으로 불리는 소小아그리피나다. 그녀는 클라우디우스 황제의 조카이자 아내였다. 할로투스는 네로가 황제에 오른 뒤에도 음식을 검식하는 일을 계속한다. 일을 꾸미고 실행에 옮긴 자들이 누구일지 짐작이 간다.

중세에는 지금과 다른 특별한 직업이 많았다. '술 따르는 하인'이라는 뜻을 가진 에샹송échanson도 그런 존재였다. 마케도니아의 알렉산드로스 대왕 주변에는 많은 에샹송들이 있었다고 한다. 그중에는 알렉산드로스를 보좌한 안티파트로스의 아들이 있었는데, 그가 알렉산드로스 대왕을 독살했다고 말하는 사람들도 있다. 한편 7세기에 스페인에 정착한 서고트족의 왕이 '궁정 에샹송 백작'을 임명할 정도로 에샹송의 위상은 매우 높았다.

에샹송의 업무 중에는 왕실 직속의 주류 감독관이나 술통 제조인들을 감독하는 일도 있었다고 한다. 에샹송은 왕의 식사가 준비되면 음료에 독이 들어 있지 않은지 세심하게 검사한다. 그 대표적인 방법은 시금석試金石을 사용하는 것이었다. 그리고 에샹송과 포도주 담당자(소믈리에)가 차례로 음료를 내빈들 앞에서 마신다. 그런 다음에 내빈들에게 포도주가 제공된다.

에샹송과 주류 감독관의 역할은 10세기부터 분명하게 구분되어 있었다. 예를 들어 에샹송은 포도주를 구매하고 궁정인들에게 분배하는 역할을 맡았으며, 주류 감독관은 왕실 포도밭의 관리를 맡았다. 14세

17세기 플랑드르의 화가 테오도어 롬부츠가 그린 에상송.

기 프랑스에서는 수석 에샹송을 '그랑 에샹송'이라고 불렀는데 그 지위는 궁정의 관리 중에서 가장 높았다고 한다. 하지만 프랑스 대혁명 이후 그랑 에샹송은 역사에서 사라지고 만다.

프랑스어 에샹송은 '술 따르는 사람'이라는 뜻의 프랑크어에서 왔다. 에샹송은 영어에 들어가지 않았고, 영어에는 cupbearer 컵베어러라는 단어가 있다.

jury | 배심원 |

맹세를 한 심사원

영미권의 재판 제도와 한국의 재판 제도의 가장 큰 차이점은 배심원 제도다. 일정 수의 배심원으로 구성된 배심원단은 죄의 유무를 결정하는 사법적 판단을 내린다. 현재 배심원 제도를 사법부에서 운영하는 국가로는 미국이 대표적인데, 미국의 배심원 제도는 영국의 사법 제도를 받아들여 정착되었다.

영국의 배심원 제도는 원주민이었던 브리튼족의 사법 제도에서 유래하여 웨식스의 앨프레드 대왕(재위 871~899) 이전에 이미 정착한 사법 제도였다는 설이 있다. 당시에는 배심원을 열두 명 선정해 재판을 했다고 한다.[20] 또 다른 주장으로는 덴마크의 크누트 대왕(재위 1016~1035)이 잉글랜드를 침공했을 때 에셀레드 국왕이 덴마크의 배심원 제도를 들여왔다는 설이 있다.

하지만 가장 신빙성이 있는 기원은 스칸디나비아인들, 즉 바이킹의 사법 제도에서 찾을 수 있다. 모두가 자유민이었던 바이킹들은 팅이라는 회의에 누구나 참여할 수 있었다. 그리고 그 자리에서 공동체에서 벌어진 사건들에 대해 발언권을 가지고 자유롭게 자신의 의견을 개진할 수 있었다. 학자들은 이런 전통이 배심원 제도로 이어졌다고 말한다. '본디'라고 불리는 자유민은 송사에 대해 판결을 내리거나 사건에 대해 증언하는 역할을 맡았고, 법률 제정에도 관여했다.

켈트족을 몰아내고 브리튼 섬의 새 주인이 된 앵글로색슨족의 사법권은 원천적으로 영주 또는 주장州長, sheriff에게 있었다. 재판이 시작되면 영주는 자유민 열두 명을 선발해 증인으로 삼았는데, 그들은 판결을 내릴 권리는 없었고 면책 선서자compurgator라고 불렸다. 그들은 배심원과 유사한 역할을 하는 집단이었고, 해당 사건과 전혀 관련이 없는 사람들로 구성되었다.

이후 영국에 배심원 제도를 본격적으로 정착시킨 사람들은 정복자인 노르만인들이었다. 바이킹의 후손인 노르만인들에게 배심원 제도는 그들만의 고유한 사법 제도였을 것이다. 노르만식 재판에서 재판장은 선서를 한 증인들의 말을 청취하고 판결을 내렸다.

영어에서 '배심원'을 뜻하는 jury는 이렇게 탄생했다. 노르만인들은 정복 이후 지방의 자문회의에 조사위원회를 도입했는데, 그 구성원은 선서를 한 대표들로 이루어졌다. 그들은 심사원juré이라고 불렸는데,

중세 배심원단을 보여주는 15세기의 삽화. 제목은 〈Coustumes de Normandie〉, 즉 '노르 망디의 풍습'이다. 1066년 노르만 정복 이후 잉글랜드에는 노르망디의 사법 제도인 배심원 제도가 수입되었다.

12세기까지 행정직과 관련된 임무만 부여받다가 나중에 사법적 역할을 수행하게 되었다. 이 심사원이 영미 사법 제도의 배심원이 되었다는 것은 잘 알려진 사실이다. juré는 말은 '맹세를 하다'라는 뜻의 프랑스어 jurer쥐레에서 나왔다. 즉 '재판에서 진실에 입각하여 판결하기로 서약한 사람'을 말한다.

영국 사법 제도의 초석을 놓은 노르만인들은 영국 법정에 많은 프랑스어를 들여왔다. '변호사'를 뜻하는 attorney-at-law에서 attorney는 '임무를 부여받은'이라는 뜻의 중세 프랑스어 attorné아토르네에서 나왔고, '법원'을 의미하는 court도 '마당'을 뜻하는 프랑스어 cour쿠르에서 유래했다. 중세의 재판은 주로 영주가 거처하는 마당에서 열렸기 때문이다.

chamberlain | 시종 |

왕의 침실을 관리하는 자

중세 유럽 왕의 시종은 침소 바닥에서 왕과 함께 잠을 잤는데, 밤새 왕의 시중을 들거나 건강 상태를 확인하는 것이 그의 임무였다. 왕의 침실 시종을 부르는 말은 프랑스어로 chambellan 샹벨랑이고 영어로는 chamberlain 체임벌린이다. 모두 '방'을 의미하는 프랑스어 chambre 샹브르에서 나온 말이다. 음악에서 실내악을 chamber music이라고 하는 것도 유래가 같다. 제일 높은 시종을 시종장grand chambellan이라고 불렀는데, 그의 임무는 왕의 침실과 의상을 관리하는 것이었다. 시종장은 언제라도 왕의 침실에 들어갈 수 있었다. 그러므로 시종장을 권력의 제2인자라고 불러도 손색이 없었다. 이번에는 13세기에 벼락출세를 한 시종장의 이야기를 해보자.

　피에르 드 라 브로스는 1230년경에 태어났는데, 프랑스 투렌 지방의 평범한 귀족 집안 출신이었다. 그는 1261년에 루이 9세의 시종으로 들어갔는데 국왕의 눈에 들어 침실 시종으로 발탁되었다. 왕의 침실 시종은 높은 급료를 보장받는 선망의 직업이었다. 피에르의 출세는 이렇게 시작되었다. 피에르는 루이 9세의 차남인 필리프에게도 인정받는 시종이었다. 루이 9세는 1270년 십자군 원정에 나섰다가 돌아오는 도중에 튀니지에서 생을 마감한다. 장남 루이도 이미 10년 전에 세상을 떠난 뒤였다. 이렇게 해서 필리프 3세가 왕위에 올랐다.

이후 피에르 드 라 브로스는 왕의 유언장을 집행하는 임무를 받을 정도로 필리프 3세의 두터운 신임을 얻게 된다. 심지어 왕은 피에르를 장차 있을지도 모를 섭정 회의의 자문관으로 임명한다. 1271년에 피에르는 왕실의 안전을 담당하는 자리까지 맡게 된다. 이제 피에르는 궁정의 제2인자가 되었고, 신하들은 그를 만나기 위해 줄을 섰다. 당연히 피에르는 명예뿐만 아니라 엄청난 재산도 모았다. 필리프 3세는 피에르에게 영지와 지세 징수권을 주었을 뿐만 아니라, 잉글랜드의 헨리 3세가 소유하고 있던 영지까지도 하사했다.

그러나 달이 차면 기울고 사람은 출세를 할수록 타인의 시샘을 받기 마련이다. 주변에서는 피에르의 벼락출세가 본인의 능력 덕분이라고 인정하면서도, 왕이 편애하지 않았다면 그렇게 출세할 수 있었겠느냐고 입을 모았다. 시종장이 사실상 제2인자가 되었다는 사실도 신하들의 비위를 건드렸다.

그 무렵 피에르의 운명을 바꿀 인물이 나타난다. 필리프 3세가 마리 드 브라방과 재혼을 한 것이다. 왕비는 왕의 총애를 한 몸에 받는 피에르의 존재가 눈에 거슬리기 시작했다. 왕비는 왕이 지나치게 시종장을 편애한다고 판단했다. 주위 사람들은 피에르가 왕의 애인이라는 말까지 했다. 권력의 정점에 있던 피에르 드 라 브로스의 몰락이 서서히 다가오고 있었다.

1276년 여름, 필리프 3세는 대규모 군사 원정을 감행했다. 상대는 카스티야 왕국의 알폰소 10세였다. 알폰소 10세는 인근에 있는 나바라 왕국의 국사에 사사건건 간섭하고 있었는데, 나바라 왕국의 상속녀인 잔Jeanne이 아직 배우자가 없던 터라 내정 간섭이 더 심했다. 사실 필리프 3세는 자신의 아들을 잔과 결혼시켜 종주권을 확보할 속셈이었는데, 훼방꾼이 나타난 것이다. 이윽고 알폰소 10세와 필리프 3세 간에 회담이 열렸다.

그러던 어느 날 알폰소 10세의 진영에서 상자가 하나 왔는데, 피에르 드 라 브로스의 인장으로 봉인되어 있었다. 정말 피에르가 적과 내통한 것인지 누군가의 모함이었는지는 밝혀지지 않았지만, 피에르의 운명은 여기까지였다. 국왕의 총애를 받던 시종장은 1278년에 체포되어 파리 근교의 몽포콩에서 교수형에 처해졌다.

프랑스는 혁명 이후 왕실이 사라졌지만 영국은 지금도 시종장이 존재한다. 영국에서는 시종장을 Lord Great Chamberlain, 즉 '시종장

라틴어의 경구 "잘나갈 때 조심하라"라는 "메멘토 모리memento mori"가 떠오르는 피에르 드 라 브로스의 최후.

경'이라고 부른다. 현재의 시종장은 데이비드 조지 필립인데 첨리 후 작의 7대손이다. 시종장 경은 웨스트민스터 궁전을 관리하고, 특히 왕의 대관식에서 왕에게 옷을 입히는 의식을 주관한다. 대관식 연회 전후에 왕에게 음료를 제공하는 것도 시종장 경의 일이다.

university | 대학 |

중세의 대학

파리의 센 강 좌안에는 라틴 구區가 있다. 이곳에는 유서 깊은 소르본 대학과 프랑스 최고 석학들의 학교인 콜레주 드 프랑스가 있다. 이 구역을 라틴 구라고 부르는 이유는 중세에 많은 유럽 학생들이 소르본 대학에 유학을 왔는데, 라틴어로 수업을 듣고 라틴어로 소통했기 때문이다. 지금으로 치면 영어에 해당하는 언어가 라틴어였다.

'대학'을 뜻하는 university는 '교사와 학자의 공동체'라는 뜻의 라틴어 universitas magistrorum et scholarium에서 나왔다. 중세 유럽의 학생들은 대개 14~15세 때 대학에 들어갔는데, 입학 전에는 문법, 수학, 음악, 수사학 같은 학문을 거주지의 학교나 수도원에서 공부했다.

중세 유럽에서 최초로 설립된 대학인 이탈리아의 볼로냐 대학에서는 학생들이 대학 운영 전반에 대한 주도권을 가지고 있었다고 한다.

14세기 볼로냐 대학에서 신학과 법률을 가르쳤던 조반니 다 레냐노의 무덤에 새겨진 부조.
당시 대학생들이 강의를 듣는 모습이 생동감 있게 표현되어 있다.

학생 대표인 학생장rector과 학생 조합은 자신들이 스스로 교수를 채
용해 수업 시간이나 강의의 상세한 규칙을 정했고 교수 봉급도 학생
조합이 지불했다. 따라서 만약 학생들이 집단으로 수업을 거부하면
교수들은 심각한 타격을 받을 수밖에 없었다.[21] 중세의 대학이 지금의
대학과 가장 큰 차이가 나는 부분은 대학 건물이 따로 없었다는 사실
이다. 학생들은 교수가 살고 있는 집이나 교회의 부속 건물에서 강의

를 들었고, 학생 수는 교수의 명망에 따라 천차만별이었다.

중세의 대학에서는 라틴어로 수업을 진행했기 때문에 언어 문제는 존재하지 않았다. 옥스퍼드 대학에서 공부하는 존이 파리의 소르본 대학으로 유학을 한다면 그는 라틴어로 다른 나라의 학생들과 대화할 수 있었다. 하지만 인쇄술이 발명되기 이전의 유럽에서 공부를 한다는 것은 매우 힘든 노동의 연속이었다. 양피지 도서는 엄청나게 비쌌기 때문에 학생들은 도서관의 책을 암기하는 수밖에 없었다. 그러다 보니 스트레스를 많이 받았고, 라틴 구에 거주하는 학생들은 술을 많이 마셨다고 한다. 그래서 중세의 대학생들은 엘리트 계층이면서도 망나니가 많았다고 한다.

중세 대학에서 수여하는 학위는 이수의 정도에 따라 바칼라우레우스baccalaureus, 마기스테르magister, 리켄티아 도켄디licentia docendi로 나뉘었는데, 오늘날의 대학에서 이수할 수 있는 과정으로 옮기면 학사, 석사, 박사가 된다. 훗날 doctor로 바뀌는 리켄티아 도켄디는 '대학에서 학생들을 가르칠 수 있는 자격'이라는 의미가 추가되었다. 리켄티아 도켄디는 대학이 왕, 자치도시, 교회 등 다른 외부 권력 기관의 간섭 없이 학생들을 가르칠 수 있는 특권의 상징이었다. 중세의 대학은 네 개 단과대학으로 구성되었는데, 제1단과대학에서는 교양을 쌓고, 나머지 세 개 상위 단과대학에서는 신학, 의학, 법학을 공부했다.

guild | 길드 |

동업 종사자들은 모여라

중세에 시장, 항구, 성읍 등을 소유한 영주들은 이곳을 이용하는 상인들이나 출입하는 시민들에게 입시세와 통행세를 거두어 많은 부를 축적했다. 그래서 장인과 상인들은 자신들의 권익을 위해서 조합을 결성할 필요를 강력하게 느끼게 되었다. 적어도 11세기부터 장인들(그들의 집은 상점이 되었다)과 상인들은 공통의 이해관계를 가지고 있었고, 1차 재료의 운송과 최종 상품의 유통 과정에서 긴밀한 관계를 유지했다.[22] 게다가 11세기 중엽부터 유럽의 교역 규모가 급증하면서 그 필요성은 더욱 절실해졌다. 이에 따라 도시와 성읍에서 거주하던 장인들과 상인들은 같은 업종에 종사하는 사람들을 모아 조합을 만들기도 했는데, 중세의 경제에서 빼놓을 수 없는 길드guild는 이렇게 탄생했다.

고대 노르드어로 '조직', '조합'을 의미하는 gildi에서 유래한 길드는 친목과 상호부조를 목적으로 만들어졌다. 길드는 공동의 재산을 소유했고, 회비를 갹출하여 교회를 후원하기도 했다. 그리하여 조합들은 최소한의 행정 조직을 갖추게 되었다. 조합의 구성원들은 동일한 근심과 공동체에 대한 요구 사항들을 가지고 있었다. 나아가 축적한 부를 통해 풍성하게 잘살려는 목표와 취향도 생겨나게 되었다. 일부 조합원들은 특정 지역에서 직업 활동을 독점하는 것을 꿈꾸기도 했다.

장인들의 길드를 구성한 사람들은 주로 마스터와 직인職人이었다. 마스터는 그 분야의 전문인을 말하고, 도제라고 불리는 수습공apprentice이 장인의 기술을 배웠다. 수련 기간이 지나면 도제는 직인이 되는데, 영어로는 저니맨journeyman이라고 불렀다. 여정을 의미하는 journey와 비슷하지만 여행과는 상관이 없다. journey는 '하루'를 의미하는 프랑스어 journée주르네에서 나온 말로 당시에는 '하루'를 의미했고, 저니맨은 '하루치 일감을 감당할 수 있는 사람'으로서 매일 급여를 받았다.

길드를 구성하는 장인들이나 상인들은 직종마다 자신들만의 수호성인을 모셨다. 예를 들어 포도주 생산업자들의 수호성인은 성 빈센트였는데, 그 유래는 확실하지 않다. 스페인 사라고사의 부사제로 있던 성 빈센트는 미사 때 사용하는 잔에 포도주를 채우는 일을 맡았는데, 그가 340년에 순교했을 때 흘린 피와 포도주를 동일시해 수호

구두조합에서 구두를 만드는 장인들.

성인이 되었다는 설이 가장 유력하다. 또 다른 설은 빈센트의 첫음절 'vin-'이 프랑스어로 '포도주'와 일치해서 그가 포도주 업자들의 수호 성인이 되었다는 것이다.

mercenary | 용병 |

돈만 주면 싸운다

정복왕 윌리엄이 1066년 10월 잉글랜드의 헤이스팅스 전투에서 승리를 거두는 장면은 자수 그림으로 제작되어 지금도 노르망디의 바이외 자수박물관에 전시되어 있다. 세로 폭은 60센티미터이지만 길이가 70미터에 이르는 이 그림에는 원정을 준비하는 노르만 병사들, 헤이스팅스에서 운명의 결전을 벌이는 윌리엄 공과 해럴드 2세의 모습이 상세하게 묘사되어 있다. 전투가 끝날 무렵인 그림의 종반부에는 병사들의 시신이 여럿 보인다. 그런데 시신들은 사지가 절단되어 있고, 누군가 죽은 병사들의 갑옷이나 투구 등을 벗겨내는 장면도 보인다. 이 약탈자들은 단순히 전투가 끝나기를 기다리던 앵글로색슨 농민들뿐만 아니라 원정에 참여했던 용병들이라는 설이 유력하다.

중세 유럽에서 제후들은 자신의 봉신들을 군역에 소집할 수 있었다. 봉신들에게 영지와 무구, 말까지 마련해주었으니 봉신들을 군역에 동원하는 것은 제후들의 당연한 권리였다. 그런데 그 기간이 1년에 40일밖에 되지 않았다. 만약 장거리 원정을 떠난다면 40일만으로는 전쟁을 수행할 수가 없다. 그래서 제후들은 전쟁 자금을 모아 용병을 고용해 장기 원정에 나섰다. 윌리엄도 많은 자금을 일가친척이나 수도원으로부터 모았고, 프랑스를 비롯한 유럽 각지에서 다수의 용병을 고용하고서야 원정에 나설 수 있었다.

본래 용병mercenary은 특정한 제후에 예속되지 않고 돈을 받고 일정 기간 동안 전투를 수행하는 직업군인을 말한다. 특정 군주의 신변 보호를 위한 친위대 형태의 엘리트 용병 집단도 있었다. 대표적인 정규 용병 집단으로는 동로마제국의 황제를 호위하던 바레그 경비대garde varègue를 꼽을 수 있다. 이 부대는 10세기에서 14세기 사이에 존속했는데, 초기에는 스칸디나비아인을 선발하다가 나중에는 앵글로색슨 병사로 바꾸었다. 헤이스팅스 전투에서 패배한 허스칼 군대도 훗날 바레그 경비대가 되었다고 한다. 지금도 바티칸 교황궁을 수비하는 스위스 경비대 역시 중세부터 있었던 대표적인 용병 부대였다.

유럽에서 용병이 다수 등장한 전쟁으로는 백년전쟁을 들 수 있다. 백년전쟁 때 등장했던 대표적인 용병들을 보자. 에코르쇠르écorcheurs는 무장한 도적 떼인데 전쟁 청부업자라고 보면 된다. 인질의 몸값 받아내기, 적을 약화시키기 위한 약탈과 방화 전략인 슈보셰chevauchée 등

레오나르도 다빈치가 15세기에 그린 이탈리아의 용병대장.

을 주로 수행하던 무리다. 루티에routier는 특정 주군에 다소 얽매여 있지만 평화 시에는 급료를 받지 않는 병사들이다. 그래서 이들은 무리를 지어 주변 마을을 약탈하고 양민을 납치해 돈을 뜯어냈다. 그랑드 콩파니grandes compagnies도 루티에와 별 차이가 없는 병사들이었다.

용병을 의미하는 프랑스어 mercenaire 메르스네르와 영어의 mercenary는 라틴어 mercenarius 메르케나리우스에서 왔는데, '돈만 주면 뭐든지 하는 사람'이라는 의미다. 용병은 지금도 많은 국가의 군대에 존재한다.

19세기에 월터 스콧이 중세를 배경으로 쓴 소설 《아이반호》에는 "나는 리처드 왕에게 나의 용병들freelance을 제공했다"라는 대목이 나온다. 우리가 잘 아는 '프리랜서'라는 표현이 바로 여기서 나온다. 영어에서 lance는 '창'을 의미하는 프랑스어 lance 랑스에서 나왔다. 그러니까 freelance는 '특정인에게 예속되지 않고 돈을 받아 전쟁을 수행하는 기사'라는 의미로 쓰인 것이다. freelance가 되는 경우는 주군이 사망하는 경우가 대부분이었다. 그럴 경우 그는 어느 주군에게도 종속되지 않는 기사가 된다. 중세에는 이런 기사를 '봉급을 받는 군인'이라는 뜻의 라틴어 stipendiarii 스티펜디아리나 soliderii 솔리데리(군인), 또는 단순히 mercenarius(용병)라고 불렀다.

사랑과 명예

bachelor | 미혼남 |

깃발을 든 기사

프랑스의 대학입학시험에 바칼로레아baccalauréat라는 논술 시험이 있다. 1808년 나폴레옹 시대에 만들어진 이 시험은 필기와 구술 시험으로 나뉜다. 필기 시험 중에서 필수 과목인 철학 시험은 가장 비중이 높은 과목 중 하나로 바칼로레아의 꽃이다. 4시간 동안 세 개 주제 중 하나를 선택해 논문 형식으로 작성해야 한다. 특히 철학 시험의 논제는 프랑스 지성을 가늠하는 잣대로 인식되고 있다. 다음은 바칼로레아 철학 시험에 출제되었던 문제들 중 일부다.

- 역사가는 객관적일 수 있는가?
- 철학이 세상을 바꿀 수 있는가?
- 철학자는 과학자에게 어떤 도움을 줄 수 있는가?

- 인류가 한 가지 언어만으로 말하는 것은 바람직한가?
- 역사는 인간에게 오는 것인가 아니면 인간에 의해 오는 것인가?

바칼로레아의 어원은 bacca(베리 열매)와 laurea(월계관)가 합성된 라틴어 baccalaurreus 바칼라우레우스다. 즉 학업을 모두 마친 학생이 열매가 가득 찬 월계관을 쓰고 있는 모습에서 만들어진 말이다. 한편 현대 영어에서 '학사 학위 소지자'라는 의미의 bachelor 배철러라는 단어도 있는데, 이 말은 '미혼남'이라는 뜻으로 더 많이 사용된다.

이 말의 뿌리인 프랑스어 bachelier 바슐리에는 중세 프랑스에서 부모와 함께 사는 젊은 미혼 귀족 남자를 의미했다. 일반적으로 바슐리에는 기사가 되기 위해, 혹은 방패를 들고 다니는 에퀴예écuyer가 되기 위해 열심히 기사 수업에 정진했다. 영주의 깃발을 관리하거나 기령 기사banneret로서 복무하기도 했다. 바슐리에는 '젊은 기사'나 '젊은 귀족'으로 그 의미가 확대되다가 근대에 들어와 기사 계급이 사라지면서 기사도와 관련된 의미가 사라졌다. 그러면서 라틴어 본연의 의미가 되살아났다. 영어에서 대학의 문학사를 'Bachelor of Art'라고 부르는 예가 그렇다. 현대 영어에는 여전히 '결혼하지 않은 젊은이'라는 의미가 들어 있지만, 현대 프랑스어에는 '대학 입학 자격 취득자'라는 뜻만 있다. 18세기부터 célibataire 셀리바테르라는 말이 만들어지면서 '젊은이'의 의미가 상실되었기 때문이다.

깃발을 드는 기령 기사banneret로서의 역할을 수행하고 있는 중세 바슐리에의 모습(가장 오른쪽 인물).

061

Order of Temple | 성당기사단 |

염불보다 잿밥

1314년 3월 18일 성당기사단의 단장인 자크 드 몰레가 파리 시테 섬의 베르갈랑 광장에서 화형을 당했다. 그는 죽기 전에 노트르담 대성당이 보이는 곳으로 자신을 묶어달라고 형리에게 부탁했다. 그리고 화염 속에서 그는 왕과 교황에게 다음과 같은 저주를 퍼부었다고 한다.

"주님이 노여워하신다. 프랑스 왕국에 기독교를 배신한 원수들이 있다!"

성당기사단장을 처형한 사람은 프랑스 국왕 필리프 4세였다. 왜 그는 유럽의 신민들이 존경하던 성당기사단을 공중 분해한 것일까? 이번 글의 주인공인 성당기사들(프랑스어로 templier 탕플리에, 영어로 templar 템플러)을 만나보자.

1099년 1차 십자군 원정으로 예루살렘이 유럽인들의 수중으로 들어오자 유럽의 많은 기독교도들이 성지 순례길에 올랐다. 하지만 성지는 너무 멀었고, 가는 길에 도적 떼가 자주 출몰했다. 이처럼 위험한 여정에서 순례자들을 보호하기 위해 솔로몬의 성전聖殿 위에서 창설된 집단이 바로 성당기사단 혹은 성전기사단이다.

성당기사단은 본래 군사적 임무를 완수하는 것이 원칙이었으나, 점차 그 역할이 순례길에 오른 기사들을 도와주고 그들의 재산을 관리하는 일로 바뀌었다. 순례자들의 재산은 이렇게 관리되었다. 먼저 성지 순례를 떠나는 귀족은 자신의 재산을 성당기사단에 맡긴다. 그러면 기사단은 그에게 일종의 신용장을 발행해준다. 성지에 도착해서 성당기사단의 지부에 이 신용장을 제출하면 그에 상응하는 돈을 내준다. 중세 유럽에 등장한 최초의 수표인 셈이다. 성당기사단은 점차 본연의 업무인 순례자를 보호하는 일보다 금융업에 더 관심을 가지게 되었고, 기사단의 금고에는 돈이 쌓여갔다.[23]

필리프 4세는 성당기사단의 막대한 자금에 관심을 갖기 시작했다. 하지만 성당기사단은 교황에 직속된 단체였으므로 세속의 왕에게 예속될 수 없었다. 필리프 4세는 기사단의 돈을 합법적으로 몰수할 방법에 골몰했다. 사실 그는 잉글랜드와 전쟁을 할 때 성당기사단으로부터 많은 돈을 빌려 쓴 적이 있었다. 빚을 갚기는커녕 죄를 뒤집어씌워 기사단의 재산을 강탈하려고 했으니 이쯤 되면 은혜를 원수로 갚은 악성 채무자였던 셈이다. 결국 필리프 4세의 의도대로 성당기사단의 기사

프랑스 파리 시테 섬의 꼭짓점에 있는 베르갈랑이라는 작은 공터에는 "1314년 3월 18일 성당기사단장 자크 드 몰레가 여기에서 화형을 당했다"라는 글귀가 동판에 새겨져 있다. 그는 노트르담 대성당 쪽을 바라보면서 "누가 죄를 지었는지 주님이 알 것이다!"라고 외쳤다고 한다. 오른쪽은 성당기사단복을 입은 자크 드 몰레.

들은 모두 화형 선고를 받고 기사단의 재산은 몰수되고 말았다. 기사단의 단장 자크 드 몰레도 모진 고문 끝에 자신의 죄를 인정했지만 번복한다.

영어와 프랑스어의 temple은 '할례를 하는 곳', '정결한 의식을 올리는 곳'이라는 의미의 라틴어 templum템플룸에서 온 말이다. 본래 이 말은 고대 로마에서 새(鳥)로 점을 치는 공간을 일컬었다. 어원을 더 캐보면 인도-유럽어에서 'tem'은 '자르다'라는 의미였는데, 성전에서 희생제를 올릴 때 희생물인 가축을 도살하는 곳에서 templum이 만들어진 것이다.

marriage | 결혼 |

중세의 결혼

기독교 왕국이었던 중세 유럽에서 결혼은 신성한 의식으로 간주되었다. 그런데 12세기 유럽에서 결혼식을 올리지 않은 가족이 대다수였다는 사실은 다소 의외다. 사실 중세 초기 농노, 소작농, 지주, 거주지가 일정하지 않은 사람들, 영주의 승인 없이 결혼한 사람들은 교회의 축복을 받지 않고 가족을 이루었다.

귀족들은 결혼을 가족과 가문 간의 일로 생각했다. 그래서 중세 초기 수 세기 동안 결혼은 종교적인 의례로 인식되지 않았다. 예를 들어 혼례를 올리지 않고 함께 사는 경우나 일부다처제의 관행이 메로빙거 왕조 시대까지 존속했으며, 그 후에도 사라지지 않았다.

중세의 결혼식은 교회가 주관하는 신성한 의식이었다. 모든 기독교도들은 평등하므로 결혼 조건에 차이는 없었다. 예를 들어 이론적으로는 목동도 공주와 결혼할 수 있었다. 결혼 약속은 신부의 주관 아래 엄숙히 진행되었으며, 약혼식에서 남녀는 반지를 교환했다. 약혼반지는 본래 오른손 셋째 손가락에 끼었으나, 나중에는 왼손 넷째 손가락으로 바뀌었다. 약혼반지가 신경이나 정맥을 통해 심장까지 전달된다고 생각했기 때문이다. 약혼반지를 교환한 뒤 서로 입맞춤을 함으로써 약혼 예식은 막을 내린다. 그리고 약혼식 40일 후 결혼이 공표되면 약혼자들은 서로 결혼 동의를 교환하는데, 물론 이때에도 신부가 교회 입구에서 약혼자들을 지켜보며 두 남녀의 결합을 축복하고, 혼인 미사를 위해 그들을 교회 안으로 인도한다.

결혼 의식은 기독교식으로 변형된 민속 의식에 따라 진행되었다. 흰 옷을 입고 머리를 늘어뜨린 신부, 신혼부부에게 곡식 씨를 뿌리며 축하해주는 모습, 교회를 향해 늘어선 축하 행렬, 길 위에 뿌려지는 꽃잎들, 주연酒宴, 결혼 선물 등이 당시의 결혼 장면들이다. 신부는 신랑의 팔에 안겨 초야를 보낼 신방으로 들어가고, 신부 친구들은 신부가 옷을 벗도록 도와준다. 이렇게 법적으로 이루어진 결혼은 파기할 수 없는 것이었다. 부부는 함께 살아야 하며 서로에게 충실해야 하고 자녀를 양육할 의무가 있었으며, 남편은 가정을 이끌고 집안의 권위를 지켜야 했다.

결혼을 약속한 남자 쪽 집안은 여자 쪽 집안에 결혼 선금을 지불하는 것이 관례였다. 만약 남자가 결혼을 파기하면 선불한 금액의 네 배

프랑스 카페 왕조의 마지막 왕 샤를 4세와 마리 드 룩셈부르크의 결혼식을 묘사한 장 푸케의 15세기 그림. 프랑스 왕실을 상징하는 푸른 바탕에 노란 백합꽃이 온통 주위를 감싸고 있다.

를 배상해야만 했다. 한편 남편은 자신이 사망할 경우를 대비해 '과부 재산douaire'을 설정해놓는데, 그 금액은 그가 결혼 시 선불했던 금액의 3분의 1에서 절반가량이었다. 거기에 '아침 선물don du matin'이라고 불리는 일정액이 가산되는데, 이것은 아내의 처녀성 상실에 대한 보상이자 감사의 표시였다.

결혼을 의미하는 영어 단어로 wedding과 marriage가 있는데 태생이 다르다. wedding은 결혼을 뜻하는 고대 영어 weddung에서 나왔다. 그런데 노르만 정복 이후 12세기에 프랑스어 mariage가 들어왔다. 이후 marriage는 두 사람이 결혼을 통해 오랜 관계를 맺었다는 의미로 사용되고 wedding은 '결혼식'으로 사용되었다. 그러므로 "너를 내 결혼식에 초대한다"라고 하고 싶으면 "You are invited to my wedding"이라고 말해야 한다.

garter | 밴드 |

영국 최고의 훈장은
'밴드' 훈장

백년전쟁이 한창이던 1348년 4월 23일, 이날은 기사들의 수호신 성 조지의 날이었다. 영국군이 점령하고 있던 프랑스 칼레에서 무도회가 열렸다. 2년 전 크레시 전투에서 대승을 거둔 것을 자축하는 무도회였다. 백년전쟁의 당사자인 영국의 에드워드 3세와 그의 애첩 솔즈베리 백작 부인도 그 무도회를 즐기고 있었다. 그런데 백작 부인이 너무 흥에 겨웠던 것일까? 스타킹 밴드를 그만 바닥에 흘리고 말았다. 춤을 추던 사람들은 속으로 웃으면서 왕의 반응을 주시했다. 에드워드 3세는 천천히 걸어 나오면서 바닥에 떨어진 밴드를 주워 사람들에게 보이며 다음과 같이 소리쳤다(왕의 모국어는 프랑스어였다).

신사 여러분, (이 밴드를 보고) 사념을 품은 자에게 화禍가 있으라!

지금 비웃고 있는 사람들은 앞으로 이 밴드와 비슷한 것을 착용하는 것을 명예롭게 생각할 것입니다. 오늘 이 자리에서 비웃었던 사람들은 앞다투어 이 밴드를 찾게 될 것입니다.

이렇게 해서 가터 훈장Order of the Garter이 탄생하게 되었다. 훈장이름이 여자의 스타킹이 흘러내리지 않게 하는 '밴드' 훈장이라니 웃음이 나오지만, 이 훈장은 영국 왕실이 기사들에게 수여하는 최고의 훈장으로 등극하게 되었다. 가터기사단은 기사 25명으로 구성되어있는데, 영어로는 'Knights Companion', 프랑스어로는 'Chevaliers Compagnons 슈발리에 콩파뇽'이라고 부른다. 20세기 초부터 여성에게도 이 훈장을 받을 자격이 주어졌으며, 1987년 이후에는 여성도 기사로 선발될 수 있게 되었다.

다음 쪽의 왼쪽에 있는 가터 훈장의 문장紋章에는 에드워드 3세가제정한 가터 훈장의 제명인 'Honi soit qui mal y pense'(사념을 품은 자에게 화가 있으라)가 보인다. 영국 왕실에 대해 나쁜 마음을 가진 자는 벌을 받는다는 의미다. 'Honi'는 중세 프랑스어인데 오늘날에는 남아 있지 않다.

영국 왕실의 문장 하단에 보이는 'Dieu et mon droit'(신과 나의 권리)는 12세기 사자심왕 리처드가 한 말이라는 설이 있고, 정식으로 이 제명이 사용된 시기는 15세기 헨리 5세 때부터라는 설도 있다. 어쨌든

왼쪽은 가터 훈장의 문장. 파란 벨트에 시계 방향으로 적힌 문장은 중세 프랑스어인데, 에드워드 3세가 칼레의 무도회에서 경고한 "사념을 품은 자에게 화가 있으라"라는 문장이다. 오른쪽은 현재 영국 왕실의 공식 문장인데 하단에 "신과 나의 권리"라는 제명이 프랑스어로 쓰여 있다.

현재 영국 왕실의 공식 문장에 프랑스어 제명이 있는 것으로 보아, 영국 왕실에서 프랑스어가 차지하던 위상이 어떠했는지 짐작할 수 있다.

　스타킹이나 양말이 흘러내리지 않도록 착용하는 '가터'는 중세 노르만 방언에서 '밴드'를 의미하는 gartier 가르티에에서 나왔다. 본래의 의미는 '발목 아래 혹은 위에 착용하는 밴드'였다. 현대 프랑스어로는 jarretièr 자르티에르다.

romance | 로맨스 |

연애 소설

중세 유럽인들이 엄격한 기독교 세계에서 살았다고 해도, 인간의 본성은 시간과 공간에 제약을 받지 않는다. 연애 감정도 그렇다. 13세기 프랑스의 연애소설《장과 블롱드Jehan et Blonde》는 청춘 남녀의 사랑 이야기를 잘 보여준다.

당마르탱 출신 기사의 아들인 장은 옥스퍼드 백작의 딸 블롱드의 시종으로 들어간다. 그는 블롱드를 보자마자 사랑에 빠져 가슴앓이만 하다가, 용기를 내어 사랑을 고백하지만 블롱드는 받아들이지 않는다. 무엇보다 신분 차이가 두 사람의 사랑을 가로막았다. 그러다 장이 자신의 사랑을 받아주지 않으면 죽어버리겠다고 하자 결국 블롱드는 그의 사랑을 받아들인다. 이렇게 두 사람은 은밀하게 사랑을 나눈다.

그런데 장의 어머니가 사망해서 혼자가 된 아버지를 찾아 프랑스로 돌아가야 할 처지에 놓이고, 두 연인은 1년 뒤에 다시 만날 것을 약속하고 헤어진다. 그사이에 글로스터 백작이 블롱드에게 청혼을 한다. 그러자 장이 돌아오고, 결혼식 당일에 블롱드를 납치해 프랑스로 데려가서 결혼한다. 프랑스 왕은 장을 당마르탱 백작으로 봉하고, 신혼부부를 찾아온 옥스퍼드 백작에게 두 사람을 용서해줄 것을 권한다.

여기까지 보면 《장과 블롱드》는 흔한 민담에 등장하는 주인공들처럼 보인다. 당시 분위기로 보아 순결한 사랑으로 끝날 것 같은 이 소설은 뜻밖에도 젊은 연인의 사랑을 솔직하게 묘사하고 있다. 이야기 속에는 사랑하는 상대와의 만남, 정신적 사랑의 순결함, 상사병에 걸린 듯한 청년과 그에게 사랑의 처방약을 주며 즐거워하는 처녀의 이야기가 잘 묘사되어 있다. 이러한 장면은 중세 문학 작품에서 흔히 볼 수 있는 것들이다. 그런데 세세한 장면들은 우리를 놀라게 한다. 예를 들어 장과 블롱드가 2년 동안 불같은 사랑을 나누었다고 묘사하고 있다. 중세에도 젊은 연인들의 사랑은 요즘과 다르지 않았던 것이다.

중세의 교회는 우리가 생각하는 것만큼 성문화에 엄격한 잣대를 들이대지 않았다. 중세인의 성의식은 중세 사회 전반에서 기록된 참회

연인과 휴식을 취하고 있는 14세기 독일의 제후 콘라트 폰 알트슈테텐. 중세의 연인들도 현대인들처럼 아름다운 사랑을 나누었을 것이다.

283

와 고해의 편람을 통해 알 수 있는데, 교회는 간통이나 매춘 같은 사회적 일탈에 대해 아주 엄격한 처벌을 내리지는 않았다고 한다. 간통한 남자의 경우 웬만해서는 하루에서 180일 정도 참회하면 그만이었다. 게다가 많은 도시에서 매춘이 성행했다. 공중목욕탕에서도 매춘이 흔히 이루어졌다.

중세 프랑스를 중심으로 널리 퍼진 이야기 또는 소설을 로망roman이라고 부른다. 운문체 형식의 이 이야기는 주로 기사들의 무용담이나 귀부인들의 사랑 이야기를 다룬다. 《장과 블롱드》가 대표적인 로망이다. 로망은 본래 '민중의 언어'라는 말에서 나왔는데, 나중에는 '민중이 만든 운문의 이야기'라는 뜻이 되었다. '로망'은 중세 때 영어에 romance 로맨스라는 형태와 '기사나 영웅의 모험 이야기'라는 의미로 들어갔다. 이후 '사랑 이야기'라는 뜻으로 변해 오늘날 우리가 알고 있는 '로맨스'가 되었다.

love | 사랑 |

이루어지지 못한 사랑

'로미오와 줄리엣' 같은 사랑이 중세에 있었다. 이 사랑은 셰익스피어의 사랑만큼 아름답고 비극적이었다. 게다가 실화였기에 중세 내내 사람들은 두 남녀의 사랑을 애처롭게 생각했다. 두 주인공의 이름은 아벨라르와 엘로이즈. 아벨라르는 프랑스 서쪽의 브르타뉴 지방에서 귀족 집안의 장남으로 태어났다. 그는 평생을 걱정 없이 살 수 있었음에도 재산을 동생에게 넘기고 파리로 가서 당대 최고의 학자가 되었다.

1184년 파리에서 철학자로 명성을 날리던 아벨라르는 성당 참사회원 퓔베르의 조카딸 엘로이즈의 가정교사가 된다. 당시 아벨라르는 서른아홉 살이었고 엘로이즈는 열일곱 살 소녀였다. 엄격한 도덕과 신앙심이 지배하던 시대에 당대 최고의 학자와 처녀 제자는 금지된 사랑에 빠지고 말았다. 엘로이즈의 숙부 퓔베르가 둘의 사이를 알아차렸을 때 이미 엘로이즈는 임신한 상태였다.

엘로이즈는 아이를 낳고 둘은 비밀리에 결혼식을 올렸다. 그런데 문제는 엘로이즈를 친자식처럼 여기던 퓔베르였다. 그는 아벨라르가 엘로이즈를 버릴 수 있다고 생각한 나머지 아벨라르의 하인들을 매수해 아벨라르를 거세해버린다. 이 일로 엘로이즈는 숙부에 대해 원한이 사무치게 되지만, 퓔베르는 도리어 엘로이즈가 가문의 명예를 더럽혔다며 그녀를 아르장퇴유 수도원으로 보내버렸다. 아벨라르 역시 생드니 수도원에 들어가 수도사가 되었다. 두 연인이 수도사와 수녀가 된 것이다. 이제 속세의 사랑은 끝난 것일까?

아벨라르는 자신의 불행을 터놓은 편지를 친구에게 보낸다. 그런데 우연히 이 편지를 읽게 된 엘로이즈가 아벨라르에게 답장을 보내며 두 연인은 다시 편지로 만나게 된다. 오늘날 전해지는 열두 편의 편지는 두 사람의 사랑을 전하고 있다. 다음은 엘로이즈가 아벨라르에게 보낸 편지다.

하느님이 아시는 일이지만, 나는 당신의 한마디로 지옥의 불구덩이를 향하더라도 당신을 따라나섰을 것이며, 또 앞서기도 했을 것입니다! 내 마음이 나와 함께 있는 것이 아니라 당신과 함께 있는 까닭입니다. 그리고 오늘에 와서, 만약 더 이상 나의 마음이 당신과 함께 있지 못한다면, 그것은 어느 곳에서도 있을 자

영혼과 육체의 완벽한 조화를 이룬 중세의 이상적인 커플 엘로이즈와 아벨라르. 아벨라르는 1142년에 사망해 수도원에 안치되었고, 1164년 엘로이즈가 사망하자 둘은 합장되었다. 그림은 19세기 영국 화가 에드먼드 레이턴의 작품이다.

리가 없을 것입니다. 나의 마음은 당신 없이는 절대로 존재할 수 없습니다. 부탁입니다, 내 마음이 당신과 함께 편안히 있게 해주세요![24]

엘로이즈는 아벨라르보다 20여 년을 더 살았다. 엘로이즈가 죽은 뒤 두 사람을 합장하기 위해 아벨라르의 관을 열었을 때 그의 유해가 엘로이즈를 안기 위해 팔을 벌렸다는 전설이 전해진다. 1807년 나폴레옹의 황후 조제핀은 두 연인의 묘소에서 거행된 야간 횃불 행렬에 직접 참여하기도 했다. 두 사람의 무덤은 1817년 파리 페르라셰즈 공동묘지로 이장되었다.

프랑스 말로 사랑을 뜻하는 amour아무르는 라틴어 amor아모르에서 왔는데 '사랑하다'를 뜻하는 동사 amare아마레가 그 뿌리다. 음악의 신동 모차르트의 이름 속에 들어 있는 아마데우스Amadeus는 '신이 사랑한 사람'이라는 뜻이고, 동호회원을 의미하는 아마추어amateur는 '무엇을 좋아하는 사람'이라는 뜻이다. 한편 영어의 love는 사랑, 성적 매력, 애정 등을 의미하는 고대 영어 lufu에서 나왔다. 게르만권에서 사랑을 의미하는 말들은 영어와 유사한데 독일어 Liebe리베, 네덜란드어 lof로프가 그렇다. 이탈리아어 amore아모레, 스페인어 amor아모르, 포르투갈어 amar아마르는 라틴어의 후손이다.

happiness | 행복 |

행복한 사람

중세의 유럽인들은 행복했을까? 교회는 "현세에서 출세한 사람은 가장 나중에 천국에 들어간다", "마음이 가난한 자가 진정으로 행복한 사람이다"라고 복음을 전했다. 그런데 민중은 이 말을 진정으로 믿었을까? 중세 사람들은 인생의 목표를 어디에 두고 살았을까?

중세인은 자식을 가장 큰 행복이라고 생각했다. 그들은 죽을 때까지 자식들을 위해서 일을 하다 세상을 떠났다. 그런 점에서 그들이 자식을 위해 남겨둔 재물들을 살펴보는 것은 흥미로운 일이다. 그 재물을 통해 당시 사람들이 생전에 얼마만큼 남의 것을 훔치거나 돈을 빌렸는지, 혹은 십일조를 제대로 냈는지 등을 알 수 있기 때문이다.

중세의 군주는 아니지만 72년 동안 왕위에 있었던 루이 14세는 1711년 초까지 왕위 계승권을 가진 세자와 세손 그리고 증손까지 살아 있다는 사실에 안도하고 있었다. 적통이 끊어질 리는 없었기 때문이다. 그러나 인간의 운명은 한 치 앞을 모르는 법이다. 1711년 4월 12일에 왕세자인 그랑 도팽이 천연두에 걸려 사망했다. 왕세자 곁에 모여 있던 측근들은 하루아침에 구심점을 잃고 뿔뿔이 흩어졌다. 심지어 왕세자의 관을 지키는 이도 없었다고 한다. 권력이란 이런 것이다. 권력의 중심이 하루아침에 왕세자(그랑 도팽)에서 왕손인 부르고뉴 공(프티 도팽)으로 이동했다.

그런데 불행은 혼자 오지 않는다. 루이 14세가 너무 오래 살았기 때문일까? 아니면 유아기를 넘기지 못하고 사망한 자식들의 저주가 서려서였을까? 아버지보다 총명했던 부르고뉴 공도 1712년 2월 18일에 사망하고 만다. 궁정에서 유행하던 홍역에 아내가 감염되어 세상을 떠났는데, 그도 같은 증상으로 죽은 것이다. 거기에 부르고뉴 공의 장남마저 똑같은 증상으로 죽었다. 1년도 안 되어 왕위 계승권자 셋이 줄줄이 세상을 떠난 것이다. 이제 남은 적통의 왕위 계승권자는 부르고뉴 공의 두 살 된 왕자만이 남았다. 다행히 이 루이 14세의 증손은 살아남았고, 훗날 루이 15세로 왕위에 오른다.

잉글랜드를 정복한 윌리엄 1세(재위 1066~1087)는 행복한 군주였을까? 평생 정복의 후유증으로 반란을 진압하러 다녔던 그는 전장에서 낙마해 내장이 파열되는 부상을 입고 고통 속에 생을 마감한다. 빅토리아 여왕(재위 1837~1901)도 60여 년 동안 대영제국을 다스리며

루이 14세
(1638~1715)

그랑 도팽
(1661~1711)

부르고뉴 공
(프티 도팽, 1682~1712)

루이 14세는 왕위 계승권을 가진 세자와 세손 그리고 증손까지 살아 있다는 사실에 안도했다. 아마 자신이 세상에서 가장 행복한 사람이라고 생각했을 것이다. 하지만 1년도 안 되어 세 명의 왕위 계승권자가 세상을 떠나고 만다. 행복과 불행은 종이 한 장 차이다.

천수를 누렸지만 사랑하는 남편 앨버트 공을 젊은 시절에 떠나 보내고 평생 검은 상복을 입고 지냈다. 인생의 행운과 불행은 누구에게나 공평하게 지나가는 법이다.

고대 노르드어로 hap은 '행운'과 '사람의 운'을 의미하는데, 여기에서 영어의 형용사 happy와 '일어나다'라는 뜻의 동사 happen이 나왔다. 행운과 불행은 예기치 않게 찾아오는 법이라 언제 어떤 일이 일어날지 아무도 모른다.

067

honor | 명예 |

명예는 부를 가져다준다

중세 서유럽의 사회 질서는 두 축에 의해 유지되고 있었다. 첫 번째는
기독교다. 교회는 폭력적인 게르만족의 후손들, 특히 기사들을 순화
시키는 데 결정적인 역할을 했다. 교회는 '신의 평화Paix de Dieu'를 통
해 여성, 상인, 농민, 사제 등 비전투원에 대한 공격을 금지했다. 또 수
요일 저녁부터 월요일 아침까지 모든 무력 행위를 금지하고, 대림절
부터 주현절 이후 8일째, 사순절부터 부활절 이후 8일째까지 일체의
무력 행사를 금지했다.* 이렇게 게르만족의 폭력성은 교회에 의해 통
제되었다.

　두 번째 축은 기사도를 들 수 있다. 기사도는 12~13세기에 프랑스

---

* 대림절은 성탄절 4주 전에 시작하고, 주현절은 1월 6일이며, 사순절은 부활절 40일 전에
　시작한다.

를 중심으로 발전했는데, 폭력적인 중세 기사들을 규범의 틀 안에 들어오게 한 사회적 약속이었다. 기사는 주군으로부터 봉토를 받고 주군에게 군역을 비롯한 여러 의무를 진다. 봉토는 주군과 기사를 이어주는 봉건제의 핵심이었다.

그런데 중세에는 봉토fief와 비슷한 개념의 토지가 또 있었다. 현대 영어에서 '명예'를 뜻하는 honor가 봉토와 거의 같은 개념으로 사용되던 말이었다. honor는 중세 프랑스어 honneur 오뇌르에서 나왔는데, 오뇌르는 '포상을 받은 사람' 또는 '공적인 직무'라는 뜻의 라틴어 honorem 오노렘에서 온 말이었다. 공무를 수행하는 사람은 명예를 중하게 여겨야 하므로 명예라는 의미가 자연스럽게 더해진 것이다. 그런데 중세가 되자 오뇌르의 의미에 물질적인 포상이 추가된다. 봉토의 의미가 생겨난 것이다. 영주는 자신이 거느린 기사들에게 군역을 대가로 오뇌르를 하사했다. 이를 받은 기사들을 '오뇌르의 기사'라고 불렀다.

한편 중세 영국에서 오뇌르는 노르만 정복 이후 새롭게 생긴 왕의 영지를 가리키는 말로 바뀌었다. 예를 들어 정복왕 윌리엄은 잉글랜드를 정복하고 북부 요크셔 지방에 위치한 리치몬드에 오뇌르를 새로 만들어 브르타뉴 백작 알랭 르 루에게 하사했다. 리치몬드 오뇌르를 하사받은 알랭 르 루는 윌리엄에게 기사 60명을 제공할 의무를 졌다. 리치몬드 오뇌르는 잉글랜드에서 아주 중요한 봉토 중 하나로, 이

'신의 평화' 덕분으로 중세 사회의 세 신분(성직자, 기사, 농민) 사이에는 평화가 정착되었다.

영지에는 장원이 243개 있었다. 전통적으로 노르만 왕조의 왕들은 다른 지방의 영지를 묶어서 오뇌르를 구성했는데, 봉신들이 반란을 일으킬 경우 서로 연합하지 못하게 막으려는 목적이었다. 전리품으로 얻은 대저택도 오뇌르에 속했다. 예를 들어 정복왕 윌리엄의 형제인 로베르 드 모르탱은 793채, 오동 드 바이외는 439채의 대저택을 소유했다.

honor와 honneur에는 이제 명예라는 뜻만 남아 있고 봉토의 의미는 사라졌다. '언어는 시대의 거울'이라는 말답게 봉건제가 무너지자 오뇌르에 들어 있던 봉토라는 뜻도 사라진 것이다.

knight | 기사 |

기사도의 탄생

서양 중세의 경제적인 근간이 장원제라고 한다면 사회 제도는 봉건제에 그 뿌리를 두고 있다. 봉건제의 정점에는 황제나 왕이 있고, 그 밑에 공작이나 백작 같은 대제후가 있고, 그 아래에는 작은 영주들이 자신의 주군을 섬긴다. 그리고 영주의 바로 아래에는 기사 계급이 존재한다. 우리가 중세 유럽의 모습을 상상할 때 머릿속에 떠올리는, 멋진 갑옷과 투구를 쓰고 말을 탄 기사 말이다.

프랑스의 성직자가 기록한 문서에는 기사 계급의 기원은 고대 그리스 시대로 거슬러 올라간다고 적혀 있다. 고대 그리스인들은 신체가 건장하고 용기가 남다른 사람이 공동의 방어 의무를 져야 한다고 생각했다는 것이다. 그러나 중세의 기사 제도는 히브리족의 제도인 넴로드Nemrod를 모방하여 생겨났다. 히브리족의 넴로드는 요새를 지은 뒤 무력으로 대항자들을 굴복시키거나, 사람들을 납세 의무로부터 해방시킨 뒤에 돈을 주고 그들을 자기편으로 편입시켰다.

주군과 봉신의 관계는 '신하의 서약'이라고 불리던 오마주hommage로 완성되었다. 오마주는 쌍방 간의 의무를 확인하던 의식이다. 즉 주군은 기사에게 무구와 토지를 하사하고, 봉신인 기사는 주군에게 평생 충성할 것을 서약한다. 서로 절대 버리거나 배신하지 않는 관계를 맺는 것이다.

기사가 주군에게 충성 서약을 하면, 영주는 기사에게 봉토뿐만 아니라 무구도 장만해주어야 했다. 기사의 주요 무기는 십자가 모양의 장검과 짧은 창이었는데 그 외에도 다양한 종류가 있었다. 이 무구들의 값을 합하면 웬만한 장원의 규모와 비슷했다. 11세기 이후에는 무구 제작 기술이 발달해 부유한 전사와 그렇지 않은 전사의 격차가 더욱더 벌어졌다. 몇몇 소수의 영주 가문만이 제대로 된 무구를 장만해줄 수 있었고, 가난한 기사는 칼 한 자루가 고작이었다. 무구 중에서 가장 값비싼 것은 역시 말이었다. 가격뿐만 아니라 유지하는 데에도 많은 비용이 들었다.

영어로 '기사도'를 의미하는 chivalry시벌리는 '말(馬)'을 의미하는 프랑스어 cheval 슈발에서 나왔다. 프랑스어로 '기사'는 chevalier 슈발리에인데 '말을 타고 싸우는 중무장 전사'라는 뜻이다. 영어에서는 '기사'를 knight나이트라고 부르는데 원래 의미는 소년, 젊음, 하인이었다. 중

1286년 6월 5일, 잉글랜드의 에드워드 1세는 자신의 주군인 프랑스의 필리프 4세에게 오마주 의식을 치르기 위해 루브르 궁을 찾았다. 장 푸케가 15세기에 그린 그림.

298

세에는 영어의 'kn-'을 모두 발음했다. 예를 들어 knight를 중세 영어 식으로 발음하면 '크니흐트'인데, 18세기 중엽부터 k가 약화되어 묵음이 되었다.

중세의 기사들은 흔히 우리가 생각하는 것 같은 신사이기는커녕 오히려 불한당에 가까운 집단이었다. 기사 계급이 유럽에 나타나기 시작한 11세기 무렵 교회는 '신의 평화Paix de Dieu'라는 규범으로 폭력적이고 비도덕적인 기사들을 순화시켜 사회 속으로 끌어들이려는 시도를 했는데, 수가 증가하는 기사들을 마냥 통제할 수는 없었다.

1095년 교황 우르바누스 2세는 프랑스 중부에 위치한 클레르몽페랑에서 전 유럽의 기독교도들에게 성전을 호소했다. 이를 계기로 첫 번째 십자군 원정이 시작되었다. 전쟁에 목말라 있던 기사들에게 성전보다 더 좋은 명분이 어디 있었겠는가? 그들의 본색은 이후 십자군들이 성지에서 범했던 많은 학살과 약탈을 통해 확인된다.

champion | 샹피옹 |

명예를 목숨보다 중히 여긴
백기사

고대 로마인들은 두 종류의 스포츠에 열광했다. 하나는 검투극이고 다른 하나는 전차경주다. 검투극의 경우 검투사gladiator들이 경기장 의 주연이었는데 그들은 대개 노예 출신이었다. 로마인들은 자신이 직접 결투를 하는 것보다 노예들의 검투극을 보며 대리 만족했다. 하 지만 게르만족의 후손인 중세 유럽인들은 그렇지 않았다. 호전적인 유전자를 타고난 중세 유럽의 기사들은 평화의 시기에도 결투의 명분 을 찾고자 했다.

중세의 결투는 보통 두 전사가 맞대결을 하는 방식이었는데, 결투 에 임하는 전사를 샹피옹champion이라고 불렀다. 하지만 현대 스포츠 에서 자주 사용하는 챔피언과는 그 뜻이 사뭇 다르다. 영어 챔피언보 다 프랑스어 샹피옹을 선호한 이유는 중세 기사도가 탄생하고 꽃을 피운 곳이 프랑스이기 때문이다.

샹피옹의 어원은 라틴어 campionem 캄피오넴인데, 전사를 가리키지만 평범한 전사가 아니라 특별하고 어려운 결투에 나서는 전사를 의미했다.

경우에 따라서 샹피옹은 특정인이나 특정 집단을 대신해 결투에 나서기도 했다. 주로 싸울 능력이 없는 사람들(여자, 아이, 노인)이나, 국왕과 사제처럼 결투를 할 수 없는 사람들이 그러했다. 만약 결투의 당사자가 직접 싸움에 나서지 못할 상황이거나 아들이나 남편이 없을 경우, 샹피옹에게 요청하면 그가 백기사chevalier blanc가 되어 대신 결투에 나섰다. 이럴 경우 기사는 자신의 방패에 그려진 문장紋章을 지우고 나갔다.

11세기 서유럽에서 가장 유명한 백기사를 꼽으라면 정복왕 윌리엄의 죽마고우이자 당대 최고의 기사였던 기욤 피츠 오스베른을 들 수 있다. 그는 주군인 윌리엄을 도와 잉글랜드 정복에 결정적인 수훈을 세웠으며, 당대 서유럽에서 가장 용감한 기사였다. 1071년 정복왕은 런던에 있었고 오스베른은 왕비인 마틸다와 함께 노르망디에 머무르고 있었다. 그런데 마틸다의 친정 플랑드르의 정세가 복잡하게 꼬이고 있었다. 당시 플랑드르를 통치하던 마틸다의 오빠 보두앵 6세가 사망하면서 마틸다의 어린 두 조카가 남았는데, 승계 문제를 둘러싸고 섭정인 로베르와 암투가 벌어지고 있었다. 로베르는 마틸다의 동생이

찰스 록 이스트레이크가 19세기에 그린 〈챔피언〉. 샹피옹 옆에는 항상 아름다운 귀부인이 그림자처럼 따라다닌다. 샹피옹이 목숨까지 걸고 싸우는 이유다.

었는데 보두앵 6세가 죽자 조카들의 섭정을 마틸다와 나누어 맡고 있었다. 그러자 조카들의 어머니 리실드가 노르망디 공국에 도움을 청한다. 그중에서도 당대 최고의 기사 기욤 피츠 오스베른에게 로베르와 결투할 것을 간청했다. 이럴 경우 기사는 귀부인의 청을 거절할 수가 없다. 게다가 리실드는 윌리엄의 처가인 플랑드르의 백작 부인이었다. 런던에 있던 윌리엄도 오스베른의 출정을 승낙했다. 그리하여 오스베른은 학대받는 귀부인을 구하기 위해 백기사를 자처하며 플랑드르로 향했다. 하지만 그곳에 도착하자마자 매복병들에게 살해되고 만다. 잉글랜드 정복에서 윌리엄을 도와 최선봉에서 노르만 군대를 호령하던 기욤 피츠 오스베른은 한 여인을 위해 나섰다가 이렇게 생을 마감하고 만다.

esquire | 에스콰이어 |

방패를 들고 다니는
수습 기사

중세의 어른들은 아이들에게 두 가지 계율을 우선적으로 가르쳤다. 첫 번째는 신을 사랑하는 것이었고, 두 번째는 주위 사람들을 사랑하는 것이었다. 그리고 가능한 한 일찍 직업을 택해 그 직업을 사랑하라고 가르쳤다. 가장 존경받는 직업은 성직자와 기사였는데, 기사는 대개 귀족 집안의 남자아이들이 입문했다. 경작농 중에서 가장 부유한 계층이 하위층의 귀족이 되거나 기사 계급에 진출하기도 했다. 기사가 될 어린이들은 일곱 살 혹은 늦어도 열 살부터 교육을 받기 시작했다. 15세기 피렌체의 소년들은 열 살이 되면 후원자patron에게 맡겨져서 기사 수습 과정을 시작했다.

　이번 이야기의 주인공은 이런 수습 기사인데, 영어로는 esquire 에스콰이어라고 하고 프랑스어 écuyer 에퀴에에서 나왔다. 에스콰이어를 통해 수습 기사 혹은 향사鄕士의 이야기를 해보자.

에스콰이어는 '방패'를 의미하는 라틴어 scutum 스쿠툼에서 나온 말이다. 수습 기사의 가장 중요한 임무는 기사의 방패를 들고 다니는 것이었다. 수습 기사는 어린 시절부터 검술, 승마, 매 사냥 기술, 말을 타고 사냥개를 몰아 사냥하는 법 등 여러 가지 교육을 받았다. 또 귀족들의 여가 활동이나 놀이, 예를 들어 테니스의 전신인 죄드폼jeu de paume, 스쿼시와 유사한 플로트pelote, 주사위놀이인 트릭트락tric-trac 등도 익혔다. 열두 살 무렵이 되면 본격적인 기사 후보로서의 군사 교육을 받기 시작하고, 동시에 에스콰이어는 기사의 거처에서 시종 노릇을 하게 된다. 그리고 마침내 열네 살이 되면 공식 의식을 통해 기사를 보조하는 임무를 부여받는다. 그의 가장 중요한 임무는 기사의 방패와 창을 들고 다니는 것이었다. 그리고 기사가 타는 말도 관리했는데, 말의 종류는 의장식에서 타는 말과 전투용 말로 구분되었다. 에스콰이어의 역할은 전투에서 더욱 중요했다. 기사가 창을 놓치면 창을 집어 건네주었고, 새로운 무기가 필요하면 즉시 기사에게 전해주어야 했다. 혹시 기사가 싸움 중에 말에서 떨어지면 재빨리 달려가서 기사를 일으켜 세우는 것도 에스콰이어의 임무였다.

이렇게 헌신적으로 기사를 보필하다가 스무 살이 되면 에스콰이어는 드디어 정식 기사가 된다. 기사 서임식adoubement에서 주군은 충성 서약에 대한 대가로 기사에게 검, 박차, 투구, 방패를 하사한다. 10세

13세기 독일의 기사 볼프람 폰 에셴바흐와 그의 에스콰이어.

기부터 교회는 검을 전달하는 의식에 세례 의식을 제안했고, 12세기부터 기사 서임식은 일종의 종교적 서약식으로 자리를 잡았다.

중세에서 근대로 넘어오면서 에스콰이어는 귀족은 아니지만 영지를 소유한 젠트리 계층의 한 계급을 의미하게 되었다. 기사 후보생을 가리키던 말이 기사 계급의 몰락 이후 사회적 계급을 가리키는 말로 변신한 것이다. 시대가 변하면 말이 가리키는 대상도 바뀌는 법이다.

merci | 메르시 |

목숨을 살릴 수 있는 말

이번 이야기는 '감사'를 뜻하는 프랑스어 merci 메르시에 관한 것이다. merci는 영어의 'thank you'처럼 하루에도 수십 번씩 사용하는 아주 흔한 말이다. 이 말과 형제 같은 말이 영어 mercy인데 mercy를 사전에서 찾아보면 '자비'라는 뜻이다. 왜 이런 의미상의 엇갈림이 생겼을까? 서양 중세로 돌아가 보자.

중세 유럽에서는 정의를 심판하는 세 가지 방식이 있었다. '신의 심판'이라고 불렸던 중세의 재판 중에서 첫 번째는 '속죄의 맹세'를 통한 심판이다. 먼저 피고는 신을 정의의 증인으로 선택한다. 그리고 성경이나 성인의 성물에 손을 얹고 제3의 선서자 앞에서 자신이 결백한지 또는 죄를 지었는지 선언한다. 만약 위증을 할 경우 샤를마뉴 대제 시대에는 손목을 잘랐다.

두 번째 방식은 신명심판神明審判, ordalie이었다. 피고의 손을 끓는 물에 넣거나 불에 달군 쇠를 잡게 하고 그 손이 일정 시간 안에 치유되면 무죄로 인정했다. 피고를 줄로 묶어 물 속에 던지는 방법도 있었다. 무죄라면 살아서 물에서 나올 것이다. 순수함의 상징이자 신의 은총의 상징인 물을 받아들인다는 것이니까. 지금 보면 얼토당토않지만 당시에는 엄중한 재판 방식이었다.

신명심판도 성립되지 않을 경우 당사자 중 한 명이 상대방에게 결투를 신청할 수 있었다. 이 결투의 목적은 사법적인 정의를 밝히는 것이었으므로 프랑스어로는 '사법적 결투duel judiciaire', 영어로는 '결투를 통한 재판trial by combat'이라고 불렀다. 결투에는 규칙이 있었다.

- 결투는 울타리가 처진 결투장에서 실시한다.
- 결투를 공식적으로 인정받기 위해서는 '결투의 주관자maréchal de camp'가 지명되어야 한다.
- 결투는 엄숙하고 신성하게 진행한다.
- 무기는 결투자가 속한 사회적 신분에 따라 사용한다.
- 만약 결투 당사자가 노인이나 여성 또는 성직자일 경우 대리 결투자를 지정할 수 있다.

마지막 조항에 등장하는 '대리 결투자'를 앞선 글에서 보았듯이 중

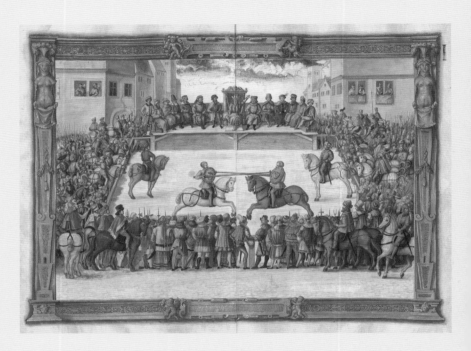

중세 유럽인들에게 마상 시합은 최고의 스펙터클한 볼거리였다. 그림 속 기사들은 투구를 벗고 있지만, 투구는 마상 시합을 할 때 꼭 착용해야 하는 무구였다.

세 프랑스어로 '샹피옹'이라고 불렀다. 결투에서 이긴 사람은 무죄를 인정받았고, 패배한 쪽은 신에 의해 유죄가 선언되어 기소된 죄목에 따라 벌을 받았다. 이 경우 왕만이 죄인의 형량을 줄일 수 있었다. 샤를마뉴 대제는 결투를 통한 심판을 인정했지만 지나치게 폭력에 의존하는 결투보다는 다른 방식으로 정의를 구현하라고 신하들에게 당부했다.

교회도 같은 입장이었다. 855년에 개최된 발랑스 공의회는 사법적 결투가 살인 행위나 다름없다면서 결투에서 상대방을 죽이거나 다치게 한 자는 살인자로 간주하여 파문했고, 죽은 자는 자살한 자와 동일시하여 기독교인의 묘지에 매장할 수 없다고 단언했다.

결투가 한창 클라이맥스로 치달으면 결투자가 부상을 당하거나 말에서 떨어지는 경우도 빈번히 발생했다. 그러면 유리한 위치에 있는 결투자는 땅에 떨어진 상대의 가슴에 발을 얹고 상대를 제압한다. 절명의 순간에 놓인 패배자는 상대방에게 자비를 베풀어달라고 애원한다. merci는 바로 이 상황에서 쓰인 말로, 자비를 구한다는 의미와 그에 대한 감사의 의미가 들어 있다. 영어 mercy의 뜻 '자비'는 여기에서 유래했다. 하지만 영어에 단어를 제공한 프랑스어에는 단지 '감사'라는 의미만 남았다. 현대 프랑스인들은 하루에도 수십 번씩 누군가에게 '목숨을 살려주어 감사하다'는 인사를 하고 있는 셈이다.

duke | 공작 |

공 / 후 / 백 / 자 / 남

중세의 역사에는 왕을 비롯한 많은 제후들이 등장한다. 카페 왕조를 개창한 위그 카페Hugues Capet는 프랑크 공작이었으며, 잉글랜드를 정복한 윌리엄 1세는 노르망디의 공작이었다. 그런데 노르망디 남쪽의 앙주 지방은 대대로 백작령이었다. 서양 중세의 제후들은 공작duke, 후작marquis, 백작count, 자작viscount, 남작baron으로 불렸다. 왜 이렇게 작위의 구분이 생겼을까? 단지 영지의 크기에 따라 이런 서열 구분이 생겼을까? 이번에는 제후들의 서열에 대해 알아보자.

위 5등급의 영어 작위 명칭은 모두 프랑스어에서 나왔다. 노르만 정복 이후 노르만 제후들이 앵글로색슨 귀족의 영지를 대부분 인수한 까닭이다. 그럼 가장 높은 서열인 공작부터 이야기해보자.

공작duke은 프랑스어 duc뒤크가 그 뿌리다. 공작은 왕과 거의 동등

한 위치에 있던 대제후였다. 실제로 10세기에 일드프랑스 지방(파리 근교의 수도권)의 공작이었던 위그 카페가 프랑스 왕국의 국왕으로 선출된 것으로 보아 공작의 지위를 가늠할 수 있다. 공작이라는 작위는 '사령관', '지도자'를 의미하는 라틴어 dux 둑스에서 나온 말이다. 공작은 동프랑크(독일) 왕국에 많았는데, 이는 곧 동프랑크 왕의 권한이 그만큼 제한적이었음을 의미한다. 실제로 훗날 신성로마제국의 황제는 대대로 동프랑크 왕국에서 나왔는데, 황제는 선거를 통해 선출되었다. 그만큼 쟁쟁한 공작들이 많았다는 반증이다.

후작marquis(프랑스어 발음은 마르키)은 공작 아래의 작위다. 후작의 가장 큰 특징은 왕국의 변경을 방어하는 임무였다. 그런 이유에서 후작을 변경백邊境伯(독일어로 Markgraf, 영어로 Margrave)이라고도 부른다. 변경은 왕국에서 가장 방어를 신경 써야 할 지방이었으므로 후작의 지위는 백작보다 한 단계 위였다. 백작이 하나의 영지만 소유할 수 있었던 반면 후작은 여러 영지를 가질 수 있었다.

백작count은 프랑스어 comte 콩트에서 나왔다. 정복 이전 잉글랜드에는 백작에 해당하는 고유어 earl이 있었지만 정복을 통해 이 작위는 사라졌다. 백작은 국왕의 명실상부한 신하였다. 국왕은 백작에게 봉토를 하사하고 충성 서약을 받는다. 예를 들어 정복왕 윌리엄의 주군인 앙리 1세는 앙주의 백작 조프루아와 연합해 수차례 노르망디 공국을 침략했는데, 이런 전쟁이 가능했던 것은 앙주의 백작이 프랑스 왕

영국에서 공작부터 남작까지 머리에 썼던 관을 비교한 그림. 화려함의 정도가 서열과 비례한다.

의 봉신이었기 때문이다.

자작viscount(프랑스어는 vicomte)은 백작을 보좌하는 작위였다. 부통령vice president에 있는 'vi-' 역시 그런 의미다. 자작은 백작령의 영지를 관리하는 일을 맡았기 때문에 제후라는 느낌보다는 관리라고 보는 것이 적절하다.

남작baron은 본래 프랑크 왕국에서 '자유민'을 의미하던 말이다. 귀족이 주군과 종사의 관계를 서약할 때, 말단 작위인 남작을 받았다.

challenge | 챌린지 |

프랑스어에 역수입된 말

언어마다 자신만의 독특한 철자법이 있다. 영어의 철자 'ou'는 프랑스식 철자법의 흔적을 보여준다. 집을 의미하는 고대 영어 hus가 노르만 정복 이후 프랑스식 철자법인 house로 바뀐 것이 좋은 예다.

'ch-'로 시작하는 영단어 중에도 프랑스어에서 유래한 말이 많다. champion, chance, change 등이 그렇다. 프랑스어에서 ch는 부드러운 [ʃ]로 발음되지만, 영어에서는 [tʃ]로 발음된다. 예를 들어 chance를 현대 프랑스어로 발음하면 '샹스'지만 영어는 '찬스'다. 그런데 이를 중세 프랑스어로 발음해도 '찬스'가 된다. 즉 프랑스어를 받아들인 영어가 원래의 발음을 그대로 간직하고 있는 것이다. 본래 언어는 수입한 쪽에서 더 잘 보존하는 법이다. 중세 기사들에게 목숨처럼 중요했던 challenge 역시 마찬가지였다.

중세의 기사들은 명분을 위해 일대일의 결투duel를 벌이거나 집단의 명예를 위해 집단 마상 시합tournament을 자주 벌였다. 일대일의 결투는 한 기사가 상대방에게 챌린지를 선포하면서 시작되는데, 이런 식으로 진행되었다. 일대일로 결투를 하고 싶은 기사는 상대 진영에 전령을 보낸다. 평상시 전령은 주군인 기사의 방패를 들어주거나 주군이 갑옷을 입는 것을 도와주는 일을 했는데 이 임무는 주로 수습 기사 '에스콰이어'의 몫이었다. 전령은 한껏 멋을 부려 차려입고 주군의 도전을 상대방에게 알린다. 그는 막대기와 주군의 오른손 장갑을 흔들어 보이며 적진에 파견된다. 이 도전, 즉 챌린지에 응하면 결투가 벌어지고 그렇지 않으면 성사되지 않는다. 하지만 도전을 피하는 기사는 거의 없었다. 목숨보다 명예를 중시했던 중세 기사들이었으니까.

챌린지가 받아들여졌음에도 결투까지 이어지지 않는 경우도 있었다. 정복왕 윌리엄 1세가 노르망디 공으로 있을 때 반란을 일으킨 주동자 그리무 뒤 플레시는 생포되어 루앙의 지하 감옥에 갇혔다. 그런데 그가 윌리엄에게 챌린지를 요청했고, 윌리엄은 이를 수락했다. 하지만 결투를 벌이기로 한 날 그리무 뒤 플레시는 지하 감옥에서 시체로 발견되었다. 윌리엄이 그를 죽이라고 몰래 지시했는지는 알 수 없지만, 아무튼 윌리엄의 입장에서 불필요한 챌린지는 이렇게 해결되었다.

challenge의 여정은 드라마틱하다. '요구하다', '다투다'라는 뜻의 중세 프랑스어 chalengier 찰랑지에에서 나왔지만, 프랑스어에서 사라졌

마상 시합은 전리품과 여인들의 환심을 얻을 수 있는 기회였지만, 자칫 잘못하면 목숨과 맞바꿔야 했다. 현대인에게 챌린지는 단순한 도전이지만, 중세 기사들에게는 목숨이 달린 위험한 시도였던 것이다. 사진은 남프랑스의 몽타녜 성에서 열린 축제 중에 마상 시합을 재현하는 장면이다.

다. 중세에서 흔했던 결투가 사라졌기 때문이 아닐까? 하지만 중세 영어에 들어간 challenge는 그 생명이 보존되어 지금은 스포츠와 기업에서 '진취적인 도전'의 뉘앙스로 자주 사용하는 말이 되었다. 그리고 19세기 말에 영어 challenge가 거꾸로 다시 프랑스어에 들어왔다. 600년 만에 금의환향한 것이다.

중세의 종교

074

Bible | 성경 |

파피루스에서
성스러운 책으로

중세 유럽은 기독교의 왕국이었다. 모든 신민臣民이 기독교 신자였고, 그렇지 않으면 이단으로 몰려 처벌을 받았다. 십자군 원정에서 유럽의 기독교 군대가 이슬람교도들을 무자비하게 학살한 것은 유럽인의 눈에 이교도는 사람이 아니었기 때문이다. 그런데 성경 어디에도 이교도를 학살해도 된다는 구절은 없다. 예수는 사마리아인을 '착한 사마리아인'이라고 불렀고, "네 이웃을 사랑하라"라는 말 속에는 이교도도 포함되어 있을 것이다. 성경을 영어에서는 Bible이라고 하는데, 이 말이 성경이 된 사연은 아주 오래되었다. 고대 이집트로 시간 여행을 떠나보자.

고대 이집트 신화에는 제우스 같은 주신은 등장하지 않지만 사후세계를 관장하는 오시리스가 중요한 신으로 나온다. 죽은 사람을 미

라로 만들어 사후 세계로 보냈던 고대 이집트인들의 내세관이 그대로
드러나는 부분이다.

오시리스는 아름다운 이시스와 결혼하고 행복한 시간을 보냈다.
오시리스와 이시스는 이집트인들에게 농업, 건축, 의학, 과학,
미술, 종교, 그리고 바느질을 가르쳐주었다. 당연히 이집트인들
이 가장 존경하는 신으로 자리 잡게 된다. 오시리스가 자리를 비
울 때 이시스는 계단 모양의 왕관을 쓰고 이집트를 다스렸다. 그
러나 호사다마라고 할까? 둘 사이를 질투하는 신이 있었으니,
바로 악의 신 세트였다. 세트는 간교를 꾸며 오시리스의 몸에 맞
춘 관을 열어놓는다. 아무도 그 관에 맞는 사람이 없었으나 오시
리스가 눕자 관이 딱 들어맞았다. 그 순간을 놓치지 않고 세트는
재빨리 관에 못을 박아 나일강에 던져버린다. 남편의 죽음을 목
도한 이시스는 혼비백산하여 남편을 찾아 나선다. 결국 오시리
스의 관이 페니키아의 비블로스로 흘러 들어가 타마리스크 나무
에 박혀 있다는 사실을 알아낸다. 그러나 비블로스의 왕은 그 나
무의 크기와 아름다움에 반해 나무를 왕궁의 기둥으로 사용한
다. 이시스는 남편의 관이 박혀 있는 기둥을 얻기 위해 왕자의
유모로 들어간다. 이시스는 병에 걸린 왕자에게 불멸성을 주려
고 하지만, 불멸의 의식을 행하는 와중에 왕비가 이를 발견하고

비명을 질러 수포로 돌아간다. 그럼에도 이시스의 정성 덕분에 왕자는 병에서 회복된다.[25]

이 신화는 이시스가 죽은 오시리스를 살려내어 자식을 낳는다는 해피엔딩으로 끝난다. 이렇게 해서 오시리스는 고대 이집트인들이 가장 숭배하는 '부활의 신'이 되었다. 신화의 이야기와 Bible의 연결고리는 오시리스의 관이 페니키아의 비블로스Biblos 왕국으로 흘러 들어가 나무에 박혔다는 사실에서 찾을 수 있다. 페니키아는 저 유명한 페니키아 문자가 탄생한 지방인데 지금의 레바논에 해당한다. 레바논 지방에는 백향목 또는 삼나무가 많이 있었는데, 오시리스의 관이 박힌 바로 그 나무다. 백향목은 이집트의 파라오가 사후에 타는 배를 만들 때 사용되었고, 솔로몬 시대에는 주요 건축물의 목재로 사용되었다고 한다. 고대 이집트와 메소포타미아는 비블로스 왕국의 백향목을 많이 수입했고, 이렇게 해서 비블로스라는 도시가 탄생한다.

고대 그리스인들은 파피루스를 biblos 비블로스라고 불렀다. 비블로스가 파피루스 교역의 중심 도시였기 때문이다. 마치 서양에 처음 들어간 도자기들이 중국산이어서 china가 도자기를 가리키는 말이 된 것과 같은 이치다. 이처럼 '책'을 의미하는 그리스어 비블로스에서 '성스러운 책', 즉 성경을 가리키는 Bible이 만들어졌다. 지금도 프랑스에서는 도서관을 bibliothèque 비블리오테크라고 부른다.

프랑스 지중해 연안에 있는 백향목. 고대부터 지금의 레바논 지방인 페니키아 지방에 많이 자생했다. 고대 이집트에서는 이 나무로 관을 짰고, 이스라엘 민족은 이 나무로 솔로몬의 신전을 지었다. 백향목의 주요 교역지인 도시 이름 '비블로스'에서 Bible이라는 말이 나왔다.

075

grail | 성배 |

성배를 찾아 나선 미션

〈인디애나 존스〉라는 할리우드 영화는 고고학자이자 탐험가인 존스 박사가 전설로만 전해오는 '성배聖杯'를 찾아 떠나는 모험 이야기다. 이번 주제어는 예수가 최후의 만찬에서 들었다는 잔, 즉 성배다. 영어로 grail 그레일인데, 중세 프랑스어 graal 그랄이 그 원형이다. 영어에서는 '신성한'을 뜻하는 holy를 붙여 'Holy Grail'이라고 부른다. 이제 우리도 이 신성한 성배를 찾아 떠나보자.

graal이라는 말이 처음 등장하는 중세의 문학 작품은 크레티앵 드 트루아의 《페르스발, 그랄 이야기》다. 그는 아서 왕의 전설에 나오는 성배 이야기를 기사도 이야기로 재탄생시킨 12세기의 프랑스 시인이다. 크레티앵 드 트루아는 성배의 모티프를 켈트족의 전설에 등장하는 '불사의 냄비'에서 가져왔다. 《페르스발, 그랄 이야기》에서 원탁의 기사 중 한 명인 페르스발은 성배를 찾아 나선다. 그는 '어부의 왕'이 거처하는 성에 성배를 찾으로 들어갔는데, 입구에는 한 전사가 창끝이 반짝이는 창을 들고 성을 지키고 있었다. 그런데 그 창끝에는 피가 한 방울씩 떨어지고 있었다. 성 안에는 두 명의 하인이 금촛대를 들고 있고, 그 옆에서 한 여자가 graal을 들고 있었다. 페르스발은 창에서 피가 떨어지는 이유를 묻지 않았다. 원탁의 기사 중 한 명이자 자신의 멘토인 고먼트가 어부의 왕에게 질문하기 전에 심사숙고하라고 충고했기 때문이다. 그러나 심사숙고가 지나쳤던 걸까, graal을 찾는 이유와 그것을 누구에게 가져다줄 것인지 말하지 못했던 페르스발은 임무를 완수하지 못하고 만다.

이후 graal은 예수 그리스도의 성배Saint Calice를 의미하는 잔으로 이야기에 등장한다. 13세기 프랑스 시인 로베르 드 보롱은 《아리마대 요셉의 성배》에서 성배에 대해 이야기한다. 십자가에서 내려온 예수를 거둔 사람은 아리마대 요셉이었는데, 그는 예수의 피를 성배 안에 모았다고 한다. 로마 군대의 백부장이었던 롱기누스가 예수의 옆구리를 창으로 찔러 흘러내린 피였다. 아리마대 요셉이 예수의 피를 담은 잔은 예수가 최후의 만찬에서 사용한 잔이었다고 한다.

성경에도 아리마대 요셉의 이야기가 나온다. 5세기경에 쓰인 것으로 알려진 〈빌라도행전〉에서 아리마대 요셉은 예수의 시신을 훔친 자로 오해받아 40년형을 선고받았는데, 감옥에서 예수가 나타나 그에

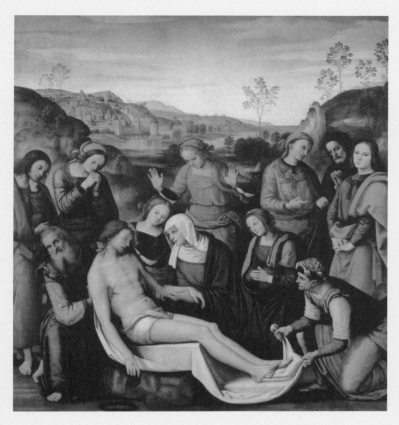

이탈리아 화가 피에트로 페루지노가 15세기 말에 그린 〈십자가로부터 내려오심〉. 오른쪽 아래에 보이는 남자가 예수의 피를 보관했다는 아리마대 요셉이다.

게 성배를 주면서 이를 보호하는 수호자로 삼았다. 이 성배의 힘으로 그는 감옥에서 살아남을 수 있었으며, 매일 비둘기가 날아와서 그에게 빵을 하나씩 주고 갔다고 한다. 다른 전설에 따르면 감옥에서 나온 요셉은 성배를 가지고 잉글랜드로 이주한 뒤 성배기사단을 조직해 성배 지키는 일을 맡았다고 한다.

'성배'라는 말은 셰익스피어의 작품 《맥베스》에도 나온다. 맥베스의 부인은 남편에게 던컨 왕을 죽이고 왕위를 빼앗을 것을 부추긴다. 이 때 맥베스는 "정의의 신은 '독이 든 성배Poisoned Chalice'를 따른 자의 입술에 그 독을 퍼부을 것이니…"라고 독백한다. 즉 독이 들어 있는 줄 알면서도 거부하지 못하는 인간의 욕망을 표현한 말이다. 현대인은 '독이 든 성배'의 유혹에서 벗어날 수 있을까?

graal의 어원을 거슬러 올라가면 라틴어 gradalis 그라달리스를 거쳐 그리스어 krater 크라테르에 닿는다. 그리스의 크라테르는 포도주를 마시는 움푹한 잔이다. 달의 표면에 난 분화구를 가리키는 크레이터crater 도 여기에서 나왔다.

heaven / paradise | 천국 |

축복받은 자들이 사는 곳

생의 한가운데

우리는 죽음 속에 있다네.

주님이 아니면

우리는 누구에게서 구원을 찾아야 하는가?

비록 우리가 지은 죄 때문에 노여우셔도

저희를 비참한 죽음에 빠뜨리지 마소서.

가톨릭의 그레고리안 성가는 인간은 죽음 속에서 살고 있다고 말한다. 중세인은 이렇게 죽음을 일상적인 것으로 받아들였다. 당시 유아 사망률은 매우 높았으며 잦은 전쟁과 기근으로 일가족이 목숨을 잃는 경우도 다반사였다. 그러므로 그들이 죽음을 일상으로 생각하는 것은 어찌 보면 당연했다. 게다가 중세인은 영원불멸의 영혼이 존재하고 죽음 이후에 내세에서의 영원한 삶이 있다고 믿었다.

교회는 신앙심이 깊은 사람은 천국에 갈 수 있다고 신도들을 안심 시키며, 누구나 동일한 기회를 가지고 있다고 강조했다. 교회의 주요 임무는 복음의 가르침을 글로 옮겨 신도들을 인도하는 것이었다. 그 복음이란 "현세에서 출세한 사람들은 가장 나중에 천국에 들어간다", "마음이 가난한 자, 곧 하느님께 의지하는 자가 진정으로 복된 사람이 다"라는 잠언이었다. 이러한 생각은 당시 유럽의 사회 질서를 유지하 는 근간이 되었으며, 많은 사람들의 공감을 얻었다. 하지만 아무리 그 래 봐야 가난한 사람들의 현세의 고단함이 사라지는 건 아니었다. 결 국 백년전쟁 당시 영국과 프랑스의 농민들은 자크리의 난(1358)과 와 트 타일러의 난(1381)을 일으켜 기득권 세력에 정면으로 도전했지만 결과는 농민들의 비참한 패배였다.

영어에는 '하늘나라', 즉 '천국'을 의미하는 heaven과 '천국' 또는 '낙 원'을 의미하는 paradise가 존재하는데, 그 의미가 혼용되기도 한다. 이 단어들의 조상은 다르다. 먼저 두 단어 중 영어 토박이는 heaven이 다. 이 말은 8세기경 게르만어에서 유래했는데 '덮다'라는 말이 '하늘 의 덮개'가 되어 하늘이나 창공을 의미하게 되었다. heaven 속에는 해 와 달 그리고 구름이 떠 있었다. 그러다 잉글랜드에 기독교가 들어온 다음에 heaven에는 '하느님과 천사들이 거주하는 곳'이라는 의미가

파리 노트르담 대성당 앞의 광장. 이 광장을 파르비parvis라고 부르는데, '성당 앞마당'이라는
뜻이다. parvis와 paradise는 뿌리가 같은 말로, '천국'은 '성당의 앞마당'에서 만들어진
말이다.

생겨났다.

한편 paradise는 11세기에 프랑스어에서 온 말이다. 본래 paradise
는 '에덴의 정원' 또는 '축복받은 자들이 사는 곳'이라는 뜻이었고, 훗
날 기독교의 천국이 되었다. 예수는 십자가에 못 박혔을 때 마지막으
로 일곱 가지 말을 했는데, 두 번째 말을 영어로 옮기면 아래와 같다.

Truly, I say to you, today you will be with me in
paradise.

오늘 너는 나와 함께 낙원에 있을 것이다. 〈루카복음〉

cathedral | 대성당 |

대성당의 시대

중세를 구분 짓는 기준 중 하나로 건축 양식을 꼽을 수 있다. 로마제국
이 멸망하고 11세기까지 중세 건축, 특히 교회 건축은 로마네스크 양
식이었다. 그 후 1140년에 건설된 생드니 교회는 최초의 고딕 양식
교회로 기록된다. 로마네스크 양식 교회와 고딕 양식 교회의 가장 큰
차이는 외형이다. 로마네스크 양식이 수평적인 구조의 안정된 모습이
라면, 고딕 양식은 높은 첨탑을 비롯한 아치 구조와 화려한 스테인드
글라스를 통해 수직적인 구조를 보여준다. 로마네스크 양식으로 지어
진 구조물이 원형 아치와 자연광에 의한 엄숙함과 장중함을 강조한다
면, 고딕 건축물은 하늘 높이 솟은 첨탑을 통해 신앙심을 고양하는 모
습이다.[26] 소박한 로마네스크 건축이 수도원처럼 속세와 단절된 폐쇄
적인 사회에 적합했다면, 화려하고 웅장한 고딕 양식은 활기찬 도시

에 잘 어울렸다.

고딕 건축의 창시자들은 교회의 벽과 아치 구조를 더 높이 세우려고 끊임없이 시도했지만 당시의 건축 기술로는 불가능했다. 그래서 고딕 건축가들은 원형 아치가 특징인 로마네스크 기법보다 뾰족한 아치를 고안했다. 첨형 아치로 불리는 이 아치는 원형 아치보다 더 높은 궁륭을 만들 수 있었다.

고딕 건축가들이 고안한 또 다른 기술은 '공중 부벽flying buttress'이었다. 로마네스크식 공법으로 지은 교회의 외벽은 높이 쌓을 경우 붕괴되고 만다. 하지만 벽을 지탱하는 공중 부벽을 외벽 바깥에 설치하면 더 높게 벽을 올릴 수 있다. 수직으로 내리누르는 높은 벽의 하중을 공중 부벽을 통해 분산할 수 있게 되면서 벽이 얇아져 스테인드글라스도 설치할 수 있게 되었다.

'대성당'을 의미하는 영어 cathedral과 프랑스어 cathédrale 카테드랄은 모두 라틴어 ecclesia cathedralis 에클레지아 카테드랄리스에서 온 말이다. ecclesia는 '교회'를, cathedralis는 '의자'를 뜻한다. 다시 말해 대성당은 '주교좌가 있는 교회'를 뜻한다. 프랑스어에는 두 종류의 의자가 있는데 '주교의 의자'를 의미하는 chaire 셰르와 일반 의자를 의미하는 chaise 셰즈다. 영어 chair는 프랑스어에서 '주교가 앉는 의자'가 되므로, 의자에 앉을 때 우리는 모두 주교가 되는 셈이다.

파리 노트르담 대성당의 측면을 지탱하는 공중 부벽. 이 신기술 덕분에 외벽이 받는 하중을 분산시켜 더 높게 지을 수 있었고, 벽이 얇아져 스테인드글라스를 설치할 수 있었다.

dragon |용|

머리가 일곱 개 달린
악의 화신

다음 사진은 중세 서유럽을 공포에 몰아넣었던 바이킹의 전함 드라카르의 모습이다. 드라카르는 가운데가 넓고 뱃머리와 선미가 대칭을 이루며 좁아지는 형태다. 뱃머리는 우뚝 솟아 있고, 선미는 뱃머리보다 낮은 형태를 이룬다. 배의 가운데에는 돛대가 있는데 거기에는 네모난 돛이 직선의 활대로 고정되었다. 드라카르 중에서 가장 큰 선박의 뱃머리는 나무 조각상으로 장식했는데, 대개 용, 늑대, 여우, 새 등의 머리였다. 이 동물들은 주술적 상징물이었다.

드라카르는 '용'을 뜻하는 그리스어 drákōn 드라콘에서 나왔는데, 본래 이 말은 '날카로운 시선으로 응시하다'라는 그리스 동사 dérkomai 데르코마이에서 왔다. drákōn이 프랑스어로 들어가 dragon 드라공이 되고 이것이 다시 영어로 들어가게 되었다.

바이킹의 전함 드라카르. 바이킹은 이 배를 타고 서유럽을 침탈하여 온 유럽을 공포로 몰아넣었다.

동아시아에서 용은 하늘의 선행과 풍요를 상징하는 영물인 데 반해, 서양의 용은 입에서 불을 토하고 큰 날개로 하늘을 날아다니는 덩치 큰 괴물의 모습이다. 왜 서양에서는 용이 악의 화신이 되었을까?

서양에서 용이 악의 상징이 된 배경에는 기독교가 자리 잡고 있다. 구약 성경 〈창세기〉에 에덴동산에서 살던 이브에게 금단의 열매를 먹게 한 동물은 뱀이다. 하지만 뱀을 악의 화신으로 규정하기에는 다소 미흡했던지 서양인들은 뱀을 불을 토하는 무시무시한 용으로 변신시킨다. 특히 중세의 전설에서 용은 아름다운 공주가 갇혀 있는 성을 지키는 파수꾼으로 자주 등장한다.

성경에서 용의 악마성이 가장 잘 드러나는 곳은 〈요한계시록〉이다. 〈요한계시록〉 12장에는 거대한 붉은 용이 나오는데 머리와 뿔이 일곱 개씩이고 머리마다 왕관이 씌워져 있다. 용의 머리가 일곱인 것은 기독교에서 금하는 7대 죄악(교만, 질투, 분노, 탐욕, 식탐, 나태, 색욕)을 뜻한다. 이 용은 힘이 막강하여 꼬리를 한 번 휘두르면 하늘의 별들 중에서 3분의 1을 떨어뜨릴 수 있었다. 그리고 신앙심이 깊은 인간들을 타락시킨다고 한다. 성경에서는 이 용이 악마 혹은 사탄의 화신이라고 말한다.

여담 하나. 아일랜드의 작가 브램 스토커는 1897년에 《드라큘라》라는 소설을 발표했다. 우리가 잘 아는 흡혈귀 드라큘라 백작이 그 주인공이다. 그런데 드라큘라는 순수한 가공의 인물이 아니다. 실제로

제물로 바쳐진 공주를 구하기 위해 말 위에서 창으로 용을 죽이는 성 조지. 15세기의 삽화.

15세기 지금의 루마니아 지방에 블라드 드라큘라Vlad Dracula라는 백작이 존재했던 것이다. 그의 아버지는 왈라키아의 공작 블라드 드라큘Vlad Dracul이었다. 드라큘은 '용'을 의미하고 드라큘라는 '작은 용'이라는 뜻이다. 드라큘 공작이 '용'이라는 이름을 얻게 된 것은 그가 '용의 기사단'에 속했기 때문이다.

드라큘라의 동생 블라드 4세는 많은 후손을 남겼는데, 20세기 영국의 왕 조지 6세(재위 1936~1952)와 결혼한 테크의 메리Mary of Teck도 그 후손이다. 메리의 아버지 테크 공 프란시스가 바로 블라드 4세의 12대손이다. 다시 말해 지금의 윈저 왕조의 모계 조상 중에 드라큘라 백작이 있는 것이다. 바이킹 출신의 노르만 왕조에 루마니아의 드라큘라 백작의 후손까지 섞인 영국 왕조야말로 다문화 왕가임에 틀림이 없다.

excommunication | 파문 |

영혼을 잃은 자

1077년 1월, 교황 그레고리오 7세는 독일 국왕 하인리히 4세가 쥐라 산맥을 넘어 이탈리아로 오고 있다는 소식을 들었다. 로마에 있던 교황은 하인리히 4세가 군대를 이끌고 이탈리아로 오고 있다고 판단하고 이탈리아 북부의 작은 성 카노사로 피신한다. 카노사 성의 백작 부인 마틸다의 주선 덕분이었다.

이 사건은 카롤링거 왕조 시대부터 300년 동안 독일 군주가 행사해 오던 서임권을 놓고 분쟁이 일어난 것이 그 계기였다. 교황이 세속 군주의 교황 선출권과 성직자 서임권 행사를 금지한 것이다. 그러나 하인리히 4세는 한 발짝도 물러서지 않았다. 밀라노의 서임권 행사를 포기하기는커녕 교황 폐위를 선언해버렸다. 그러자 화가 난 교황은 그에 불복하고, 하인리히와 그의 편에 선 주교들을 파문하는 동시에 국

왕에 대한 제후들의 충성 서약까지 무효화했다. 그러자 지역 제후들은 새로운 국왕 선출을 논의하기 시작했다.

중세 기독교의 파문은 교리나 윤리상 큰 잘못을 했을 때 내려지는 가장 엄중한 종교적 징벌이었다. 파문을 당한 사람은 교회의 모든 전례에 참석할 수 없었다. 교회는 파문자에게 문을 열어주지 않았으며 공동체와 어울릴 수도 없었다. 실제로 1066년 헤이스팅스 전투에서 해럴드 2세가 목숨을 잃었을 때 유족이 시신을 돌려달라고 윌리엄 공에게 애원했지만 윌리엄은 그 요청을 거부했다. 해럴드가 파문된 사람이므로 기독교식 장례를 허용할 수 없다는 이유였다.

예상과 달리 하인리히 4세는 군대를 이끌고 오지 않았다. 당황한 하인리히가 교황에게 파문을 철회해달라고 간청하러 온 것이었다. 그러나 그는 성 안으로 들어갈 수조차 없었다. 하인리히 4세는 성문 앞에서 고해복을 입고 금식을 하면서 사흘 동안 빌었다. 결국 교황은 파문을 철회하고 자신이 집전하는 미사에 하인리히가 참석할 수 있도록 허락했다. 이렇게 하인리히 4세와 그레고리오 7세의 1라운드는 교황의 승리로 끝났다.

독일로 돌아간 국왕을 기다리고 있던 것은 제후들의 반란이었다. 하지만 하인리히 4세는 반란군을 제압하고 절치부심의 복수를 준비한다. 마침내 3년 뒤인 1080년에 이탈리아 원정을 감행해 1084년에 로마를 함락하고 클레멘스 3세를 단독 교황으로 옹립했다. 그리고 하

추운 겨울날, 교황 그레고리오 7세에게 파문을 철회해줄 것을 간청하기 위해 카노사 성을 찾
은 하인리히 4세. 그의 표정을 보면 진정으로 속죄하는 것처럼 보이지 않는다. 실제로 하인리
히 4세는 파문 철회를 확약받고 독일로 돌아간 뒤에 복수의 칼을 벼린다. 그림은 19세기 화가
에두아르트 슈보이저의 작품이다.

인리히 4세는 신성로마제국 황제에 올랐다. 산탄젤로 성으로 피신한 그레고리오 7세는 노르만 제후인 로베르 기스카르의 도움으로 기사회생하는 듯했지만 결국 로베르의 군대와 망명길에 오르고 살레르모에서 생을 마감한다. 하인리히 4세가 최종 승리를 거둔 것이다.

중세 유럽 역사에는 많은 파문 사건이 있었다. 대개 강력한 군주들이 교황과 대립해 발생한 사건이었는데, 정복왕 윌리엄도 결혼 문제로 파문을 당한 적이 있었다. 윌리엄의 배우자 마틸다가 교회가 금하는 가까운 친척이었기 때문이다. 프랑스의 존엄왕 필리프 2세도 교회와 마찰을 빚다 파문을 당한 적이 있었다.

'파문'을 뜻하는 영어 excommunication에는 '의사소통'을 의미하는 communication이 들어 있다. 이 말은 라틴어 communicationem 코무니카티오넴에서 왔는데, '나누다', '전달하다', '공동체의 일원이 되다'라는 뜻이다. 여기에 '밖으로'라는 의미의 'ex-'가 붙으면 '공동체 밖으로 내보낸다'라는 뜻이 된다.

080

Doomsday | 최후의 심판일 |

최후 심판일의 책?

기원후 999년 12월 31일, 유럽 각지에서 농민들이 성당의 십자가 주위에 몰려들었다. 그들은 평생 동안 했던 기도 중 가장 간절한 최후의 기도를 올렸다. 같은 시간에 성지 예루살렘에도 신성한 종말을 맞이하기 위해 몰려든 사람들로 북적였다고 한다. 당시 유럽인들은 기원후 1000년이 오면 〈요한계시록〉의 천년왕국이 끝날 것이라 믿었다.

지난 1999년에도 세계 도처에서 종말론이 득세했다. 특히 '1999년 7월에 공포의 대왕이 하늘에서 내려와 온 세상이 파멸할 것'이라는 노스트라다무스의 예언은 종말론에 기름을 부었다.

이제 타임머신의 시계를 조금 돌려 중세 잉글랜드로 맞춰보자. 1086년 정복왕 윌리엄은 수많은 반란을 진압하고 왕국이 어느 정도 안정되었다고 판단했다. 그는 이제 왕국의 재산 목록을 작성하기로 결심하고 실행에 옮긴다. 《둠즈데이북 Doomsday Book》으로 불리는 이 책에는 왕국의 경지 면적, 토지 가격, 소유자 이름, 노예와 자유민의 수가 꼼꼼히 기록되어 있다. 중세 영어인 doom은 법, 사법, 판결 등을 의미하는 말이었다. 12세기에 라틴어로 쓰인 이 책을 나중에 번역하면서 사람들은 《둠즈데이북》이라는 제목을 '판결의 책' 정도로 옮겼는데, 16세기 이후 doom에 '최후의 심판', '세상의 종말'이라는 의미가 생겨나면서 《둠즈데이북》은 '최후 심판일의 책'으로 불리게 되었다. 참고로 '둠즈데이'를 중세 영어로는 'Domesday'로 적는다.

이 책에 실린 헌팅던셔에 대한 조사 내용을 보자.

이곳에는 쟁기가 열다섯 개 있고, 세 개가 여분으로 더 있다. 자유농민 38명이 쟁기를 열네 개 소유하고 있다. 교회가 하나, 신부가 한 명, 100에이커의 목초지, 숲의 크기는 가로 2킬로미터에 폭이 1킬로미터, 두 개의 방아는 100실링의 수입을 올린다. 에드워드 시기에 이 장원의 가치는 20파운드였는데 지금도 마찬가지다.[27]

위에서 보듯 노르만 관리들은 왕국을 이 잡듯이 샅샅이 뒤져 마을 농민들이 소유한 쟁기 개수까지 기입했다. 이러니 잉글랜드 농민들이 노르만 관리들을 지옥에서 온 저승사자라고 부르지 않았겠는가. 또

《둠즈데이북》편찬 900주년을 맞아 영국에서 발행한 시리즈 우표. 왼쪽 위 그림은 11세기 잉글랜드 농촌의 모습이고, 왼쪽 아래 그림은 기사와 에스콰이어의 모습이다. 노르만 관리는 농촌의 인구, 가축, 살림살이까지 모두《둠즈데이북》에 기록해놓았다.

347

다른 기록에는 토지 소유주에 대한 시비를 상세하게 묘사하고 있다.

헌팅던셔의 주도에 있는 심사원들에 따르면 시내에 있는 성모
마리아 성당과 귀속 토지는 소니 수도원의 토지다. 그러나 수도
원장이 이 토지를 시민들에게 저당으로 잡혔다. 에드워드 왕은
그 토지를 자신의 전속 사제인 비탈과 베르나르에게 주었고, 그
들은 이 땅을 왕의 시종인 위그에게 되팔았다. 위그는 왕의 인장
이 찍힌 계약서를 근거로 이 땅이 자신의 땅이라고 소유권을 주
장하고 있다. 그런데 지금 이 땅은 외스타슈가 양도 절차를 거치
지 않고 소유하고 있다. 외스타슈는 불법적으로 르뵈브의 집을
빼앗아 런던에 있는 오지에게 주었다.[28]

윌리엄이 《둠즈데이북》을 편찬한 이유는 자명하다. '소득이 있는 곳
에 세금이 있다'라는 말처럼 왕국의 세수를 극대화하기 위해서였다.
물론 잉글랜드 농민들은 노르만인들이 무거운 세금을 물려 자신들을
착취한다고 여겼을 것이다. 정복자와 피정복자의 입장은 이렇게 하늘
과 땅만큼 차이가 났다.

중세의 오락

leisure | 레저 |

중세의 여가

라틴어로 otium 오티움은 다소 추상적인 개념인데, 고대 로마인들이 즐겼던 여가를 총칭하는 말이다. 고대 로마 시민들, 특히 귀족들은 쾌적한 야외 공간에서 먹고 마시고 명상에 잠겼다고 한다. 로마 공화정 시대의 정치가 키케로는 오티움의 시간을 보낼 때 문학, 즉 독서가 없는 오티움은 여가가 아니라고 단언했다. otium에 부정의 뜻인 'nec'가 붙으면 '일'을 의미하는 negotium 네고티움이 된다. 이 말은 현대 영어에 '협상'을 의미하는 negotiation으로 남아 있는데, 본래는 '여가에서 벗어나 일을 한다'라는 의미였다. 오티움과 네고티움의 차이를 잘 비교한 경구도 있다. "오티움을 잘 활용하지 않는 자는 자신에게 주어진 네고티움보다 더 많은 네고티움을 한다." 이 말은 여가를 잘 보내는 사람이 일도 더 효율적으로 한다는 의미일 것이다.

그렇다면 중세 유럽인들은 어떻게 여가를 보냈을까? 물론 여가는 시간과 경제적 여유가 있어야 즐길 수 있는 만큼 당시 여가는 귀족의 전유물이었을 것이다.

중세인, 그중에서도 귀족은 여유를 즐길 만한 소일거리가 많았다. 특히 사냥은 중세의 기사들에게 오락거리일 뿐만 아니라 체력을 단련하고 무기를 실전처럼 사용할 좋은 기회였다. 또한 소나 양처럼 우유나 양모를 제공하는 가축은 식용으로 먹기 어려웠기 때문에, 사냥에서 얻은 신선한 육류는 연회에서 큰 인기를 끌었다. 영어에 '추격'을 뜻하는 chase라는 말이 있는데, 이는 프랑스어 chasser 샤세에서 온 말이다. 이 프랑스어의 의미는 '사냥하다'이고, chase는 '사냥하듯이 무언가를 추격하다'라는 뜻이다.

서양 장기라고 불리는 체스chess도 중세 유럽인의 대표적인 레저였다. 체스는 귀족의 오락이었고, 일반 민중은 돈을 걸고 주사위놀이를 즐겼다. 체스는 인도에서 태어나 아랍 세계를 거쳐 10세기에 유럽에 전해졌고, 1세기도 안 되어 전 유럽으로 퍼졌다. 중세 유럽인이 얼마나 체스에 빠졌는지 알 수 있는 대목이다. 이후 2세기 동안 체스의 말은 중세 유럽 사회의 구성원들, 즉 왕, 여왕, 기사, 병사 등으로 교체되어 자리를 잡았다.

체스가 인도에서 만들어졌을 때 그 이름은 '차투랑가chaturanga'였고, 페르시아로 건너가 '샤트란지shatranj'가 되었다. 이후 스페인과 포

체스를 두고 있는 중세 귀족들을 그린 15세기 삽화. 인도에서 태어난 체스는 페르시아를 거쳐 10세기에 유럽에 소개되었다.

르투갈을 거쳐 프랑스에 소개되었을 때 그 이름은 'échec 에섹'이 되었고, 이 말이 중세 영어에 들어가 지금처럼 체스가 되었다.

참고로 중세 잉글랜드 왕국의 재무 책임자를 프랑스어로 echiquier 에시키에라고 불렀는데, 훗날 영어에서는 exchequer 익스체커로 바뀌었다. 그런데 echiquier는 원래 체스판을 부르던 말이다. 왜 수석 재무관을 체스판이라고 부른 걸까? 영국을 정복한 노르망디에서 회계관들은 각 영지에서 가져온 돈을 커다란 탁자 위에 쏟아놓고 계산을 했는데, 그 탁자가 체스판을 연상시키는 격자무늬 천으로 덮여 있어서 붙여진 이름이라고 한다.

노르망디 공 윌리엄의 잉글랜드 정복은 프랑스 귀족층의 생활을 보여주는 많은 단어들이 영어에 들어오는 계기가 되었다. leisure도 지배층인 프랑스 귀족의 전유물이었던 까닭에 그 뿌리가 프랑스어다. 어원인 중세 프랑스어 leisir 레이지르는 '자유 시간', '허락된 시간', '남은 시간', '나태함' 등의 의미를 지닌 말이었다. 힘든 노동에 시달리던 농민들과는 거리가 먼 말이었다. 현대 프랑스어에서 '여가 활동'을 의미하는 말은 loisir 루아지르다.

sports | 스포츠 |

중세의 스포츠

백년전쟁이 시작된 지 9년째 되던 1346년 8월 26일, 프랑스의 북부 지방에 위치한 작은 마을 크레시앙퐁티외 근처의 평원에서 잉글랜드 군과 프랑스군이 큰 전투를 눈앞에 두고 있었다. 1337년 잉글랜드의 에드워드 3세는 웨스트민스터 교회에서 프랑스에 대해 전쟁을 선포 했지만 10년이 다 되어가도록 전쟁은 소강상태에 빠져 있었다. 에드 워드 3세는 흑태자the Black Prince 에드워드와 함께 노르망디의 코탕 탱 반도에 상륙한다. 4천여 중기병과 1만 웨일스 궁수가 잉글랜드군 의 주력 부대였다. 프랑스군은 1만 2천 중기병을 포함한 5만 병력으 로 잉글랜드군을 압도했다. 프랑스 왕국의 귀족들은 거의 다 이날 전 투에 참전했다. 중무장한 기사들을 보유한 프랑스군의 낙승이 예상되 었다.

하지만 이날의 승리는 잉글랜드군에게 돌아갔다. 프랑스 기사 1542명과 이탈리아 제노바 출신의 석궁 용병 2300여 명이 이 전투에서 목숨을 잃었다. 반면에 잉글랜드는 고작 200명 정도의 인명 손실에 그쳤다. 이날 전투는 어떻게 잉글랜드의 일방적인 승리로 끝날 수 있었을까?

프랑스의 주력 부대는 중무장한 기사들이었다. 프랑스 기사들은 갑옷이 재래식 화살을 막아줄 것이라고 자신했다. 거기다 제노바 출신의 1만 5천여 석궁병이 잉글랜드군을 궤멸시키리라고 믿었다. 그런데 잉글랜드의 주력 궁수들이 사용한 활은 기존의 활보다 사거리가 긴 웨일스 장궁이었다. 게다가 석궁은 1분에 세 발에서 다섯 발을 발사할 수 있었지만 웨일스 궁수들은 1분에 열 발에서 스무 발의 화살을 퍼부었다. 활시위를 떠난 장궁의 화살이 프랑스 기사의 갑옷을 꿰뚫었다. 프랑스군은 이렇게 궤멸하고 말았다. 이 전투로 프랑스 귀족의 3분의 1이 목숨을 잃었다.

이번에 소개할 단어가 sports인데 왜 전투 이야기를 하는지 의아할지도 모르겠다. 하지만 잉글랜드 사람들이 즐겼던 스포츠가 바로 이 크레시 전투 승리의 원동력이었다.

중세인은 먹고살기에도 힘들었을 텐데 스포츠를 즐길 시간이 있었을까? 하지만 그들도 짬짬이 스포츠를 즐겼다. 엄밀히 말해 중세의 스포츠는 전투력을 향상시키기 위한 '전투 스포츠'였다고 보면 된다. 백

백년전쟁 초반의 승패를 가른 크레시 전투. 에드워드 3세가 이끄는 잉글랜드군은 약 1만 4천 명, 필리프 6세의 프랑스군은 5만 명이었다. 그러나 궁수 병력과 장비 간의 압도적인 화력 차이로 인해 크레시 전투는 잉글랜드군의 대승으로 끝났다. 그림 오른편에 장궁을 쏘는 잉글랜드 병사들이 보인다.

년전쟁에서 잉글랜드군이 대승을 거둘 수 있었던 결정적인 요인은 웨일스 장궁이었다. 1252년, 잉글랜드에서는 15세에서 60세의 모든 남성들이 활과 화살을 준비해야 한다는 이른바 '활쏘기 법Medieval Archery Law'을 공포했다. 평상시에 영국인들은 '버츠butts'라고 불리는 활터에서 활쏘기 연습을 했다고 한다. 특히 웨일스 궁수들은 기존의 활보다 큰 장궁으로 오랫동안 연습했고, 그 결과 실제 전투에서 숙련된 실력과 무시무시한 위력을 마음껏 뽐낼 수 있었다.

활쏘기 외에 골프의 조상이라고 할 수 있는 콜프colf, 하키와 유사한 신티shinty, 볼링과 유사한 스키틀스skittles 같은 스포츠도 인기였다. 귀족들만 하는 스포츠로는 사냥이 있었는데, 부인들도 매를 동반하여 사냥에 참여할 수 있었다. 한편 농민들은 축구와 유사한 집단 축구를 했는데 마을 대항으로 공을 차는 위험한 경기였다.

중세 프랑스어 disport 디스포르는 '시간을 보내다', '놀이를 하다', '어떤 행동에서 나오는 즐거움'이라는 뜻이었는데, 앞의 음절이 사라지고 sport만 남았다. 반면 현대 영어에는 disport(장난치며 놀다)와 sports 둘 다 남아 있다.

juggler | 저글러 |

중세의 공연 아티스트

중세 유럽은 엄격하기만 했던 사회였을까? 물론 서양의 중세는 종교가 지배하던 시대였고, 교회가 일상의 쾌락을 죄악시했던 것도 사실이다. 교회가 마녀재판을 통해 죄 없는 사람을 처형하고, 세속의 제후들이 탐욕에 빠져 많은 전쟁을 벌였지만, 중세에도 사람이 사는 곳이면 농담과 연회 그리고 볼거리가 있었다. 이번 글의 주인공은 '저글러 juggler'다. 고대 이집트 벽화에 공을 공중에 던지는 여성 저글러의 모습이 그려져 있는 것으로 보아 저글링의 역사가 얼마나 오래됐는지 짐작할 수 있다. 중세에 저글러는 광대, 곡예사, 악사, 가인歌人 등을 총칭하는 말이었다. 오늘날에는 공을 던져 저글링을 하는 사람으로 그 의미가 축소되었지만 말이다.

중세인들은 보통 사람들과 조금 다르게 행동하는 사람을 신의 보호를 받는 순진한 자라고 생각했고, 영주들은 그런 이들을 주변에 두었다. 그 대표적인 사람들이 바로 광대였다. '부퐁bouffon'이라 불린 이들은 영주에 전속된 개인 광대로서 항시 영주 주변에 머물렀다.

중세 역사에서 광대가 역사의 흐름을 바꾼 사건이 하나 있는데, 그 주인공은 정복왕 윌리엄의 광대 골레Golet다. 사건의 전모는 이러했다. 서자로 태어난 윌리엄은 어린 나이에 공작에 올랐으나 친척들에게 항상 생명의 위협을 받고 있었다. 1046년 노르망디의 고도古都 바이외에서 몇몇 제후들이 모여 윌리엄 공을 암살하려는 음모를 꾸몄다. 그런데 이 자리에서 시중을 들던 광대 골레가 암살 계획을 엿들었다. 그는 한밤중에 윌리엄이 머무르던 곳으로 달려가서 큰 소리로 사람들을 깨웠다. 그리고 침대 머리에서 윌리엄에게 반란이 있을 것이라고 알려주었다. 윌리엄은 침대를 박차고 나와 서둘러 옷만 겨우 입고 다른 장비들은 챙기지도 못한 채로 말을 몰았다. 이렇게 해서 윌리엄은 암살의 위기를 모면할 수 있었다. 만약 그때 윌리엄 공이 살해되었더라면 잉글랜드 정복도 없었을 것이고, 잉글랜드의 왕조는 앵글로색슨 왕조가 지금까지 내려왔을 것이다.

영어 juggler는 중세 프랑스어 jangler장글레에서 나왔다. 그 뿌리는 '익살을 부리다'라는 뜻의 라틴어 joculari 요쿨라리다. 영어 joker도 이 단어에서 나왔다.

장 푸케가 15세기에 그린 〈페레라 궁정의 광대 피에트로 고넬라〉.

chanson de geste | 무훈시 |

중세 문학의 백미

무훈시는 중세 기사들의 위업을 칭송하는 서사시의 일종이다. 무훈시 chanson de geste에서 geste 제스트는 라틴어 gesta 게스타에서 온 말인데 '위업'을 의미한다. 무훈시는 11세기 초반의 네우스트리아(파리 근교와 노르망디, 그리고 앙주 지방)에서 탄생했는데 대개 샤를마뉴 시대를 배경으로 주군을 위해 목숨까지 바치는 기사들의 무용담을 노래하고 있다. 앞에서 소개한《롤랑의 노래》에서도 롤랑이 주군을 위해 목숨을 바치는 장렬한 장면이 나온다.

가장 오래된 무훈시는 노르만 필경사가 옮긴 것으로 12세기에 쓰였다. 하지만 무훈시들은 그 전부터 오랫동안 구전으로 전해오고 있었다. 음유시인들은 탁발승처럼 구걸하면서 마을, 성, 시장, 순례지 등을 돌며 영웅들의 이야기를 읊었는데, 단순한 반주에 맞춰 운을 섞어

중세 무훈시의 백미《롤랑의 노래》는 샤를마뉴 대제의 위업을 그리고 있다. 《롤랑의 노래》주요 장면들이 담긴 15세기 삽화.

암송했다. 사람들은 시인들 주위에 모여 무훈시를 들었다. 중세인들은 진정한 기사의 모험담에 열광했을 것이다.

500행에서 1000행에 이르는 시를 낭송하려면 보통 한두 시간이 걸렸다. 어떤 무훈시는 2500행에 이르는 것도 있었다. 그러다 보니 분량이 긴 무훈시 전체를 낭송하려면 중간에 휴식 시간도 필요했다.[29]

무훈시에 등장하는 주요 인물들은 대개 샤를마뉴 대제 같은 역사적인 인물이지만, 가공의 인물들도 함께 등장했고 장소와 지리가 정확하지 않기 일쑤였다. 요즘 말로 하면 '팩션faction'이라고 할 수 있겠다. 무훈시는 점차 더욱 극적으로 각색되었다. 그 결과 주로 두 가지 내용 중 하나로 수렴되어갔는데, 하나는 개인적인 전쟁, 즉 왕에게 부탁을 해보았지만 소용없게 되어 개인적으로 복수하는 이야기였고, 또 하나는 교회의 승인 아래 모든 이교도에 대항하는 기독교 전사들의 신성한 이야기였다.

중세에 무훈을 노래한 서사시만 있었던 것은 아니다. 훌륭한 성인을 노래한 《성 알렉시스의 노래》도 대표적인 중세의 시로 분류된다. 주인공 알렉시스는 부유한 로마 원로원 의원의 아들이다. 그는 아버지가 권유하는 처녀와 결혼을 약속하지만, 결혼식 당일에 참된 신앙을 찾아 집을 떠난다. 시리아에 당도한 그는 자신이 갖고 있던 돈을 모두 가난한 사람들에게 나누어준다. 그리고 자신도 10여 년 동안 걸인으로 살아간다. 알렉시스는 다시 고향으로 돌아와 너무 말라버린 외모 때문에 자신을 알아보지 못하는 부모에게 양해를 구하고 자신의 집 계단 아래에서 지낸다. 그렇게 17년 동안 부모는 그의 정체를 알아보지 못하고 도리어 사라진 아들이 돌아오도록 기도해달라고 부탁한다. 알렉시스가 죽은 뒤에야 그의 몸에서 나온 양피지에 쓰인 글을 발견한 부모는 그동안 아들의 행적을 확인하고 오열한다. 아마도 중세인들은 청빈과 금욕을 통해 성인의 모습을 닮기 위해 이런 시를 매일 낭송했을 것이다.

rule | 규율 |

공동체의 룰

현대인이 열광하는 스포츠에는 종목마다 룰rule이 있고, 세상을 살아가는 사람들에게도 지켜야 할 규범이 있다. 이번에는 흔히 '규칙'으로 번역하는 영어 rule이 중세에는 어떤 의미로 쓰였는지 이야기해보자.

중세 유럽은 기독교의 제국諸國이었다. 모든 신민은 기독교 신자였는데 각자의 신분이 달랐다. 먼저 신자들은 성직자와 일반 신도, 즉 속인으로 구분되었다. 그리고 성직자 중에서도 신부와 같은 사제 계층이 있고 세속을 떠나 시골의 수도원에 속한 수도사들이 있었다. 수도원은 교단의 규율에 따라 공동체 생활을 했는데 여기에서 말하는 교단의 '규율'이 바로 rule이다.

중세의 대표적인 교단인 베네딕트 수도회의 규율을 살펴보자. 성 베네딕트와 그의 제자들은 529년에 이탈리아의 카시노 산 정상에 두 개의 예배실과 하나의 수도원을 짓고 그곳에서 수도 생활의 규율을 완성했다. 베네딕트는 은둔 수도修道보다는 공동체 생활을 통해 서로가 감시하고 상조할 수 있으며, 공동체 생활이 소박한 삶을 보장해준 다고 믿었다. 수도원장을 중심으로 단체 생활을 하는 수도사들은 모든 재산을 버리고, 죽을 때까지 같은 수도원에 머무는 것과 청빈, 정결, 속세와의 절연 등을 간절히 바랐으며, 수도원장과 공동체의 근간을 이루는 기본 규율에 복종할 것을 서원했다.

수도원의 일상 시간표는 시기에 따라 달랐다. 크게 보면 부활절(3월 이나 4월의 어느 날)부터 10월 1일까지(대략 봄과 여름), 10월 1일부터 사순절 전(2월이나 3월의 어느 날)까지, 그리고 사순절 기간(부활절 전 40일)에 수도사들의 일과표가 달라졌다.

먼저 부활절부터 10월 1일까지는 동틀 무렵에 기상해 아침의 성무과聖務課를 암송하거나 새벽 기도를 시작했고, 제4시(오전 10시)부터 정오까지는 각종 작업에 종사했다. 정오에 첫 식사를 하고 오후에는 필요한 업무를 했다. 저녁에 두 번째 식사를 마친 뒤에 잠자리에 들었다.

10월부터 사순절까지는 일어나서 새벽 기도 시간까지 〈시편詩篇〉을 암송하거나 성경·성전聖典 등을 강독하고, 겨울철에는 제9시(오후 3시)까지, 사순절에는 제10시(오후 4시)까지 노동을 했다. 강독과 업무가 끝나면 첫 식사를 했다. 특히 겨울철과 사순절 기간 동안의 식사 시간은 하루가 종료되는 시점이었으므로, 그 이후에는 노동을 하지 않고 일찍 잠자리에 들었다. 일요일에는 성무가 있는 사람들을 제외하고는 모든 수도사들이 성경 원전 강독에 몰두했다.[30]

　본래 수도원의 엄격한 규율을 의미하는 영어 rule은 노르만 방언에서 '종교적 규율'과 '규칙'을 의미하는 reule 륄(현대 프랑스어로는 règle 레글)에서 왔다. 그리고 이 말은 '직선형의 막대기', '길이를 재는 자'를 의미하는 라틴어 regula 레굴라에서 나왔다. 그런데 regula를 보니 영어 regular(규칙적인)가 떠오르고, 그 의미도 유사해 보인다. 즉 영어 rule과 regular는 자와 같이 크기를 측정하는 도구, 다시 말해 '어떤 기준이 되는 규칙'이라는 공통분모를 가진다. 어원을 더 파고들면 라틴어 regula는 '똑바로 펴다', '통치하다', '인도하다'라는 라틴어 regere 레게레에서 왔고, '왕'을 의미하는 라틴어 rex 렉스와도 그 뿌리가 같다. rex와 regere의 교집합은 '통치'다.

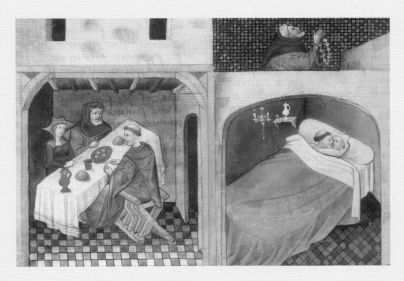

저명한 중세학자 조르주 뒤비의 제자 자크 로시오는 중세 수도사들이 음탕한 신의 전령이었
다고 역설한다. 이 그림은 중세의 유명한 단편소설집《데카메론》의 14세기 판본에 실린 삽화
인데, 왼쪽 그림에서는 어느 부부의 집에서 좋은 음식과 훌륭한 포도주로 식사를 대접받는 수
도사의 모습이 보이고, 오른쪽 그림에서는 남편이 기도를 드리는 사이에 탁발 머리를 한 베네
딕트 수도사가 침실에서 부인과 열애를 즐기고 있다. 중세인의 눈에 이런 장면은 수도사들의
일반적인 모습이었다. 지나치게 엄격한 규율은 인간을 타락하게 만드는 법이다.

mystery | 미스터리 |

거리 연극의 기획자들

흔히 서양의 중세를 암흑의 시대라고 말한다. 교양과 문화는 소수 귀족들이 독점하고, 교회는 농민들에게 사치와 탐욕을 배격하고 검소하게 살라고 강요했다고 말이다. 하지만 인간은 빵만으로 살 수 없고 마찬가지로 종교만을 바라보고 살 수도 없는 존재다. 당시에도 사람들은 어느 정도 문화 생활을 향유했다.

중세 도시의 광장으로 가보자. 광장에는 간이 무대가 설치되어 있고, 무대 앞에는 많은 그림들이 그날 공연하는 연극의 주제를 미리 보여주고 있다. 이날 무대 앞에 걸린 그림은 예수가 십자가를 짊어지고 골고다 언덕으로 힘겹게 걸어가는 모습이다. 〈예수의 수난Passion du Christ〉이 이날의 연극이었다.

이런 종류의 거리 연극이 중세 유럽의 여러 나라에서 유행처럼 생겨났는데, 프랑스에서는 문맹의 농민들과 시민들에게 성경을 가르칠 기회로 여겨 교회가 앞장서서 적극 추진했다. 한편 영국에서 거리 연극의 기획자들은 교회가 아니라 주로 장인들의 공동조합, 즉 길드였다. 이렇게 생겨난 거리 연극을 영어로 mystery, 프랑스어로 mystère미스테르라고 한다.

미스터리에는 두 가지 뜻이 있다. 먼저 우리가 흔히 알고 있는 미스터리는 '신비로움', '비밀스러움'이라는 뜻이다. 이 말은 라틴어 mysterium미스테리움에서 왔는데 이 단어는 고대 그리스의 종교 의식에서 나왔다. 그런데 그리스 종교 의식의 특징이 '신비스러움'이었기 때문에 mystery에서 '종교적'이라는 뜻이 빠지고 '신비스러운'이라는 의미만 남게 되었다. 라틴어의 뿌리인 그리스어 mysterion뮈스테리온은 mystes뮈스테스가 그 원형인데, 이는 '비밀 의식에 가입한 사람'을 가리킨다. mystes는 myein뮈에인에서 유래했는데 '눈을 감고 입을 닫다'라는 뜻이다. 다시 말해 신비스러운 의식에 참여해서 보고 들은 것을 아무에게도 알리지 않는다는 뜻이다. 결국 미스터리는 매우 종교적인 용어였지만 중세 교회에서 이 말을 차용하면서 '신의 발현이나 신자들의 의식과 서약을 통해 이해할 수 있는 신비로운 것'으로 그 의미가 굳어졌다. 그리고 나중에는 '인간의 이해 영역을 뛰어넘는 비밀 같은 것'으로 그 의미가 일반화되었다.

두 번째 mystery는 영국에서 발달한 성사극聖史劇과 관련이 있다.

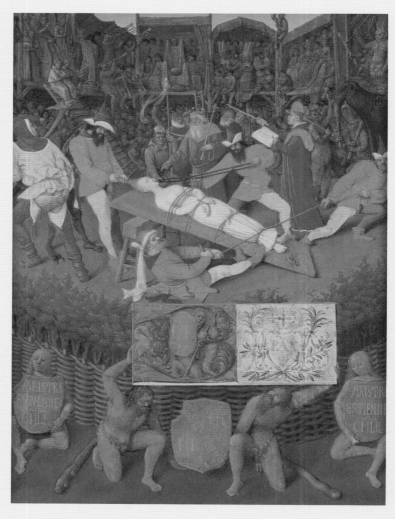

성 아폴리네르의 순교를 표현하는 성사극mystére. 장 푸케의 15세기 삽화.

앞에서 설명했듯 영국에서는 길드에 속한 직인들이 성사극의 그림과 무대를 준비했고, 연기도 직접 했다. 그 결과 중세 영어 mystery에는 '직업', '수공예', '직업조합'이라는 뜻도 생겨났다. 프랑스어도 마찬가지다. '직업'을 뜻하는 métier 메티에의 어원은 영어의 mystery에 어원을 제공한 라틴어 mysterium에 닿아 있다.

toy | 장난감 |

인형과 놀이

이 그림은 합스부르크 왕족 어린이들의 초상화다. 가운데는 훗날 신성로마제국 황제와 스페인 국왕이 되는 카를 5세, 왼쪽은 그의 누나 엘레오노르, 오른쪽은 동생 이사벨라다. 이사벨라는 훗날 덴마크 여왕이 되는데, 이 그림은 그녀의 두 살 때 모습이다. 검은 옷을 입은 이사벨라는 하얀 턱받이를 하고 머리에 흰색 베일을 썼다. 그녀가 손에 쥔 작은 귀부인 인형은 목 주위에 이중의 주름 장식이 있고, 손은 긴 소매 속에 감춰져서 안 보인다. 이 인형은 아마도 방울이나 장신구를 달아 꼭두각시나 작은 종으로 사용했을 것이다. 왕족이나 귀족층의 아이들만이 이런 인형을 가질 수 있었다.

중세의 아이들은 갖고 놀 장난감이 별로 없었다. 남자아이들은 그래도 밖에서 하는 놀이가 많았다. 팽이치기를 하거나 굴렁쇠를 굴리

합스부르크 왕가의 아이들. 가운데가 카를 5세이고 왼쪽이 그의 누나 엘레오노르, 오른쪽이 동생 이사벨라다. 이사벨라의 손에 귀부인 인형이 들려 있다.

고, 깃털 공을 던지고 받으며 놀았다. 마치 목발을 타고 걷는 것처럼 장대발을 사용해 걸어 다니는 놀이도 있었다. 본래 장대발은 넓은 들판에 흩어져 있는 양떼를 돌보기 위해 목동이 사용하던 도구였다. 반면에 여자아이들은 밖에서 마음껏 놀 수 없었다. 은밀하게 쳐다보는 남자들의 눈길 때문이었다.

봄이 오면 아이들은 곤충을 잡으러 들과 산으로 뛰어다녔다. 당시에는 옷에 달린 두건을 이용해 나비를 잡았다. 14세기 프랑스의 역사학자 프루아사르는 어린 시절의 추억을 다음과 같이 기록했다.

나는 두건으로 나비를 잡는 데 최고의 선수가 되고 싶었다. 나비를 잡으면 몸통에 실을 묶어 날렸다. … 아침부터 저녁까지 팽이를 돌렸고, 갈대 속에 물을 불어 넣으며 놀았다.[31]

돼지를 잡는 11월이 오면 아이들은 신이 났다. 맛있는 소시지를 먹는 것도 큰 즐거움이었지만, 멋진 공을 얻을 수 있었기 때문이다. 그 공은 다름 아닌 돼지 방광이었다. 공기를 가득 불어넣어 방광이 고무 공처럼 부풀면 아이들은 그걸 가지고 축구를 했다.

겨울이 오면 남녀노소를 가리지 않고 눈놀이를 했다. 다음 그림은 익명의 삽화가가 그린 겨울 눈싸움 장면이다. 의복을 보면 등장인물들이 주로 귀족임을 알 수 있다. 남자뿐만 아니라 여자들도 손에 눈

14세기에 만들어진 삽화집《파리의 전통 풍경 Heures à l'usage de Paris》에 등장하는 12월의 모습.

뭉치를 들고 있는데, 흔히 중세 여성들이 남성에 종속되어 집 안에 갇혀 있던 존재였을 것이라는 우리의 통념을 보기 좋게 깨뜨리는 장면이다.

'장난감'을 의미하는 영어 toy의 어원은 분명하지 않다. 14세기에 기록된 toy는 '음악 연주' 혹은 '스포츠'를 의미했고, 이후에는 '오락 거리'라는 의미가 생겨났다. '아이들이 갖고 노는 것'이라는 의미는 16세기 말에야 나타난다. 영어와 계통이 같은 게르만어에서 유사한 말이 존재하는 것으로 보아, 이 말은 그들의 일상생활과 밀접한 관계가 있던 말로 보인다.

feast | 축제 |

광인 축제

프랑스의 문호 빅토르 위고의 소설 《노트르담 드 파리》에는 노트르담 대성당의 종지기 콰지모도가 광인 축제 Fête des Fous에서 주인공으로 뽑히는 장면이 나온다. 양아버지와 다름없는 성당의 주임 사제 프롤로에게서 축제에 가지 말라는 명령을 들었음에도 불구하고, 몰래 축제에 참여했다가 그만 1등에 뽑혀서 들키고 만 것이다. 이번에는 중세 유럽, 특히 프랑스의 여러 도시에서 열렸던 광인 축제에 대해 이야기해보자.

중세 유럽인들은 엄격한 기독교 규율 속에서 살았다. 하지만 저명한 중세 역사가 하위징아의 말처럼, 인간에게는 유희를 즐기는 본성이 숨어 있다. 이것을 억누르면 인간의 욕망은 반사회적 일탈 행위로 분출된다. 앞에서 소개했던 사육제 역시 사순절 이전에 마음껏 먹고 마실 수 있는 욕망 분출의 비상구였다. 하지만 한 해의 후반기에도 이런 축제가 필요했다. 중세 유럽인들은 고대 로마의 축제에서 이런 축제를 가져왔다. 고대 로마인은 동지 무렵에 농업의 신 사투르누스의 축제를 즐겼는데, 이날에는 서로 선물을 주고받고 마음껏 술에 취했다고 한다. 게다가 평소에는 금지되었던 주사위놀이도 허용되었다. 이 전통이 12세기부터 중세 프랑스를 중심으로 광인 축제로 부활했다. 이 축제에서 민중은 평소에 지나치게 준엄했던 성직자들을 풍자하고 조롱하며 그동안 쌓인 스트레스를 마음껏 풀었다.

축제가 시작되면 사람들은 참가자들 중에서 '광인 주교' 혹은 '광인 교황'을 뽑는다. 그리고 그를 주교좌에 앉히고, 주교관 대신 고깔모자를 씌워 웃음거리로 만든다. 19세기 초 프랑스의 고고학자이자 중세 예술사학자인 오뱅 루이 밀랭이 묘사한 기괴한 광인 축제의 모습을 보자.

일단 축제 참가자 중에서 주교를 뽑는다. 어떤 곳에서는 광인 교황을 뽑기도 한다. 그런 다음 더러운 옷을 입은 사제들(물론 축제의 참가자들이 분장한 것이다)이 가면을 쓴 채 광기에 가까운 춤을 추며 성당 안으로 들어간다. 그들이 음란한 노래를 부르는 동안 부사제나 차부사제들은 제대를 식탁 삼아 순대와 소시지를 먹고, 심지어 미사 집전자 앞에서 카드놀이나 주사위놀이를 한다.

광인 축제에서 교황으로 선출된 콰지모도. 19세기 판화.

그리고 미사에 사용되는 향로 속에 낡은 신발을 넣고 태운다. 사람들은 사제들을 수레에 태워 거리를 지나 쓰레기 더미가 쌓여 있는 곳에 내려놓는다. 수레에서 내린 사제들은 음탕한 자세를 취하면서 민중의 환호에 답한다.

이 축제는 '죄 없는 아기 순교자들'의 축제일인 12월 28일까지 이어졌다. 이날은 예수가 태어났다는 소식을 들은 헤로데 왕이 두 살 미만의 사내아이를 모두 죽였다는 전설에서 시작한 기독교의 축제일이다. 많은 도시에서 성직자들이 당시에 죽은 두 살 미만의 아이들처럼 침대에서 벌거벗은 채 잠자리에서 일어난다. 그리고 알몸으로 거리로 나와 제대까지 걸어간다. 사람들은 그들에게 물을 뿌려준다. 이 장면은 축제가 상징하는 외설과 풍자의 이중성을 잘 보여준다.

이처럼 중세인들은 엄격한 기독교 사회 속에서도 감춰진 인간의 본성을 표현했는데, 교회는 1431년부터 열린 바젤 공의회에서 광인 축제를 공식적으로 금지했지만 광인 축제는 16세기까지 존속했다.

'축제'를 의미하는 영어 feast는 '종교적 축제', '신성한 날', '시장', '소음' 등을 의미하는 중세 프랑스어 feste 페스트에서 온 말이다. 이 말의 뿌리는 라틴어 festa 페스타에 닿아 있는데 '축제', '기쁜'이라는 뜻이고, 영어와 프랑스어 festival의 어원이기도 하다.

tournament | 토너먼트 |

위험한 오락

현대인이 즐기는 스포츠의 경기 진행 방식에서 가장 흥미로운 것은
역시 토너먼트 방식이다. 그런데 이 말을 사전에서 찾으면 우리가 알
고 있는 '경기 방식'이라는 의미 외에도 '마상 시합'이라는 정의가 있
다. 이번 이야기의 주인공은 바로 '마상 시합'을 의미했던 토너먼트다.

프랑스 역사상 가장 비극적이었던 마상 시합 이야기를 해볼까 한
다. 프랑스의 앙리 2세는 카를로스 1세의 아들이자 후임 스페인 국왕
인 펠리페 2세에게 첫째 딸 엘리자베트를 시집보내기로 마음먹었다.
마침 펠리페 2세는 헨리 8세의 딸인 메리 여왕과 사별한 터였다.[32]

1559년 6월 30일, 이날은 앙리 2세에게 운명의 날이었다. 파리에
서 가장 넓은 거리인 생탕투안에서 마상 시합이 개최되었다. 정확히
말하면 기마창 시합joute이었다. 이 시합은 펠리페 2세와 엘리자베트

의 결혼, 그리고 앙리 2세의 여동생과 사부아 공의 결혼을 함께 축하하는 자리였다.

이날의 주인공인 앙리 2세가 번쩍거리는 투구를 쓰고 경기장에 등장했다. 앙리 2세는 기즈 공과 함께 마상 시합의 디펜딩 챔피언이었다. 시합이 끝날 무렵 국왕은 귀부인들을 위해 자신이 마상 시합에 나서겠다고 선언한다. 사람들은 왕이 카트린 드 메디시스 왕비에게 보여주려고 저런다고 수군거렸다. 하지만 왕의 속내는 정부情婦인 디안 드 푸아티에를 생각하고 있었을 것이다.

앙리 2세가 말을 타고 마상 시합에 참가한 기사들 앞을 지나갔다. 그러다 왕실 소속의 스코틀랜드 근위병 대장이자 몽고메리 백작인 가브리엘 드 로르주 앞에 멈춰 서더니 그에게 창을 주었다. 백작은 주군과 시합을 할 수 없다고 거절했다. 하지만 앙리 2세의 명령에 결국 시합에 나선다.

두 기사의 말이 서로를 향해 질주하기 시작했다. 긴 목창이 공중에서 부딪쳤다. 그런데 백작의 창이 부러지면서 부러진 창 끝이 왕의 투구를 꿰뚫고 들어가 오른쪽 눈을 찔러버렸다. 앙리 2세는 즉시 인근의 투르넬 저택으로 옮겨졌다. 주치의들은 사형수를 대상으로 모의 수술을 한 뒤에 왕의 상처를 치료하려고 했으나 허사였다. 앙리 2세는 극심한 고통에 시달리다 절명했다. 앙리 2세가 계획했던 멋진 마상 시합은 이렇게 비극으로 끝나고 말았다.

앙리 2세와 몽고메리 백작 가브리엘 드 로르주의 마상 시합을 묘사한 16세기 독일의 판화.

영어 tournament는 프랑스어 tournoi 투르누아에서 왔는데, 이 프랑스어는 '선반에서 일하다'라는 뜻의 라틴어 tornare 토르나레에서 유래했다. 이 말이 중세 유럽에 들어가면서 '선반'이 '마상'으로 바뀌고, 전체적인 의미도 '말을 타고 싸우다'로 바뀌게 되었다. 이밖에 마상 시합과 관련한 단어로는 말을 탄 기사들의 난투극 또는 혼전을 가리키는 영어 tourney와 프랑스어 mêle 멜레, 두 기사가 말을 타고 목창을 든 채 상대방을 향해 돌진하는 경기를 일컫는 영어 joust(프랑스어 joute) 등이 있다.

기사들의 시합으로 마상 시합만 있었던 것은 아니다. 말을 타지 않고 각자의 무기를 가지고 겨루는 시합도 있었는데, 이 시합은 마치 고대 로마의 검투를 연상시킨다. 마상 시합과 검투 시합 모두 둘로 패를 나눠 겨루는 단체전과 일대일로 벌이는 개인전이 있었다.

왕과 전쟁

queen | 여왕, 왕비 |

영국을 만든 여왕들

중세 유럽의 역사를 양분했던 나라는 영국과 프랑스다. 프랑스는 카롤링거 왕조를 계승한 카페 왕조가 프랑스 혁명 때까지 여러 방계 왕조를 통해 왕조의 명맥을 이어갔고, 영국은 정복왕 윌리엄이 개창한 노르만 왕조에서 발원하여 지금의 윈저 왕조에 이르고 있다.

그런데 두 나라의 왕조에서 두드러지게 차이 나는 점이 있다. 영국에서는 엘리자베스 1세와 빅토리아 여왕을 비롯해 여왕이 일곱 명이나 나왔지만, 프랑스에서는 단 한 명의 여왕도 찾아볼 수가 없다.

사실 프랑스에서도 여왕이 나올 기회가 있었다. 1328년 카페 왕조의 마지막 왕 샤를 4세가 죽었을 때 선왕 루이 10세에게는 열일곱 살의 공주 잔Jeanne이 있었다. 그런데 프랑스 왕실은 성년이 다 된 잔 대신에 샤를 4세의 사촌인 필리프를 왕으로 추대했다. 그리고 오래된 게르만족의 살리카 법을 찾아내어 여성은 프랑스 국왕이 될 수 없다고 못 박았다. 살리카 법은 프랑스인들의 조상인 프랑크족의 관습법인 데, 이 법에 나오는 '딸은 토지를 상속받을 수 없다'라는 조항을 '여성은 아버지의 지위를 상속받을 수 없다'라고 확대 해석한 것이다.

하지만 영국은 프랑크족과 다른 앵글로색슨족의 왕국이었고, 영국의 왕조는 바이킹의 후손인 노르만 왕조가 그 뿌리다. 실제로 영국에서는 다른 유럽 왕조보다 먼저 여왕이 출현할 수 있는 계기가 있었다. 그 주인공은 정복왕 윌리엄의 손녀 마틸다였다. 마틸다는 노르만 왕조의 3대 왕인 헨리 1세의 딸로 태어났다. 마틸다는 신성로마제국의 황제인 하인리히 5세에게 시집갔지만, 1125년 남편이 죽자 잉글랜드로 돌아온다. 헨리 1세는 생전에 아들이 없었기에 마틸다를 후계자로 삼을 생각이었다. 실제로 그는 신하들을 모아놓고 마틸다를 다음 왕으로 인정한다는 약속을 받아냈다. 그러나 1135년에 헨리 1세가 죽자 신하들의 태도가 돌변했다. 12세기 잉글랜드는 아직 여왕을 인정할 만한 사회가 아니었던 것이다.

새로운 국왕으로 윌리엄의 외손자가 추대되었다. 윌리엄의 딸 아델이 프랑스의 블루아 백작과 결혼했는데, 그들 사이에 태어난 스티븐이 새 국왕이 되었다. 그러자 마틸다를 지지하는 측과 스티븐을 지원하는 귀족들 사이에 내란이 일어난다. 초기의 전세는 마틸다에게 유리하게 돌아갔다. 1141년 2월 2일 링컨 전투에서 스티븐이 포로로 잡히고 만 것이다. 하지만 마틸다에게 불운이 찾아온다. 런던시가 마틸다에게 반기를 들고 나선 것이다. 런던 사람들은 여자를 왕으로 인정할 수 없다고 생각했다. 한편 전투에서 패한 스티븐의 군대가 완전히 궤멸된 것은 아니었다. 스티븐의 아내 이름 역시 마틸다였는데 그녀의 군대가 항전을 계속했다. 학자들은 윌리엄의 친손녀 마틸다와 윌리엄의 외손자 스티븐의 전쟁을 두고 '두 마틸다의 전쟁'이라고 부른다. 결국 마틸다는 반란을 일으킨 런던에 입성할 수 없었고, 스티븐은 잠시나마 잃었던 왕좌를 되찾았다. 하지만 스티븐에게는 아들이 없어서 결국 마틸다의 아들인 헨리(훗날의 헨리 2세)를 후계자로 인정하고 세상을 떠난다. 마틸다는 왕이 될 자격이 충분했음에도 불구하고 당시 사회의 유리천장에 부딪혀서 왕이 되지 못한 불운의 여인이다. 이후 영국에서 첫 여왕이 출현한 것은 1553년 메리 1세에 이르러서다.

여왕이라는 명칭은 영국 역사에서 아주 중요한 의미를 지닌다. 영국은 여왕이 통치할 때 더 빛을 발한 적이 많다. 스페인의 무적함대를 격파하고 영국을 유럽의 변방에서 강대국의 반열에 올려놓은 엘리자베스 1세(재위 1558~1603), 북미에서 프랑스를 축출하고 패권을 차지한 앤(재위 1702~1714), 대영제국을 건설한 빅토리아(재위 1837~1901) 그리고 70년 넘게 왕위를 지키고 있는 엘리자베스 2세(재위 1952~2022)가 바로 그런 여왕들이다.

프랑스어에서 왕은 roi 루아이고 여왕은 reine 렌인데, 이와 같은 유사

헨리 1세의 딸 마틸다는 부왕의 뒤를 이어 잉글랜드 역사상 최초의 여왕에 오를 수 있었으나,
당대는 여왕의 출현을 받아들이지 않았다. 그로부터 무려 400여 년이 지나, 헨리 8세의 딸 메
리 1세가 영국 역사상 최초의 여왕으로 즉위한다.

성이 영어 king과 queen 사이에서는 보이지 않는다. 12장에서 언급한 대로 queen의 고대 영어 표기법은 cwen이었고, 'c'는 'k'의 음가를 가지고 있으므로 kwen으로 바꿀 수 있다. 이렇게 보면 kwen은 king의 아내 같은 모습이 된다. cwen은 고대 게르만어에서 '아내'를 뜻하고, 인도-유럽어까지 올라가면 '여자'를 의미하는 말이었다.

gun |총|

역사를 바꾼 총포

476년은 로마제국이 멸망한 해이자 중세 유럽의 시발점이 되는 해다. 그런데 로마제국이 완전히 멸망한 것은 아니었다. 서로마제국이 망하기 전인 330년 5월 11일에 콘스탄티누스 1세가 '새로운 로마Nova Roma'를 천명하면서 수도를 지금의 이스탄불인 콘스탄티노플로 천도한 것이다. 이렇게 로마제국의 '콘스탄티노플 시대'가 시작되었다. 수도를 옮긴 로마제국을 동로마제국 또는 비잔티움제국이라고 부른다. 이후 동로마제국은 1204년 4차 십자군에 정복당하고 라틴제국으로 대체되었으나, 1261년 니케아제국이 콘스탄티노플을 수복했다. 그리고 200년 뒤인 1453년 5월 29일, 오스만제국의 술탄 메메트 2세가 콘스탄티노플을 함락한다. 이로써 로마제국은 완전히 사라지게 되었다.

그런데 철옹성 같던 콘스탄티노플은 어떻게 함락되었을까? 여기에는 동로마제국의 치명적인 실수가 숨어 있었다. 오스만제국은 콘스탄티노플에서 240킬로미터 떨어진 곳에서 공성전에 사용할 대포를 만들었다. 당시로서는 전대미문의 큰 대포였는데, 포의 길이가 무려 8미터가 넘고 직경은 75센티미터였으며, 사정거리가 1.6킬로미터에 이르렀다고 한다. 이 대포를 운반하는 데 90마리의 소와 400명의 병사가 필요했다. 그런데 본래 이 대포는 우르반이라고 불리는 기술자가 콘스탄티노플 방어를 위해 제안했던 것이다. 그런데 동로마제국이 형편없는 가격을 제시하자 결국 우르반은 오스만제국에게 대포 제조 기술을 넘겼다고 한다. 만약 대포 기술을 적에게 넘기지 않았다면 동로마제국은 오스만제국의 공격을 막아낼 수 있었을지 모른다.

공교롭게도 1337년에 시작된 백년전쟁이 끝난 해도 1453년이다. 중세 서양사에서 1453년을 중세의 마지막 해로 삼는 이유다. 이 해에 프랑스군은 칼레를 제외한 프랑스 전역에서 잉글랜드군을 몰아냈다. 이렇게 백년전쟁은 116년 만에 종지부를 찍었다. 전황이 결정적으로 프랑스군에 기울게 된 계기는 1453년 7월에 프랑스 남부 카스티용에서 벌어진 전투였다. 영국은 기마병 1천여 기를 앞세워 선공에 나섰으나 결과는 처참했다. 영국군은 4천여 명이 죽거나 다친 데 비해 프랑스군 사상자는 100여 명에 그쳤다. 전투의 승패를 결정지은 요인은 바로 총포였다. 프랑스군이 그동안 훈련하고 준비해왔던 포병(대포

1453년 7월 17일의 카스티용 전투. 백병전에서 총포 중심으로 전투 방식이 바뀌는 변곡점이 되었다. 이후 유럽 각국에서는 화약무기에 주목하게 된다.

300여 문)과 총병 700여 명이, 100년 전 크레시 전투에서 위력을 발휘했던 웨일스 장궁(53장 참조)에 여전히 의존하던 영국군을 압도한 것이다. 이처럼 중세의 막을 내린 것은 어떻게 보면 총과 대포라고 할 수 있다.

영어 gun의 어원 관해서는 두 가지 설이 있다. 첫 번째는 '투석기'를 뜻하는 라틴어 manganum 만가눔이 중세 프랑스어 mangonel 망고넬을 거쳐 영어에 들어왔다는 설이다. 마지막 음절 'gonel'이 영어의 gun이 되었다는 것이다. 두 번째는 스칸디나비아의 여자 이름 '군힐드르 Gunnhildr'에서 유래했다는 설이다. 실제로 1330년 윈저 성의 무기 목록 중에 '구닐다gunilda'라는 투석기가 있었다. "Una magna balista de cornu quae vocatur Domina Gunilda"라고 라틴어로 기록되어 있는데, 번역하면 "콘월에서 온 장대한 투석기의 이름은 '레이디 구닐다'이다"라는 뜻이다. 고대 스칸디나비아어에서 gunnr 군르와 hildr 힐드르는 모두 '전쟁'이나 '전투'를 의미하는 말이었다.

castle │성│

성을 짓고
잉글랜드를 정복하다

서양 중세를 다룬 영화를 보면 이중으로 성벽을 둘러치고 주위에 해
자垓子(방어용 도랑못)를 파놓은 철통같은 성이 자주 등장한다. 이런 요
새 성은 출입구에 설치된 도개교跳開橋를 올리면 말 그대로 철옹성이
된다. 로마인들이 도시에 거주했다면, 게르만족은 요새 성을 축조하
고 적들의 공격에 대비했다.

　　1150년경까지 노르망디 공국에서 축조된 성의 모습은 다음과 같
았다. 내성內城 가운데에는 목재 주탑donjon이 자연적인 언덕이나 인
공 둔덕 위에 솟아 있었고, 그 주위의 급경사지를 울타리가 둘러싸고
있었다. 주변에는 이중의 해자가 있었다. 내성 안에는 하인들의 오두
막집, 화덕, 압착실, 예배당이 있었다. 성의 건축과 방어에 사용된 자재
가 나무여서 외부 세력이 적의 성을 공격할 때에는 성을 불태우는 전

정복왕 윌리엄은 1078년 노르망디의 수도 캉에서 가져온 돌로 템스 강가에 백탑白塔을 쌓았다. 두터운 사각 모양의 주탑donjon은 높이가 27미터, 탑의 두께는 3.5미터에 이르렀다.

399

략을 쓰곤 했다. 이 때문에 성주는 성벽 위에 이제 막 도살한 가축의 가죽을 덮었는데, 발사체로 인해 성이 불타는 것을 방지하기 위함이 었다.[33] 그러다 한 발 더 나아가 주탑의 건축 재료가 목재에서 석재로 대체되었다. 노르만 정복(1066) 이후 영국에는 석재로 축조된 요새 성이 우후죽순처럼 생겨났다.

성의 가운데 솟은 석재 주탑은 성주의 거처인 동시에 병영이었다. 주탑의 아래층 즉 지하는 주로 저장고로 쓰였는데 감옥으로 사용되기도 했다. 그 위에는 넓은 홀salle이 있고, 높은 층에는 쾌적한 방이 있었다. 주탑의 맨 꼭대기에서는 감시병이 경계를 섰다. 바깥과 통하는 넓은 방(주탑의 1층에 해당한다)은 계단을 통해 들어올 수 있었는데, 계단 아래에서는 가난한 사람들이 잠을 잤다. 이 방에는 벽 쪽에 긴 의자가 놓여 있었고 실내는 좁은 창문 때문에 어두웠지만, 탑에서 가난한 자들이 생활할 수 있는 유일한 공간이었다. 그곳에서 탑에 거주하는 사람들이 식사를 하고 잠을 잤으며, 겨울에는 수많은 야회夜會가 열렸다. 위층 방은 주거와 노동의 공간이었다. 여자들은 앉아서 물레를 돌리며 실을 잣거나 밖에서 나는 소음에 주의를 기울였는데, 대개 결혼을 안 한 처녀들이 이 방에서 살았다. 약혼식이 있는 날이면 처녀들은 아래층의 넓은 홀로 내려와 식사 시중을 들었다. 홀의 위층에서 일어나는 일들은, 어머니들의 시기심에도 불구하고, 중세의 시인들에게는 밀회 사건이었으며 주요 작품의 소재가 되었다.

템스 강을 굽어보고 있는 런던 탑. 중앙에 백탑이 있고 외성이 둘러싼 중세 요새 성의 전형이다. 영국인들에게 런던 탑은 노르만 정복의 상징이다.

'성'을 의미하는 영어 castle은 중세 프랑스 방언 중 하나인 노르만 방언의 castel 카스텔에서 온 말이다. 이 말의 원형은 라틴어 castellum 카스텔룸인데 '성', '요새', '성채'를 의미했다. 프랑스어에서는 château 샤토가 되었다. 뿌리는 같지만 가리키는 대상이 조금 다른 언어도 있다. 앞에서 설명한 주탑, 즉 프랑스어 donjon 동종이 영어에선 dungeon인데 주탑의 '지하 감옥'만을 가리키는 의미로 축소되었다. 온라인 게임에서 많이 등장하는 '던전'이 바로 여기서 유래한 것이다.

정복왕 윌리엄이 소수의 병력으로 잉글랜드를 정복하고 통치할 수 있었던 요인 중 하나는 당시까지 영국인들이 보지 못했던 요새 성을 도처에 세워 주민들을 통치했기 때문이다. 요새 성에 주둔하던 노르만군은 말 그대로 철옹성 속에 있는 정복자들이었다. 그리하여 정복 이후 변변한 군대를 보유하지 못했던 영국인들은 소수의 노르만인들에게 굴복당하고 만 것이다.

palace | 왕궁 |

정착하지 못한 왕들

유럽 여행을 할 때 꼭 가봐야 하는 명소 중 하나가 호사스러운 왕궁이다. 프랑스의 루브르 궁, 베르사유 궁, 오스트리아의 쇤브룬 궁, 영국의 윈저 성과 버킹엄 궁이 대표적인 왕궁이다. 왕궁은 영어로 palace, 프랑스어로 palais 팔레다. 영어의 많은 말들이 그렇듯이 palace의 고향도 프랑스다. 현재 프랑스어는 종성의 자음을 발음하지 않지만 중세에는 발음을 했으므로 palais를 중세 발음으로 하면 '팔레스', 즉 현대 영어의 발음과 유사하다. 그런데 위에서 열거한 왕궁을 원어로 옮기면 루브르 궁은 'Palais du Louvre', 베르사유 궁은 'Château de Versailles', 쇤브룬 궁은 'Schloss Schönbrunn', 윈저 성은 'Windsor Castle', 버킹엄 궁은 'Buckingham Palace'다.

왜 어떤 궁전은 palace이고, 어떤 궁전은 castle(프랑스어로는 château,

독일어로는 Schloss)일까? 먼저 중세 유럽의 성은 영주가 살던 거주 공간이었고, 방어용 건축물의 성격이 강했다. 그리고 도시가 아닌 시골에 있는 거처를 가리켰다. 프랑스의 베르사유 궁은 원어에 따르면 윈저 성처럼 베르사유 성이라고 불러야 한다. 한편 palace는 도심에 위치한 통치권자의 거처를 가리킨다. 루이 14세가 반란을 일으킨 파리 시민들을 증오해 베르사유로 거처를 옮기기 전까지 역대 프랑스 왕들의 거처는 루브르 궁이었다. 현재 영국의 엘리자베스 2세는 주로 런던의 버킹엄 궁에 머물렀으나 요즘은 코로나19로 인해 윈저 성에서 지낸다고 한다.

그런데 유럽의 왕들이 한곳에서 거주한 것은 그리 오래되지 않았다. 프랑스 왕이 한곳에 정착한 것은 1682년부터 베르사유 궁에 거주했던 루이 14세가 처음이었다. 프랑스 왕은 많은 궁과 성을 소유하고 있었는데 파리에만도 일곱 개가 있었다. 그중에서 현재까지 남아 있는 궁은 루브르 궁, 뱅센 궁, 뤽상부르 궁, 시테 궁이다. 왕은 지방에서도 퐁텐블로 성, 샹보르 성, 앙부아즈 성 등 많은 성을 소유했다. 이 성들은 왕이 사냥을 할 때 머무는 일종의 이궁離宮이었다. 왕이 이동할 때면 왕실의 가족과 관리들, 귀족들, 시종들도 따라갔다.

왜 중세의 왕들과 영주들은 한곳에 정착하지 않았을까? 우선 정치적 이유를 꼽을 수 있다. 즉 지방에서 왕명이 제대로 전달되는지 확인하고 싶었기 때문이다. 경제적 측면에서 보자면 중세 유럽에서는 열

베르사유 궁의 정식 명칭은 'Château de Versailles', 즉 영어로는 castle이므로 사실은 베르사유 성城이 맞다. 나폴레옹 황제는 루이 14세의 흔적이 너무 많은 이곳보다 파리 남쪽의 퐁텐블로 성을 더 좋아했다. 보불전쟁(1870~1871)에서 승리한 프로이센의 빌헬름 1세가 이곳 거울의 방에서 황제로 등극한 역사의 장이기도 하다.

쇤브룬 궁은 17세기 유럽을 호령했던 신성로마제국의 황후 마리아 테레지아의 흔적이 곳곳에 배어 있는 궁전으로, 프랑스의 부르봉 왕가와 함께 유럽을 양분했던 합스부르크 왕가의 본산이다. 독일어로 'Schloss Schönbrunn'이라고 부르는데, '슐로스Schloss'는 성城을 뜻하므로 이곳도 엄밀히 말하면 쇤브룬 성이다.

405

앞에서 본 곳들이 이름만 성이지 사실상 궁전이라면, 영국의 윈저 성은 중세 요새 성의 모습을 잘 보여준다. 버킹엄 궁, 에든버러의 홀리루드 궁과 함께 영국 군주의 공식 주거지다. 윈저 성의 역사는 멀리 정복왕 윌리엄 시대까지 거슬러 올라간다.

악한 유통망 때문에 현지에서 생산되는 재화들을 수도로 운송하기 어려웠다. 다시 말해 왕들은 자신의 영지에서 생산되는 식량과 재화를 소비하기 위해 왕궁을 옮겼던 것이다. 이밖에 왕의 전유물이었던 사냥도 왕의 이동을 촉발한 요인이었으며, 전염병의 창궐 역시 왕궁의 이동을 부추겼다.

카페 왕조를 이은 발루아 왕조의 왕들은 루아르 강변에 위치한 앙부아즈 성을 거처로 삼았다. 이곳에 머무르던 샤를 8세(재위 1483~1498)는 문기둥에 머리를 부딪혀 사망하는 사고를 당하기도 했다. 앙부아즈 성은 이후 프랑수아 1세(재위 1515~1547)가 머물면서 역사에 자주 언급된다. 특히 프랑수아 1세가 레오나르도 다빈치를 앙부아즈 성으로 초대해서 그에게 작은 성을 주며 예술 활동을 장려한 이야기는 잘 알려져 있다. 다빈치의 무덤이 앙부아즈 성 근처에 있는 이유가 여기에 있다.

영어 palace는 프랑스어 palais에서 왔지만 그 뿌리를 거슬러 올라가면 로마의 팔라티노Palatino 언덕에 닿는다. 고대 로마에는 일곱 개 언덕이 있었는데 팔라티노 언덕에 훗날 황궁이 들어선다. 단순한 지명이던 팔라티노가 이후 프랑스와 영국에서 '왕궁'이라는 고귀한 말로 재탄생한 것이다.

adventure | 모험 |

무엇인가 온다

중세 유럽 사회의 뿌리인 봉건제도의 중추 계층은 기사였다. 호전적이고 도전 정신이 뛰어난 게르만 후손답게 중세 유럽 왕국의 기사들은 모험을 찾아 떠나는 것을 마다하지 않았다. 대규모 군사 정복이 있는 곳이면 유럽 각지에서 많은 기사들이 모여들었다.

대표적인 군사 정복은 1066년 프랑스의 노르망디 공 윌리엄의 잉글랜드 정복이었다. 당시 노르망디 공국의 인구는 약 70만 명이었고 잉글랜드 왕국은 약 200만 명이었다. 영지를 비교해도 잉글랜드가 노르망디보다 세 배 정도 넓었다. 그런데 왜 윌리엄 공은 무리한 원정을 감행했을까? 그는 정말 잉글랜드의 참회왕 에드워드가 자신에게 잉글랜드의 왕관을 주겠다고 한 약속을 믿었던 것일까? 역사에는 명분 뒤에 감춰진 진짜 이유가 있는 경우가 많다. 윌리엄이 잉글랜드를 침공한 것은 당시 서유럽에서 가장 잘사는 나라 중 하나였던 잉글랜드의 부가 탐났기 때문일지도 모른다. 이런 소문은 모험심이 강한 각국의 기사들을 모으는 데 결정적인 요인이 되었다.

1066년 봄이 되자 노르망디로 통하는 길은 기사와 부랑자 같은 사람들의 무리로 우글거렸다. 가난한 기사, 재산을 한 푼도 상속받지 못한 집안의 막내, 그리고 플랑드르인이 대다수였다. 재물과 모험을 찾아 나선 자들이었다. 당시 서유럽에는 노르망디 공의 지휘 아래 참전하면 봉급을 받고 많은 전리품을 챙길 수 있다는 소문이 널리 퍼져 있었다. 군인들은 원정대의 사령관이 윌리엄이라는 것을 알고 열광했다. 이렇게 '모험'은 기사들의 마음을 들뜨게 하는 마법 같은 말이었다.

'모험'으로 번역되는 영어 adventure는 중세 프랑스어 aventure 아방튀르에서 왔는데 '운', '사고', '발생', '해프닝'이라는 뜻이었다. 이 말의 어원인 라틴어 advenire 아드베니레는 '앞으로 일어날 일들'이라는 뜻이었다. 다시 말해 모험은 '앞으로 일어날 사건'을 일컫는다. 그 모험이 기사에게 부와 명예를 가져다줄지, 아니면 치명적인 사건이 될지는 아무도 알 수 없었지만 말이다.

윌리엄이 위험한 모험을 통해 잉글랜드 정복을 완수할 수 있었던 것은 그의 원정이 대의명분을 가지고 있었기 때문이다. 윌리엄은 원정을 감행하기 전에 교황 알렉산더 2세로부터 동의를 구했다. 즉 잉글랜드의 해럴드가 왕위 찬탈자라는 것을 교황이 인정했기 때문에 윌리

1066년 여름 잉글랜드 원정을 준비하는 노르만 병사들. 갑옷, 무기, 포도주, 식량 등 1만 2천 병력을 위한 장비를 배에 싣고 있다. 전쟁은 중세 기사들에게 가장 매력적인 모험이었다.

엄은 정의의 집행자로서 잉글랜드를 정복할 수 있었다.

덧붙여 요즘 흔히 듣는 venture 벤처는 adventure의 줄임말이다. 얼핏 현대 사회에서 만들어진 것처럼 보이지만 15세기에 '운', '운명'이라는 말로 생겨났다. 그리고 16세기에 '위험을 내포한 비즈니스'라는 말이 되었고, 1943년 '벤처 캐피털'이라는 말이 처음으로 등장한다.

crusade | 십자군 전쟁 |

성전을 가장한
약탈 전쟁

1095년 11월 중부 프랑스의 도시 클레르몽(지금의 클레르몽페랑)에서 공의회가 개최되었다. 공의회는 기독교의 고위 성직자들과 신학자들이 모여 교리와 의식에 관한 문제를 논의하는 회의다. 이 클레르몽 공회의에서 최초의 십자군 원정이 결정되었다. 당시 성지 예루살렘은 이슬람교도인 튀르크족의 세력 아래 있었기 때문에 성지를 순례하려는 기독교도들은 박해를 받고 있었다. 1071년 동로마제국 황제 로마노스 4세가 셀주크튀르크 제국의 술탄 알프 아르슬란에게 대패하자 동로마제국은 지금의 터키 지방인 아나톨리아를 상실하고 말았다. 게다가 성지 예루살렘마저 이슬람교도들의 수중에 떨어졌다. 로마제국의 분열 이후 정통성을 계승했다고 자부하던 동로마제국은 자존심이 상했지만 현실은 현실이었다. 결국 동로마제국의 황제 알렉시우스 1세는 로마 교황에게 도움을 청했다.

당시 로마 교황 우르바누스 2세는 동로마제국 황제의 원조 요청을 천재일우의 기회라고 판단했다. 313년 로마제국의 콘스탄티누스 황제가 기독교를 국교로 공인한 이래, 비록 제국이 둘로 분열되었지만 동로마제국은 기독교의 적통을 계승했다고 자부하고 있었다. 그런 점에서 교황 우르바누스 2세는 이교도에게 점령당한 성지의 수복에 나서는 것을 로마 교황청이 기독교의 적자로 부상할 절호의 기회라고 본 것이다. 나아가 교황은 성지 수복을 분열된 교회의 상처를 봉합하고 자신이 명실상부한 기독교의 수장임을 공표할 기회로 여겼다.

십자군 전쟁을 추진하려는 숨은 의도는 더 있었다. 이슬람교도들이 성지와 아나톨리아 지방을 차지하자 동방과의 교역로가 차단되었던 것이다. 특히 당시 교역과 상업이 번창했던 베네치아 같은 이탈리아 북부의 도시들은 노골적으로 교황에게 압력을 넣었다. 결국 정치적·경제적 목적을 종교적 명분으로 보기 좋게 포장한 십자군 전쟁이 시작되었다.

1096년에 시작된 1차 십자군 전쟁은 툴루즈 백작이나 플랑드르 백작 같은 프랑스 제후들이 주축을 이룬 원정이었는데 숱한 내부 갈등과 알력 다툼에도 불구하고 성지 수복에 성공한다. 하지만 그 이후 이슬람교도들은 끊임없이 예루살렘을 공격했고, 결국 유럽군은 다시 성지를 빼앗기고 만다. 십자군 전쟁은 13세기 말까지 총 일곱 차례 일어났다(시기를 어떻게 나누느냐에 따라 8차례나 9차례로 보기도 한다). 하지만 첫 원정 외에는 단 한 차례도 예루살렘을 수복하지 못했다. 가장 큰 이유는 역시 자기 잇속을 챙기려고 원정에 참가한 세력들 간의 갈등과 분열이었다.

십자군 전쟁의 민낯을 보여준 것은 4차 원정이다. 이 원정에는 플랑드르 백작과 북프랑스의 기사들이 많이 참가했는데, 동방 무역의 주도권을 차지하려는 베네치아 상인들과 결탁한 십자군은 성지를 수복하는 데는 관심이 없었다. 오히려 기독교의 적자인 동로마제국을 침략해 콘스탄티노플을 정복하고 황제를 퇴위시켰다. 그리고 라틴제국을 건설해 플랑드르 백작 보두앵을 황제로 옹립했다. 이쯤 되면 십자군 전쟁은 염불보다는 잿밥에 눈독을 들였던 전쟁이라고 부를 만하다.

전쟁은 당사자들의 시각에서 보면 서로 정반대의 결론에 도달한다. 유럽인들은 십자군 전쟁을 숭고한 성전으로 규정했지만, 이슬람교도들에게 십자군 원정은 무자비한 침탈이었다. 일례로 1차 원정 중이던 1098년 11월에 십자군은 치열한 공방전 끝에 시리아에서 마라라는 성읍을 함락시켰는데, 남녀노소를 가리지 않고 주민 2만 명을 학살했다. 십자군의 눈에 이슬람교도는 죽여도 되는 이교도일 뿐이었다. 심지어 예루살렘을 함락한 뒤에 예배당에 모여 예배를 보던 유대인들마저 모두 불태워 죽였다고 한다. 지난 2000년에 교황은 이 학살에 대해 사죄했다.

19세기 프랑스 화가 에밀 시뇰이 그린 〈1099년 7월 15일에 예루살렘을 점령한 십자군〉. 십자군 전쟁은 '성지 수복'이라는 미명 아래 잡다한 목적과 욕망을 가진 사람들이 참가했다.

1204년 콘스탄티노플을 공격하는 십자군. 16세기 이탈리아 베네치아의 화가 틴토레토의 작품이다.

　동방과 서방이 유럽과 아시아의 패권을 놓고 격돌한 전쟁은 크게 세 차례 있었다. 기원전 5세기 그리스는 페르시아와의 전쟁에서 승리했고, 로마와 카르타고가 지중해의 운명을 놓고 격돌했던 포에니 전쟁(기원전 264~기원전 146)의 승자도 로마였지만, 십자군 전쟁은 동방의 승리로 끝이 났다. 앞의 두 전쟁이 동방의 침입을 격퇴한 전쟁이었다면, 십자군 전쟁은 반대였다. 하지만 이 전쟁을 통해 동로마제국과 이슬람의 문화를 수입한 덕분에 유럽은 찬란한 문화를 꽃피우는 계기를 마련했다.

　'십자군 전쟁'을 의미하는 crusade라는 용어는 18세기 역사 기록에 처음 등장하는데 프랑스어 croisade 크루아자드에서 온 말이다. 이 말의 뿌리는 '십자가'를 의미하는 라틴어 crux 크룩스에서 나왔다. 중세의 문헌은 십자군 전쟁을 '예루살렘 여행', '순례'로 부르다가 나중에는 '성지에 대한 원조', '연합군 원정'으로 지칭했다.

pioneer | 개척자 |

보병 출신의 파이오니어

중세 서유럽의 역사를 바꾼 전투는 여럿 있다. 1066년에 벌어진 헤이스팅스 전투는 잉글랜드와 서유럽의 역사를 송두리째 바꾸어놓았으며, 1214년 플랑드르 백작령에 위치한 부빈에서 벌어진 전투에서 필리프 2세는 잉글랜드와 플랑드르가 연합한 군대를 대파하고 프랑스왕국을 유럽의 패자로 끌어올렸다. 한편 백년전쟁을 대표하는 전투는 전반기의 크레시 전투와 후반기의 아쟁쿠르 전투다. 특히 아쟁쿠르 전투에서 대승을 거둔 잉글랜드의 헨리 5세는 프랑스의 샤를 6세의 사위가 되어 샤를 6세가 죽으면 프랑스-잉글랜드 통합 왕국의 국왕이 될 권리를 확보했다. 하지만 역사가 어느 방향으로 흘러갈지는 아무도 모른다. 헨리 5세가 장인 샤를 6세보다 먼저 세상을 떠난 것이다.

중세에 벌어졌던 수많은 전쟁과 전투가 모두 대전大戰은 아니었다.

오히려 중세의 전쟁은 소규모 교전이나 매복 또는 기습 같은 전술에 주로 의존했다. 그런데 당시 전쟁의 피해자는 군인들과 기사들이 아니라 애꿎은 민간인인 경우가 많았다. 적군의 보급품 경로를 차단하기 위해 마을과 교량을 파괴하고 무고한 농민들을 닥치는 대로 학살하곤 했기 때문이다.

이번 글의 주인공은 중세의 전쟁을 이끈 보병이다. 중세의 전투는 보병이 주력 부대였고, 현대전의 전차에 해당하는 중무장 기병이 있었다. 보병은 적진에 가장 가까이 접근해 창이나 칼로 공격하는 부대이고, 반대로 대열의 선봉에서 적의 공격을 방어하는 역할도 했다.

헤이스팅스 전투에서 잉글랜드군은 보병이 주력 부대였고, 노르만군은 기병이 주력이었다. 잉글랜드의 보병은 허스칼Huscarl이라고 불리는 부대였는데, 방패로 방어진을 치고 긴 도끼로 적의 공격을 막는 전술을 사용했다. 헤이스팅스 전투가 벌어진 센락Senlac 언덕에 진을 치고 있던 허스칼 보병 부대는 천하무적이었다. 하지만 노르만 연합군은 일부러 퇴각하는 전략을 사용해 허스칼 부대가 진영에서 이탈하도록 유도한 뒤 이 부대를 궤멸시켰다.

서양 장기인 체스에서 동양 장기의 졸에 해당하는 말을 프랑스어로 pion피옹이라고 부른다. 그런데 pion의 원래 의미는 '보병'이었다. 장기에서 말을 놓는 방식을 보면 보병인 졸이 맨 앞에 위치하고 그 뒤에 기병을 놓는다. 영어에서는 졸을 pawn이라고 부르는데 중세 프랑스

1066년 잉글랜드 헤이스팅스에서 보병들이 사용했던 장비들. 아몬드 모양의 방패와 도끼들이 보인다. 노르만 보병은 한 손으로 사용하는 작은 도끼로, 잉글랜드의 특수부대인 허스칼 보병은 두 손으로 사용하는 큰 도끼로 무장했다.

어 peon페옹에서 온 말이다. 영어 pionner 역시 '보병'을 의미하는 중세 프랑스어 paonier파오니에에서 온 말이다. 항상 부대의 선두에서 공격을 했던 pionner에 '개척자', '선구자'라는 의미가 붙은 것은 당연한 귀결로 보인다.

cartel | 카르텔 |

왕국의 주인을 결투로 가리자!

프랑스와 잉글랜드가 116년 동안 싸웠던 백년전쟁은 사실 국가 간의 전쟁이 아니었다. 14~15세기 유럽에는 '국가nation'라는 개념이 존재하지 않았다. 국가 개념은 인종적 단일성도 중요하지만 구성원들이 공유하는 역사와 문화 그리고 공동체 의식이 있을 때 존재할 수 있다. 그런 기준에서 보면 중세 유럽에는 국가라는 공동체가 존재하지 않았다고 말할 수 있다.

그렇다면 백년전쟁은 중세 유럽사에서 어떻게 바라보아야 할 것인가? 많은 학자들은 백년전쟁을 프랑스의 발루아 왕조와 잉글랜드의 플랜태저넷 왕조 간 전쟁이었다고 입을 모아 말한다. 백년전쟁은 프랑스 왕의 적법한 계승자를 가리는 전쟁이었던 것이다.

프랑스의 샤를 4세가 후사 없이 죽자 잉글랜드의 에드워드 3세는 자신이 샤를 4세의 조카라며 프랑스 왕위를 요구한다. 에드워드의 어머니가 샤를 4세의 동생이었기 때문이다. 하지만 프랑스 왕실은 샤를 4세의 사촌인 필리프 드 발루아에게 왕관을 넘긴다.

백년전쟁이 선포된 해는 1337년이지만 에드워드 3세는 전쟁으로 인한 파국을 염려했는지 1340년 플랑드르 헨트에서 프랑스 왕 필리프 6세의 측근에게 다음과 같은 서신을 보낸다.

그가 어찌 감히 내게 충성 신서를 요구하는가?
가서 전하라. 그가 차지한 왕관은 나의 것이며,
그가 발을 디딘 곳에서 그는 무릎을 꿇어야 한다고.
내가 요구하는 것은 하찮은 공국이 아니라 왕국의 영토 전체다.
만약 그가 아까워하며 내놓기를 거부한다면
남한테서 빌려온 것인 그의 화려한 깃털 장식을 모조리 빼앗고
그를 발가벗겨 황야로 쫓아내리라.[34]

그는 이 서신과 함께 도전장도 보냈다. 도전장에서 에드워드 3세는 다음과 같은 방식으로 프랑스 왕을 정하자고 제안한다. 첫 번째는 국왕끼리 직접 결투를 하거나 몇 명의 대표를 선발해 국왕 대신 결투를 하는 방식이었다. 하지만 1340년에 에드워드 3세는 스물여덟 살이었고, 필리프 6세는 당시로서는 노년층에 속하는 마흔일곱 살이었다. 여

러분이 필리프 6세라면 에드워드 3세의 제안을 받아들이겠는가?

두 번째 제안도 조금 엉뚱하다. 굶주린 사자 앞에서 살아남는 자가 승자가 된다는 것이다. 이 제안은 에드워드 3세가 뛰어난 기사이고, 사자도 자신이 프랑스 왕임을 알고 해치지 않을 것이라는 확신에서 나온 것이었다. 그리고 마지막 제안은 아픈 환자를 빨리 고치는 자가 프랑스 왕이 된다는 것이었다. 당시 사람들에게 왕은 신통한 능력을 가진 신과 같은 존재로 여겨졌기 때문이다. 그러므로 진짜 왕이라면 이런 능력을 가졌으리라는 것이 에드워드 3세의 주장이었다. 하지만 필리프 6세는 그 어떤 제안도 수용하지 않았다.

에드워드 3세가 필리프 6세에게 보낸 도전장을 프랑스어에서는 cartel 카르텔이라고 부른다. 즉 프랑스어에서 cartel은 '도전장', '결투장'을 의미했다. 물론 지금은 이런 결투가 사라졌으니 고어古語로만 남아 있다. 그런데 영어 cartel은 이런 의미로는 거의 사용되지 않고 '기업 연합'이라는 뜻으로 사용된다. 두 언어에서 전혀 다른 의미로 사용되고 있는 것이다. 본래 cartel은 '카드', '지도'를 의미하는 라틴어 carta 카르타에서 나왔는데, '도전장'이라는 뜻 외에 프랑스어 cartel에 있던 '포로 교환 협정'이라는 의미가 발전해 '국가 간의 기술적 협의'라는 의미를 갖게 되면서 지금의 '기업 연합'이라는 뜻으로 굳어진 듯하다. 언어 의미의 변화는 분명하게 설명할 수 없지만, 유추를 통해 그 실체에 가까이 다가갈 수도 있다.

중세 유럽의 왕은 신비스러운 능력의 소유자로 여겨졌다. 신으로부터 기름부음을 통해 국왕이 되었기 때문이다. 중세인들은 왕이 병자의 몸을 한 번 만져주기만 해도 병이 낫는다고 믿었다. 그림에서 파란 바탕에 백합꽃 문양이 들어간 망토를 걸치고 있는 인물은 프랑스 왕 앙리 2세다.

098

emperor | 황제 |

이름뿐인 군주

중세 중반기까지 유럽의 패자는 프랑스와 영국이었다. 강력한 왕권을 바탕으로 두 왕국은 백년전쟁을 벌이면서 유럽의 헤게모니를 손에 넣으려 했다. 그런데 프랑스 국왕과 영국 국왕 위에는 황제가 있었다. 저 유명한 신성로마제국의 황제가 그 주인공이다. 로마제국이 멸망했는데 '신성한' 로마제국이 부활했다는 말인가?

476년 서로마제국이 붕괴하자 유럽은 게르만족의 세상이 되었다. 로마 교황청은 새로운 유럽의 주인인 게르만족을 기독교의 울타리 안으로 끌어들이려 노력했고, 그 시도는 프랑크 왕국의 국왕 클로비스에게 세례를 주어 일단 성공했다. 하지만 로마제국의 부활은 요원해 보였다. 마침내 교황청은 800년에 강력한 프랑크 왕국의 군주 샤를마뉴를 서로마제국을 부활시킨 황제이자 기독교 왕국의 보호자로 인정한다. 그렇게 부활한 서로마 황제의 제국은 10세기 초까지 존속한다. 그러나 934년 베렌가리우스 1세를 끝으로 황제의 대가 끊기고 만다. 그러다 동프랑크 왕국의 국왕이던 오토 1세가 962년에 스스로를 프랑크 왕국의 후계자로 자처하면서 황제에 등극했다. 이 오토 대제 치하부터의 독일 제국을 학자들은 신성로마제국이라고 부른다.

이제 유럽의 정치 지도가 복잡해졌다. 같은 위상을 가진 왕이라면 국력의 차이로 왕의 명성이 정해지지만, 동프랑크의 왕은 대대로 황제라는 타이틀을 사용했다. 하지만 신성로마제국 황제가 로마 황제와 같은 권력을 가진 건 아니었다. 프랑스와 영국의 군주가 황제의 명령에 따라 통치를 할 이유는 전혀 없었으며, 경우에 따라서는 황제의 군대와 전쟁을 벌이기도 했다. 프랑스의 필리프 2세(재위 1180~1223)가 부빈에서 잉글랜드와 신성로마제국의 연합군을 격파한 것이 좋은 예다. 18세기의 계몽사상가 볼테르는 신성로마제국을 "신성하지도 않고 로마와도 관계가 없으니 이미 제국이 아니다"라고 조롱했다.

그럼에도 중세 동안 신성로마제국 황제 자리는 다른 군주들이 호시탐탐 차지하고 싶어하는 선망의 대상이었다. 16세기에 프랑스 발루아 왕조의 프랑수아 1세는 황제 선거에 입후보했는데, 그의 라이벌은 합스부르크 왕가의 카를로스 1세(신성로마제국 황제가 된 뒤에는 카를 5세)였다. 프랑수아 1세가 황제에 도전한 이유는 스페인 군주였던 카를로스 1세가 신성로마제국 황제에 오를 경우 프랑스가 위태로워질 수 있다는 점도 있었지만, 진짜 이유는 자신이 황제에 올라 명실상부한 유럽의 패자가 되고 싶었기 때문이다.

중세 이후 유럽에서 황제의 호칭을 사용했던 군주는 신성로마제국의 황제와 러시아의 황제, 즉 차르Tsar밖에 없었다. 중세 이후 유럽에서 황제는 로마제국의 혈통을 계승한 자만이 사용할 수 있는 칭호였다. 샤를마뉴가 서로마제국을 부활시켰다는 공을 인정받아 황제의 호칭을 교황으로부터 인정받은 것처럼 말이다. 그런데 러시아의 군주는 어떻게 황제라는 칭호를 사용하게 된 것일까? 그 이유는 이러하다. 로마제국을 계승한 동로마제국이 오스만제국의 공격을 받아 멸망하자 황제 자리는 공석으로 남게 되었다. 그러자 이 상황을 재빠르게 이용한 군주가 나타났는데, 모스크바 대공 이반 3세가 그 주인공이었다. 그는 자신의 부인이 동로마제국의 황녀이므로 자신이 동로마제국의 후계자라고 선언하며 황제라고 자칭했고, 그의 아들 이반 4세는 주변 나라들로부터 황제의 지위를 인정받게 된다.

'황제'를 의미하는 영어 emperor는 프랑스어 empereur앙프뢰르에서 왔고, empereur는 '군단의 통수권자'를 의미하는 라틴어 imperator임페라토르에서 유래했다. '군단의 통수권'을 의미하는 라틴어 imperium임페리움은 훗날 '제국'으로 그 옷을 갈아입었다.

독일 남부 슈바벤 지방에 있는 합스부르크 성을 영지로 물려받았던 루돌프 1세는 1273년 로마 왕(독일 왕)에 선출되고, 이후 신성로마제국 황제의 자리에 오른다. 600년 동안 유럽을 호령한 합스부르크 왕조의 시조다. 그의 후손인 카를 5세(재위 1519~1556)가 죽자 합스부르크 왕조는 스페인 왕조와 오스트리아 왕조로 나뉘어 온 유럽을 호령한다. 사진은 슈파이어 대성당에 있는 루돌프 1세의 석상.

fool | 바보 |

바보와 광기

백년전쟁은 중세 유럽의 조종弔鐘을 고하는 역사적인 사건이었다. 이 전쟁은 잉글랜드가 크레시 전투에서 대승을 거두었을 때만 해도 곧 끝날 것만 같았다. 하지만 프랑스의 반격이 시작되고, 전쟁은 소강상 태로 접어든다.

1413년은 전쟁이 발발한 지 77년째 되는 해였다. 당시 프랑스 국 왕은 마흔다섯 살의 샤를 6세였고, 잉글랜드에서는 스물일곱 살의 혈 기왕성한 헨리 5세가 이제 막 왕위에 올랐다. 헨리 5세는 프랑스에 다 음과 같은 요구 사항을 전달했다. 장 2세의 배상금, 프랑스 내의 잉글 랜드 영지(아키텐, 노르망디, 툴롱, 앙주, 브르타뉴, 플랑드르)를 양도할 것, 샤 를 6세의 딸 카트린과의 결혼 등이었다. 하지만 이 협상이 결렬되자 자 1415년에 헨리 5세는 군대를 이끌고 프랑스 북부에 상륙해 아쟁쿠르에서 중세 전쟁사에 길이 남는 대승을 거둔다. 그리고 프랑스와 트루아 조약을 체결한다. 이 조약의 핵심은 두 가지였다. 샤를 6세가 세상을 떠날 경우 헨리 5세 자신이 프랑스 왕위를 계승한다는 것, 그리고 샤를 6세의 딸 카트린과의 결혼이었다.

이렇게 백년전쟁은 잉글랜드의 완승으로 끝나는 듯했다. 샤를 6세가 먼저 세상을 떠났다면 헨리 5세는 프랑스와 잉글랜드의 통합 왕국의 왕이 되었을 것이다. 그러나 두 사람은 같은 해인 1422년에 나란히 세상을 떠났다. 그것도 헨리 5세가 샤를 6세보다 넉 달 먼저 죽는다. 파리 근교 뱅센 성에서 이질에 걸려 급사한 것이다. 그의 죽음과 함께 통합 왕국의 왕관은 허공으로 날아가 버렸다.

역대 프랑스 왕 중에서 가장 비련한 인물을 꼽으라면 바로 샤를 6세다. 그의 별명은 '친애왕le Bien-Aimé'과 '광인왕le Fou'인데, 천당과 지옥을 오가는 별명이다. 사실 샤를 6세는 정신이 온전하지 않은 왕이었다. 그는 평생 마흔네 번의 발작을 일으켰다고 한다. 어떤 때는 자신이 늑대라고 여기며 울부짖었고, 어떤 때는 자기 몸이 유리로 만들어졌으므로 언제 깨질지 모른다는 극도의 불안 증세를 보였다. 심지어 자신은 결혼한 적이 없다고 공언하기도 했다. 이렇게 되면 왕세자의 입장이 난처해진다. 왕이 결혼을 안 했다면 엄연히 살아 있는 왕세자는 이 세상에 존재할 수 없기 때문이다.

안타깝게도 헨리 5세의 뒤를 이어 왕위에 오른 헨리 6세에게도 정

16세기에 그려진 헨리 5세의 초상화. 헨리 5세가 장인 샤를 6세보다 몇 달만 더 살았어도 프랑스 왕국의 왕관을 차지했을 것이다. 하지만 그의 운은 거기까지였다.

신병이 찾아왔다. 외조부인 샤를 6세의 광기가 대물림된 걸까? 아무튼 이후 왕실의 또 다른 혈통들이 왕위를 주장하고 나섰다. 1455년부터 잉글랜드를 살육의 전장으로 만든 장미전쟁은 이런 배경에서 시작되었다.

영어로 '바보'를 의미하는 fool은 중세 프랑스어 fol 폴에서 온 말인데 '미치다', '정신 이상', '머저리'라는 뜻이었다. 현대 프랑스어로 '미치다'는 남성형은 fou 푸이고 여성형은 folle 폴이다. 즉 샤를 6세의 별명에 붙은 fou는 바보가 아니라 '미친'이라는 뜻이다. 국왕의 정신이 온전하지 않으면 나라의 운명은 어지럽기 마련이다.

wine | 포도주 |

백년전쟁은 포도주 전쟁

백년전쟁의 여러 원인 중 하나는 잉글랜드가 영유하고 있던 포도주의 산지인 기엔 지방(현재 프랑스의 아키텐 지방)을 프랑스 왕 샤를 4세가 몰수한 데에 있다. 본래 전쟁이라는 것은 근사한 명분으로 치장된 이면에 실리적인 진짜 이유가 숨어 있는 법이다. 잉글랜드 왕 에드워드 3세에게는 중세 사회에서 없어서는 안 될 포도주의 산지를 지키는 것이 프랑스 왕위를 물려받는 것만큼 중요했을 것이다. 잉글랜드 왕이 프랑스의 포도주 산지에서 거두어들이는 세금이 영국 내에서보다 많았다면 당연한 귀결이 아닌가? 게다가 중세 유럽에서 포도주는 단순한 술이 아니었다.

중세 사람들은 포도주가 신체에 영양분을 공급하고 몸을 건강하게 지켜주는 동시에, 허약한 체질을 보완해주며 소화를 돕는다고 믿었다. 또한 포도주는 정신을 맑게 하고 동맥을 넓혀주며 슬픔을 안정시켜 출산에도 유익하다고 생각했다. 포도주의 용도는 매우 다양해서, 요리할 때는 물론 외과 수술에서 상처를 소독할 때도 사용했다. 기독교도에게는 포도주가 빵과 함께 영적 일치를 상징하는 가장 중요한 음식이었다. 미사에서 영성체를 할 때 포도주는 예수의 피를 상징하는 성스러운 음료다.

중세 유럽에서 포도나무는 기후가 적당한 곳이면 어디에서든지 재배되었다. 지금은 영국에서 포도가 재배되지 않지만 중세에는 재배되었다. 프랑스에서는 파리 지방에 특히 포도밭이 많았다. 포도주의 생산과 소비는 전 유럽에서 상당한 양에 이르렀다. 포도주의 질은 지역마다 차이가 있었으며, 특히 그리스와 키프로스산 포도주, 프랑스 남부의 포도주를 고급으로 쳤다. 흥미로운 사실은 13세기까지 유럽인들은 거의 백포도주만 마셨다는 것이다. 하지만 백포도주는 1년 정도밖에 보관할 수 없었고, 금방 맛이 시큼해졌다. 지금도 백포도주에 몇 년산이라는 오래된 빈티지가 없는 이유가 여기에 있다. 중세인들은 포도주를 조금이라도 더 맛있게 마시기 위해 꿀이나 양념 등을 탔다.

유럽 각지에서 사용하는 포도주의 명칭은 매우 흡사하다. 우선 포도주의 명칭을 한눈에 볼 수 있는 언어 지도를 보자. 이 지도와 다음 쪽의 표를 통해 유럽에서 포도주를 가리키는 말들을 비교해보면 철자는 조금씩 다르지만 발음은 매우 흡사하다는 것을 확인할 수 있다. 혹

포도주 언어 지도

언어	포도주 명칭	언어	포도주 명칭
프랑스어	vin 뱅	포르투갈어	vinho 비노
스웨덴어	vin 빈	영어	wine 와인
노르웨이어	vin 빈	독일어	Wein 바인
아이슬랜드어	vin 빈	아일랜드어	fíon 피온
이탈리아어	vino 비노	러시아어	ВИНÓ 빈노

자는 서구 문명의 원천이 라틴어이므로 라틴어 vinum 위눔이 위에서 소개한 말들의 원형이라고 생각할 수 있다. 하지만 그 역사는 훨씬 더 거슬러 올라간다.

유럽인들의 조상인 원시 인도-유럽인이 유럽에 퍼져 살기 시작한 것은 지금부터 5천 년 전이라고 한다. 본래 그들은 캅카스 지방과 흑해 연안에서 살다가 유럽과 인도로 이주했다. 인도인과 유럽인은 공통 조상을 가진 셈이다. 이 사실은 같은 언어를 사용하던 조상이 있었다는 것이다. 만약 원시 인도-유럽인의 원주지, 즉 캅카스 남쪽에 거주할 당시에 포도주라는 음료를 알고 있었다면, 그들의 후손들이 쓰는 언어에서도 그 흔적이 공통적으로 발견될 것이다. 위에서 소개한 원시 인도-유럽인의 후손들이 사용하는 언어에서 포도주의 형태와 발음이 유사한 것도 이러한 가정에서 출발한다. 이런 가정에서 출발해 학자들은 인도-유럽인의 조상들이 원주지에 살고 있을 당시의 포도주라는 단어를 만들어보았는데, 그 형태는 'uon-a 우오나'였다. 이렇듯 유럽인들에게 포도주라는 말의 역사는 장구하며, 그들의 조상들이 사용했던 포도주라는 말이 지금도 그 후손들에 의해 보존되어 쓰이고 있는 것이다.

위의 지도에서 소개한 포도주의 명칭 중에는 몇 가지 예외가 있다. 먼저 프랑스와 스페인의 국경에 살고 있는 바스크족은 포도주를 'ardo 아르도'라고 부른다. 바스크어는 기원을 알 수 없는 언어이기 때문에 그렇다. 유럽 중부에 위치한 헝가리어는 'bor 보르'다. 그들의 조상은 원시 인도-유럽인이 아니라 아시아 계통인 마자르족이기 때문이다. 한 가지 특이한 언어는 그리스어인데, 그리스 민족은 당연히 인도-유럽인에 속하지만, 포도주를 κρασί 크라시라고 부르는 것으로 보아 조상들의 말을 물려받지 않았음을 알 수 있다.

여행을 마치며

중세 유럽인들이 천 년 동안 살아왔던 자취를 100개 단어로 요약하는 것은 생각보다 어려운 작업이었다. 게다가 여행의 무대를 프랑스와 영국, 그리고 독일과 이탈리아에 국한시키다 보니, '중세 유럽'의 공간적 범주에 보편성이 결여된 것도 사실이다. 하지만 위에서 언급한 왕국들이 중세 천 년 동안 유럽의 방향타를 결정했다는 것도 부인할 수 없는 사실이다.

우리는 중세 유럽인들의 삶과 현대인의 삶을 100개 단어를 통해 비교하면서 천 년 전에 살았던 유럽인들의 세계관이나 가치관 등을 어느 정도 이해할 수 있었고, 더불어 많은 단어들이 중세의 의미와 현대의 의미가 일치하지 않음을 확인할 수 있었다. 하지만 고대 이집트의 고분에 적힌 "요즘 아이들은 버릇이 없다"라는 말처럼, 인간이 모여

사는 공동체는 시대와 공간을 넘나들어도 크게 다르지 않은 법이다. 우리는 100개 단어를 통해 중세 유럽의 곳곳을 여행했고, 그 중심에 있던 많은 인물들의 면면을 들여다보았다. 이제 마무리를 지을 시간이다.

먼저 중세 유럽인은 기독교 왕국에 살던 사람들이었다. 인구의 대다수를 차지하던 농민들의 삶은 비참했지만, 그들은 죽어서 천국에 갈 수 있다는 희망을 갖고 살아갔다. 교회는 부단히 농민들에게 그런 희망을 심어주었다. travel이란 말이 '고통'에서 나왔고, danger가 '왕유림'에서 나왔듯이, 중세 유럽인들이 사는 환경은 열악하고 위험했다. 하지만 사육제의 그림에서 보았듯이 중세인도 현세를 즐길 줄 아는 사람들이었다. 시민들은 엄격한 교회를 '광인 축제'를 통해 마음껏 조롱했고, 이중적인 수도사의 생활은 풍자의 단골 소재였다.

100개 단어의 이력을 살펴본 결과, 현재 사용하는 영어와 프랑스어의 의미가 중세 유럽에서는 다소 차이가 났다는 사실을 확인했다. 물론 전혀 엉뚱한 의미가 생겨난 것은 아니고, 유추의 연결 고리를 통해 새로운 의미가 만들어졌다. 예를 들어 '평화'를 의미하는 라틴어 pax가 '마음에 위안을 주다', 더 나아가 '돈을 지불하여 안정을 주다'로 의미가 변한 것이 좋은 예다.

중세 유럽인들이 오늘날의 영국이나 프랑스에 타임머신을 타고 온다면 자신들이 쓰던 말이 전혀 다른 뜻으로 변했다는 것을 알고 깜짝 놀랄 것이다. 중세 영국 농민들은 '지대地代'를 의미하던 rent에서 '렌터카'라는 새로운 단어가 나온 것에 놀랄 것이고, 바이킹이 영국에 온다면 mistake라는 단어의 쓰임새를 보고 경악할 것이다.

언어는 인간이 사는 모습을 그대로 간직한 자료의 보고寶庫다. 그런데 그 창고에 있는 자료는 어떤 이유에서인지 자주 업데이트된다. 우리는 그 이유에 대해 100개 단어가 어떻게 태어났는지, 그리고 중세에는 어떤 의미로 쓰였는지 하나씩 살펴보았고, 현대의 의미도 알아보았다. 물론 그 과정은 아직도 진행형이다.

100개 단어를 통한 중세 유럽 여행은 이제 여기에서 마치기로 하자.

주

1   로베르 들로르, 김동섭 옮김,《서양 중세의 삶과 생활》, 새미, 1999, 262쪽.

2   https://journals.openedition.org/siecles/1379.

3   로베르 들로르,《서양 중세의 삶과 생활》, 88쪽.

4   Thomas Szabŏ, 〈Les dangers du voyage au Moyen Âge, Problèmes et solutions〉, Cahiers du Centre d'histoire,《Espaces et Cultures》25, 2007.

5   Nelly Andrieux-Reix, *Ancien Français, Fiches de vocabuaire*, Paris: PUF, 1987, p. 161.

6   김동섭,《신화의 이해》, 신아사, 2010, 185쪽.

7   Martin de la Soudière, 〈Les Testament et actes de dernière volonté à la fin du Moyen Âge〉, PUF, 1975.

8   B. Cottret, *Ces reines qui ont fait l'Angleterre*, Paris: Tallandier, 2018.

9   Suzanne Comte, *La vie en France au Moyen Âge*, Paris: Minerva, 1982.

10   *Plos one*, June 2020.

11   로베르 들로르,《서양 중세의 삶과 생활》, 42쪽.

12   로베르 들로르,《서양 중세의 삶과 생활》, 45쪽.

13   E. Faral, *La Vie quotidienne au temps de Saint Louis*, Paris: Hachette, 1938.

14 François Neveux, *L'avneture des Normands VIIIe-XIIIe siècle*, Paris: tempus, p. 24.

15 https://newspeppermint.com/2016/05/11/vikings.

16 양태자,《중세의 뒷골목 사랑》, 이랑, 2012, 145쪽.

17 차전환, 〈팍스 로마나: 평화의 선전〉,《史叢》 88, 2016.

18 로베르 들로르,《서양 중세의 삶과 생활》, 142쪽.

19 움베르토 에코, 김정하 옮김,《중세 III》, 시공사, 2016, 583쪽.

20 Ambroise Buchère, "Étude historique sur les origines du jury", *Revue historique de droit français et étranger (1855-1869)*, vol. 8 (1862), pp. 145-202.

21 박승찬, 〈중세 대학의 설립과 발전: 학문의 자유를 지키기 위한 보루〉,《가톨릭철학》 26, 2016.

22 폴 쥠토르, 김동섭 옮김,《정복왕 윌리엄》, 글항아리, 2020, 479쪽.

23 김동섭,《프랑스 왕실의 근친혼 이야기》, 푸른역사, 2020, 110쪽.

24 아벨라르·엘로이즈, 정봉구 옮김,《아벨라르와 엘로이즈》, 을유문화사, 2015, 104쪽.

25 김동섭,《신화의 이해》, 79쪽.

26 박승찬,《알수록 재미있는 그리스도교 이야기 2》, 가톨릭출판사, 2016, 262쪽.

27 폴 쥠토르,《정복왕 윌리엄》, 548쪽.

28 폴 쥠토르,《정복왕 윌리엄》, 548쪽.

29 폴 쥠토르,《정복왕 윌리엄》, 233쪽.

30 로베르 들로르,《서양 중세의 삶과 생활》, 208쪽.

31 Chiara Frugoni, *Vivre en famille au Moyen Âge*, Paris: Les Belles Lettres, 2017, p. 191.

32 김동섭,《프랑스 왕실의 근친혼 이야기》, 208쪽.

33 폴 죔토르,《정복왕 윌리엄》, 101쪽.

34 데즈먼드 수어드, 최파일 옮김,《백년전쟁 1337~1453》, 미지북스, 2018, 15쪽.

도판 출처

◆ 숫자는 장 번호이며, 하나의 장에 이미지가 여러 컷 있을 경우에는 '-'를 붙이고 순서대로 번호를 붙여 구분했다. 자유 이용 저작물(public domain)은 표기하지 않았다.

Wikimedia Commons

5 ©Joe Roe | 6 ©Yair Haklai | 8-2 ©Eigenes Werk | 12 ©MontanNito | 24 ©victorgrigas | 26-1 ©Jean-Pol GRANDMONT | 27 ©Odejea | 30 ©Tony Bowden | 31 ©Wiglaf | 35-2 ©Luis Miguel Bugallo Sánchez | 37 ©Man vyi | 41 ©Didier B (Sam67fr) | 46 ©Amaustan | 52 ©Mattbuck | 57 ©sailko | 61-1 ©PHGCOM | 63 ©Sodacan | 72 ©Sodacan | 74 ©Olivier BEZES | 76 ©JPRoche | 77 ©Harmonia Amanda | 92-2 ©Hilarmont | 93-1 ©ToucanWings | 93-2 ©Thomas Wolf | 93-3 ©Diliff | 97 ©G.Garitan | 98 ©Haselburg-müller | 100 ©PiMaster3

기타

3 medieval.eu | 4 thepeakmagazine.com | 8-1 medievalheritage.eu | 10 norse-mythology-dwarvess.weebly.com | 13 numista.com | 15 kardiologn.livejournal.com | 16 facebook.com/Manoirs-médiévaux-Bretons-220078244741255 | 17 moleiro.com | 19 vancechristie.com | 23 auction.fr | 26-2~9 lavieb-aile.com | 42 sachsen-tourismus.de | 43 shutterstock.com | 47-1 britishmuseum.org ©The Trustees of the British Museum | 49 enameabbey.wordpress.com | 55 loc.gov | 59 britishmuseum.org © The Trustees of the British Museum | 60 anargader.net | 71 bildsuche.digitale-sammlungen.de | 73 larepubliquedespyrenees.fr | 78-1 tabernadrakkar.com | 80 collectgbstamps.co.uk | 81 gallica.bnf.fr | 87-2 initiale.irht.cnrs.fr | 96 militaryimages.net

단어별 찾아보기

444

100단어로 읽는 중세 이야기

어원에 담긴 매혹적인 역사를 읽다

1판 1쇄 2022년 7월 25일
1판 2쇄 2023년 12월 12일

지은이 | 김동섭

펴낸이 | 류종필
편집 | 이정우, 이은진, 권준
경영지원 | 홍정민
표지·본문 디자인 | 석운디자인
교정교열 | 오효순

펴낸곳 | (주) 도서출판 책과함께
　　　　주소 (04022) 서울시 마포구 동교로 70 소와소빌딩 2층
　　　　전화 (02) 335-1982
　　　　팩스 (02) 335-1316
　　　　전자우편 prpub@daum.net
　　　　블로그 blog.naver.com/prpub
　　　　등록 2003년 4월 3일 제2003-000392호

ISBN 979-11-91432-75-6   03920